本书承蒙人文在线出版基金资助、香港大学中文学院资助，谨此衷心致谢。

金梦瑶 ◎ 著

人类学角度

——殷墟卜辞中祖先崇拜研究

REN LEI XUE JIAO DU : YIN XU BU CI ZHONG ZU XIAN CHONG BAI YAN JIU

中国文史出版社

图书在版编目（CIP）数据

人类学角度：殷墟卜辞中祖先崇拜研究 / 金梦瑶著
. —北京：中国文史出版社，2015.11
  ISBN 978 - 7 - 5034 - 7163 - 6

  Ⅰ.①人… Ⅱ.①金… Ⅲ.①祖先崇拜－研究－中国
－商代 Ⅳ.①B933

  中国版本图书馆 CIP 数据核字（2015）第 290060 号

责任编辑：李晓薇
封面设计：人文在线

出版发行：**中国文史出版社**
网　　址：www.chinawenshi.net
社　　址：北京市西城区太平桥大街 23 号　邮编：100811
电　　话：010－66173572　66168268　66192736（发行部）
传　　真：010－66192703
录　　排：人文在线
印　　装：北京天正元印务有限公司
经　　销：全国新华书店
开　　本：16 开
印　　张：15.25　　字数：212 千
版　　次：2016 年 3 月第 1 版
印　　次：2016 年 3 月第 1 次印刷
定　　价：48.00 元

谨以本书献给

敬爱的父亲金华先生与

亲爱的母亲周淑芳女士

序　一

陈远止

　　梦瑶《人类学角度——殷墟卜辞中祖先崇拜研究》一书，内容翔实丰富，结构严密，文字顺达，可读性甚高。全书为严谨而深入的学术著作，利用甲骨卜辞，条分缕析，阐明中国祖先崇拜的起源及特征，极具前瞻性及开创性，可视为这类研究的先驱。

　　文化是人类在认识、改造生活的过程中所形成的特定的形态和观念；这些认识和改造活动所不断累积的经验和智慧，逐渐形成人与人之间的关照承诺，一部分凝结升华成为具体的宗教礼仪，群体和民族彼此共喻，世代相传。文化因宗教礼仪而沉积深厚，宗教礼仪因文化而丰富精密。宗教礼仪于人类文化，不仅表现出共时的认知和经验，也包含着历时的成果和智慧。宗教的出现是人类文化擦出火花的第一块硝石，亦由此将人类从混沌的动物中分离出来，宗教从来不属于动物。人类恐惧于自然的威力，妥协于无形的膜拜，生敬诚之心，是为宗教。中国上古的占卜活动，无疑是原始宗教的形态，其占卜的做法，成了原始宗教活动的真貌，也同时促成了文字的逐渐成熟，当然也成为原始宗教的文字记录。

　　新石器时代的刻画符号，是中国文字初形的孑遗，三千年的发展，成熟而为殷周占卜用的甲骨文。人类文化的源头很难考定，但文字的出现则肯定地标示了人类文明踏入了高速发展的路段，文字书册造就了伟大的人类文明。

宗教源起的研究，是人类学的重要课题；甲骨文字的研究，是中国文字学的基础。梦瑶写的《人类学角度——殷墟卜辞中祖先崇拜研究》一书，正将人类学和文字学结合起来进行深入和透彻的研究剖析，鞭辟入里，在研究方法上，开创新的局面，突破了前人的框构。

梦瑶 2012 年来到香港大学中文学院，潜心精研，在不足两年的时间，写成这篇哲学硕士论文。今天，论文获得北京人文在线出版基金的奖励，得以付梓出版，对梦瑶来说，自是激励，我也深感欣喜。梦瑶治学严谨，待人宽厚，处事细密。谨祝愿她在学术路上，继续努力，成果丰硕。

陈远止序于香港大学中文学院

2015 年仲夏

序 二

施仲谋

英国著名学者汤恩比（Arnold Toynbee，1889—1975）指出，在数千年的人类文化史上，先后出现过二十六个文明形态，而只有中华文化的体系，是在长时期的发展中从未间断过的。延续性和生命力，正是中华文化的一个重要特征。以我们最熟悉的四大文明古国为例，巴比伦、印度、埃及和中国，她们都曾经在文化舞台上显赫一时，随着年月的飞逝，中华文化依然表现出较强的同化力、融合力和凝聚力。

中华文明，博大精深，源远流长。可是近百年来，她也经历了列强入侵、维新运动、否定传统、全盘西化的坎坷岁月。正如国学大师饶宗颐教授所言，中华文化正在走向一全面复兴期，海内外研究和学习中华文化的热潮方兴未艾。传统中华文化虽然也有落后的一面，却积淀深厚，经过历史的洗礼而丝毫不减其光泽。和而不同的包容胸襟、自强不息的文化精神、天人合一的终极关怀、仁义礼智的道德理想、追求和平的淑世精神等，这些既是中华民族的瑰宝，也是倾向于工具理性、科技主导、经济实力的西方文化所欠缺的；而西方文化的重视民主、自由、科学、法治精神等，是过去伦理型的中国社会较为忽略的，则可通过转化和吸收，不断丰富中华文化的内涵。

由于历史和地理的因素，香港是中西文化交汇的中心，我们立足于香港，探讨中国内地、台湾、港澳，以至全球华人地区的中华文化，意义重大。为落实香港课程发展议会中华文化教学的宗旨，本人及研究团队受优质教育基金之邀，启动"中华文化世纪工程"，部分研究成果如《中华文化承传》《中华文化撷英》《中华经典启蒙》《中华经典导读》等，由北京大学出版社出版后，深获社会各界好评。

上述文化普及的工作，必须建基于基础的本体研究之上。以甲骨学为例，前贤对于甲骨文的研究，主要集中在文字的训诂和史学的研究领域，却鲜有从人类学角度研究甲骨文材料。中国宗教，来源自原始宗教，以敬拜天地和祭祀祖先为主，殷商时期的祭祀仪式是很好的研究对象，而甲骨文正大量地记录了这个时期的祭祀活动。因此，从人类学的角度，对殷商甲骨文进行分析，可重构殷商祖先崇拜的宗教面貌。金梦瑶便在这方面做出了她的尝试。

本人担任香港大学中文学院主任期间，梦瑶以优异成绩和崭新的研究理念，成功申请入读硕士课程，后来并继续攻读博士课程。梦瑶于苦读的同时，亦在国际研讨会上不断发表论文。她运用跨学科研究的方法，分析甲骨卜辞，解读中国宗教，于此领域已崭露头角。本书除了文字学和历史学，还应用了人类学和社会学的视角分析问题，为中国宗教、文字学、人类学彼此贯通和开拓进行探索，并得出了初步结论。梦瑶闲时还喜欢从事文学创作，枯燥的学术内容，在她感性的笔下，文字流动，引人入胜，文章可读性高。忝为中华文化研究的同道，我有幸能充当本书的读者，并乐见其成，故欣然为序。

施仲谋

香港教育学院中国语言学系

2015 年 8 月 13 日

目 录

第一章　导　论

　　人文学科充满曼妙迷人的色彩，皆因为涉及了一个"人"字。我们是为"人"，又渴望了解自我，这包括了"我"民族的历史和哲学意义上的"我"。在这个过程中，会经历无数"不识庐山真面目，只缘身在此山中"的困惑和不解，但正是这种迷思和惘然，激励人们前赴后继，努力不懈地去发掘和破解，是研究的永恒动力。

　　本文正是建立在这样的一种渴求上，立意和定题的。

　　中国作为四大文明古国之一，也是唯一没有文化断层的文明古国。它延续至今仍生生不息，自有它源源不断的内在驱动力，供给它的发展和前进。这就是"文化"。而研究一个民族的"文化"，大抵绕不开两个因素，第一是它的起源，第二是它的核心内涵。笔者认为，这是一种文化的两个基本要素，它的生死存亡，它的轮廓性格，皆源出于此。

　　文字作为"文化"的重要载体，也被视为"文明"的开端。中国目前发现最早成体系的文字，即是甲骨文。自 19 世纪末王懿荣发现了甲骨文，便兴起了这门延续至今一个多世纪的显学——甲骨学。甲骨文是能够力证中国商代存在的同时期文献材料，也是中国发现最早的文字记录材料，是宝贵的文化遗产，对于相关人文学科的研究价值更是不可轻论。在目前释读出来的内容当中，可知大多数都是记录殷商时期与祭祀有关的内容。通过甲骨卜辞可以知道，中国宗教仪式在殷商时期已呈现出高度发达的状态，祭祀作为一种仪式，成为中国宗教的核心体现。通过历史文献、甲骨卜辞、考古证据，可以重新勾勒出中国殷商时期的宗教面貌。实际上，殷商是一个固化宗教仪式和信仰的时期，再经历周代的礼化过程，中国宗教便基本奠定了基础，一直以相对稳定的方式和思想延续至今。宗教是文明的重要体现，因此，殷商时期既是中国宗教从混沌走向制度化的时期，也可算得上是中国文明的滥觞时期。

前贤大家对于甲骨文的研究，主要集中在文字的识读训诂和殷商史学的研究领域，而确是成就斐然。但并不多学者从人类学角度着手研究甲文材料。现代人类学兴起至今不过百来年，是一门与甲骨学几乎同样年轻的学科。现代人类学先驱之一，"美国人类学之父"弗朗茨·博厄斯①将现代人类学划分为四大分支：体质人类学、语言学、考古学以及文化人类学。而现代人类学转向以文化人类学为主，则源于 20 世纪 30 年代布罗尼斯拉夫·马林诺夫斯基②，他首创了以参与观察法写成的民族志作为人类学研究的依据和基础，于是大量人类学者进入原始部落开展田野调查。20世纪 50 年代开始，人类学发展方向转向了多元，到了 80 年代，人类学又进入另一个峰期，先后出现了神话学、历史人类学、女性人类学等分支。但观其核心，这半个多世纪以来的变化和发展，仍绕不开"文化"二字。只是无论国外抑或国内人类学者，都甚少从中国远古文化着手进行研究。

文化人类学着力关注以"文化"为核心的方方面面，比如语言、历史、宗教等等。但学者多关注第三世界的原始部落，以西方文化理念为基础，亦少涉足东方文化。与此同时，传统宗教学的研究亦由于发源西方，因此以其观点来看，则中国是否有宗教这个问题，多有争议，且认为中国无宗教的占了多数。如此，中国所呈现出的丰富的信仰形态，到底是不是宗教？又该归入何处？

笔者认为，这些尚未能够解开的谜团和得不到的答案，或许部分是由于学科本身的界限所致。因为每个学科都有自己的研究边际和研究逻辑，

---

① Franz Boas（1858—1942），德国裔美国人类学家，语言学家。

② Bronislaw Malinowski（1884—1942），波兰裔英国人类学家，现代人类学奠基人之一。

有时候换个角度换种方法研究同一个问题，可能会有柳暗花明的奇效。跨学科的研究从现在到将来，会具有很大的发展空间和研究张力，因此笔者尝试在本研究中加入人类学的方法和观点，分析甲骨卜辞，解读中国宗教。

承上所述，本研究中，除了传统的文字学和历史学角度，笔者还会通过人类学和社会学的角度，来探讨甲骨卜辞，并以此重新审视中国宗教。由于历史太过久远，无法通过田野调查亲见殷商宗教仪式的状况，但所幸甲骨文保留了大量宗教仪式的讯息，包括卜辞和甲文字形，因此通过对殷商甲骨文的分析，可以尽力重构殷商时期的宗教面貌。并且亦可证明，中国宗教是以祖先崇拜和祖先崇拜意识为核心，而祖先崇拜和祖先崇拜意识则通过殷商的宗教仪式得到强化。

笔者旨在通过本次研究，得出中国存在宗教的结论，并且中国宗教的信仰主要是从商代被宗教仪式有力地固化下来开始延续，同时本文亦会得出中国宗教的特点与定义。

第二章 概 述

本次研究将主要涉及两个学科范畴，人类学和甲骨学。下面分别探讨相关的学科背景和关键概念。

一、人类学与宗教

（一）人类学定义及其发展

人类学是一门古老的学科，但现代意义的人类学则非常年轻，不过百多年的历史。庄孔韶在《人类学通论》开篇即从词源学的角度简明道出了人类学的学科属性和内容：

> "人类学（anthropology）是全面研究人及其文化的学科。从词源上考证，'anthropology'一词，源自古希腊文 anthropos（人或与人有关的）和 logys（学问或研究）。前者是词根，后者是词尾，二者结合，意思是'与人有关的研究'或研究人的学问。"①

古典人类学的历史实则从 16 世纪初期就开始了，它最初是以人体生物学为主，发展到 19 世纪上半期，才渐渐发展成为现代人类学。

> "由古希腊文这一含义发展到今天的'人类学'，经历了长久的演

---

① 庄孔韶主编：《人类学通论》，太原：山西教育出版社 2003 年版，第 1 页。

化过程。期间，人类学的内涵和意指也发生了变化。拉丁文'人类学'一词出现于 16 世纪初期，德国学者用它泛指人体解剖学和人体生物学。19 世纪 40 年代，人类学才成为一门独立的学科。与其它学科相比，人类学是一门比较年轻的学科，因为在哥伦布发现新大陆以前，大部分的欧洲学者都对异民族及其文化缺少兴趣，也很少思考或对其他不同的生活方式进行系统的研究。"①

此处，庄孔韶援引了美国学者哈奇（Elvin Hatch）的观点来介绍人类学的发展。而事实上，现代人类学与欧洲殖民统治有紧密联系，因此现代人类学的发展和兴起，与两次世界大战不无关系，战争冲击了原始民族的文化，进一步融合了世界各地各民族，为了解决现代与原始文明之间的冲突，更好地共融和了解，人类学有了现实的迫切需要，因此发展迅速。

现代人类学的建立，除了前文提到的弗朗茨·博厄斯，另一位更加不可忽视的便是英国人类学家、"人类学之父"爱德华·泰勒②。泰勒最早关注到人类学的核心内涵是"文化"，他在著作中首次把它作为专门术语来使用，并且界定了它的范围：

"文化，或文明，就其广泛的民族学意义来说，是包括全部的知识、信仰、艺术、道德、法律、风俗以及作为社会成员的人所掌握和接受的其它任何能力和习惯的复合体。人类社会中各种不同的文化现象只要能够用普遍使用的原理来研究，就都可成为适合于研究人类思想和活动规律的对象。一方面，在文明中有如此广泛的共同性，使得在很大程度上能够拿一些相同的原因来解释相同的现象；另一方面，文化的各种不同阶段，可以认为是发展或进化的不同阶段，而其中的每一阶段都是前一阶段的产物，并对将来的历史进程起着相当大的

---

① 庄孔韶著：《人类学通论》，太原：山西教育出版社 2003 年版，第 1 页注，引 E 哈奇著，黄应贵等译：《人与文化的理论》，哈尔滨：黑龙江教育出版社 1988 年版，第 2 页。

② Edward Burnett Tylor（1832－1917），被视为社会人类学或称文化人类学的奠基人，在其著作《原始文化》及《人类学》中，他定义了人类学的科学研究语境。

作用。"①

由上可知，现代人类学虽然涉及的研究范围很宽泛，但仍紧紧围绕"文化"这个核心。

台湾学者宋光宇②提出了自己对人类学定义和范围的见解：

"人类学所探讨的问题，就是这些'枝末细节'。从家庭生活、经济活动、宗教活动、亲属关系……之中，整理出一个系统，并加以理论化。"③

"人类学追寻人类的起源和人类的整个发展历程。……人与禽兽的分野，就在于人能创造文化。'文化'的定义众说纷纭。但最简洁的说，它是环境中人为的部分。举凡我们日常生活之中，亲戚关系、经济活动、生产方式、人生价值、行为性格、宗教仪式、道德法律、衣食住行……等，都在文化的范畴之内。而任何一个群体所具有的文化内涵，实际上就是对当地环境所做的最佳适应方式。因此'文化'无高下之分，也无优劣之分。文化是相互影响，相互采借改变的。"④

宋光宇对于人类学的"文化"定义作了更为细致的划分，并且明确提出了将"宗教仪式"放在了人类学的"文化"研究范畴之中。笔者对此十分认同。

庄孔韶亦有自己的阐释：

"在人类学理论的进程中，许多重要的人类学阶段性理论和方法在某种意义上说就是文化观察的理论和方法。只不过文化的内涵被重整了，这种说法是不为过的。汉字'文化'和西文 culture 的综合性过程含义，是在人类学处于文化研究的寻求法则、诠释与建构的长期探索中获得的。把地球上诸种文化与族群生活的各个方面纳入人类学

---

① 爱德华·泰勒著，连树声译，谢继胜、尹虎斌、姜德顺校：《原始文化》，上海：上海文艺出版社 1992 年版，第 1 页。

② 宋光宇（1949—），台湾大学考古人类学系毕业，考古人类学研究所硕士，美国费城宾州大学历史系博士，专攻宗教社会学、东亚文明史、现代东亚宗教与社会等研究领域。

③ 宋光宇编译：《人类学导论》，台北：桂冠图书股份有限公司，1983 年版，第 1—2 页。

④ 同上，第 3 页。

体系的知识性建构之中，以求综合个别性找寻普遍性的人类学倾向与使命感一直没有衰减；同时，承认文化的多样性亦伴随着尊重地方性文化及其固有的诠释性理念与行动信条，并在此基础上建立文化对话和文化理解的实践人类学与应用人类学。"①

庄孔韶将中西方的"文化"引导到一个共存的意义层面上。笔者亦认为，"文化"一词，定义可宽可窄，但在人类学研究领域之中，它宜宽不宜窄。人类学为人文学科的研究开阔了视野，亦为许多旁近学科的交叉发展提供了可能性。因此在人类学范畴内看待问题，宜用包容和接纳的态度。笔者亦由于接触了人类学这门学科，才触发了本次研究的灵感，认为中国无宗教这样的观点，虽然在传统宗教学的范畴之中似乎难以找出驳斥的破绽，但若放在人类学的研究视野中，则应该可以找到更加合理的反驳解释。因此笔者将进行这样的一次尝试。

人类学由于是一门相对年轻的学科，因此关于它的界定、称谓、分支等，也有不同的意见。但人类学的发展始终以欧美的西方文化体系为主。庄孔韶阐述了人类学与民族学的分合过程。

"人类学（及其相近或相关学科）最先发生在欧洲，然后传播到世界各地。现在，仍以欧美等国家和地区的人类学研究最为发达。由于人类学在发展过程中形成了不同的传统，不同国家和地区所使用的词汇和对'人类学'的界说也不完全一致。以英美为主的国家，人类学指研究人类体质及文化的综合性学科，强调既要研究人类的生物属性，也要研究人类的文化属性，二者结合才能体现人类学的整体性。在以德、法和俄罗斯等为代表的欧洲其它国家中，人类学仅指前者有关人类体质研究的部分。有关文化研究的部分，则被称为'民族学'（ethnology）。他们大多认为，人类学和民族学并不是谁隶属于谁的问题，而是两个并列的独立学科。在欧美，民族学只是人类学的一个分支，有时也称为文化人类学或社会人类学。……随着国际间交流和

---

① 庄孔韶主编：《人类学概论》，北京：中国人民大学出版社2006年版，第5—6页。

交往的增加，上述'人类学'与'民族学'在名称和属性上的差别有渐趋一致的倾向。1954 年，联合国教科文组织在一份有关高等教育中'社会科学'设置的研究报告中指出，民族学、文化人类学和社会人类学在研究对象和研究范围上大致相同，人们易于接受包含了'民族学'和'民族志'（ethnography）的'人类学'这一名称。"①

宋光宇分析了人类学和社会学的关系，认为没有必要十分清晰地将两者划分开。

"人类学与社会学的关系，似乎没有分家的必要。许多人类学家和社会学家都承认：这两门功课在许多地方是相同的。人类学的研究对象偏重那些较单纯、较孤立的民族，而社会学则注重欧美文明。研究对象的不同，导致研究方法的不同。不过社会学家常用的方法，也经常为人类学家所采用。另一方面，人类学和社会学在一般理论等基本问题上，都很相近，但绝不是相同。'文化'已经是普遍的概念，社会学家都借用它，并以之为很有用的工具。而且，两者的理论逐渐地都包含了对方的数据。"②

上述两位学者的观点，提供了使用相对广义的"人类学"概念的可行性，广义人类学的研究对象和研究范围可以较宽松，由于本文并非严格而纯粹的人类学研究课题，而只是旁借人类学一些理论、观点和方法，因此笔者会采用这一较为宽泛的人类学概念，包含了民族学、社会学，甚至历史学、宗教学在内的一切与文化有关的领域。

宋光宇认为人类学的属性庞杂，不过亦由于这样的状况，所以人类学的研究势必要借助其他学科的知识和技术才可以求得解答。

"人类学既是研究人的身体——研究他如何从人猿的共祖，演化成现代人，以及人类如何适应不同的环境而形成种族的差异，所以说人类学是生物科学的一支。但是，人类学也研究人类的文化——研究

---

① 庄孔韶主编：《人类学通论》，太原：山西教育出版社 2003 年版，第 2—3 页。
② 宋光宇编译：《人类学导论》，台北：桂冠图书股份有限公司 1983 年版，第 16 页。

人类的思想、语言、艺术、音乐等等，因此，人类学又是属于人文学
（Humanities）的一支。可是研究人类文化的文化人类学家常把人类
视为社会动物，比较在不同社会中不同的生活方式。从这立场上看，
又是社会科学的一支。晚近，很多人类学家认为他们研究工作的主要
目的，是要了解文化如何塑模人类的行为，因而他们认为人类学应该
是行为科学（Behavior Science）中的一门基本学科。"①

本文中所提到的"人类学"，即侧重在人类的文化这部分，使用包含
了民族学、历史人类学、宗教人类学等分支在内的较为广义的"人类学"
概念，指与人类相关的一切文化的研究，由此可以将中国宗教作为中国文
化中重要的组成部分，纳入人类学研究的范畴之中。

"在世界范围内，人类学经过漫长时期的理论发展和演化。在较
为流行的北美人类学知识构架下，人类学包括以下四个分支学科：生
物或体质人类学（biological or physical anthropology）、语言人类学
（linguistic anthropology）、考古人类学（anthropological archaeology）和
文化人类学（cultural anthropology）或民族学（ethnology）。"②

"我们考察北美人类学四个分支的划分架构，以及大学的分支学
科设置比重，似乎毫无疑问地看出他们的文化人类学倾向。当初，美
国人把语言学纳入人类学似乎有些不可思议，这大概是由于美国的语
言学重视无文字社会的语言的田野工作。而考古学的发展则与重建印
第安人史前文化相关，因此，考古学一开始就作为人类学对印第安人
进行整体研究的一部分。"③

由此可见，现代人类学以文化人类学为重，而研究对象又以欧美原始
族群为主，对于东方文化始终涉足不深。研究中国文化较为著名的有费孝
通的《乡土中国》④，Arthur P. Wolf（武雅士）的《Religion and Ritual

---

① 宋光宇编译：《人类学导论》，台北：桂冠图书股份有限公司，1983 年版，第 13 页。
② 庄孔韶主编：《人类学概论》，北京：中国人民大学出版社 2006 年版，第 10—11 页。
③ 同上，第 11 页。
④ 费孝通：《乡土中国》，苏州：江苏文艺出版社 2007 年版。

in Chinese Society》① 等，但研究的时间起点，皆不久远，以近代中国为主要研究对象。可见，以殷商时期为研究对象的几乎不得见，因此这一时期颇具有研究的空间和价值。

（二）人类学研究的跨学科可行性

上文叙述了人类学具备强大的学科综合能力，由此可见，结合人类学进行跨学科研究是十分可行的。宋光宇指出了跨学科研究的妙处，它解决了在某些学科范围内单独解决不了的问题。

"另一种与其他学科间的关系，是借用其他学科的各种发现和方法，以解决某些特定的问题。"②

庄孔韶指出人类学研究具备很大的张力：

"百余年来，从人类学的基本原则的阐述，到人类学原则向多领域的渗透，反映了这门学问发展的多种机会和多重成果。……总之，人类学所涵盖的内容是非常广泛的，从文化的生物性基础、人的演化历程到文化的起源、往昔文化的遗存以及现代人类的种种文化实践。然而，人类学的基本原则一直没有改变，所以它的交叉学科的发展都是丰富和发展人类学的某一方面或某些方面。"③

当时间进入了 20 世纪 50 年代，第二次世界大战结束，对现代人类学的发展亦大有影响，它走向更加多元化的发展方向。部分人类学者在战后回到自己的国家，开始对本土的次文化群体进行研究，比如一些少数民族小区。部分人类学者受到马克思历史唯物主义的影响，开始结合文献与民族志数据，进行历史人类学的研究。较多的人类学学者仍然以第三世界的部落文化为研究对象，但关注点有所改变，比如关注原始部落与现代社会

---

① Arthur P. Wolf, *Religion and Ritual in Chinese Society* (California: Stanford University Press, 1974).

② 宋光宇编译：《人类学导论》，台北：桂冠图书股份有限公司1983年版，第14页。

③ 庄孔韶主编：《人类学通论》，太原：山西教育出版社2003年版，第5页。

的互相适应和相融的问题。而克洛德·列维·斯特劳斯①所建构的结构主义与神话学，不但对 20 世纪尤其是 20 世纪后半期的人类学产生了重大影响，而且对社会学、哲学、语言学等学科也有着深远的影响。

宋光宇指出语言文字的重要性，这也许可以解释人类学者将语言学和人类学联合在一起的原因。

> "倘若没有语言，一切共同生活与工作习惯和文化发展，都将成为不可能。在人类所有的各种能力中，语言是最为重要的一项。不仅可以直接和伙伴们交换讯息、沟通意见，而且也易于促成团结合作。也是的生活经验得以保存，并传之后代。透过语言文字，人们可以学到大部分的知识，不只是同一时代的知识，而且也包括了在他之前历代的经验。"②

笔者亦十分认同这一观点，语言文字作为重要的文化载体，它同时具备了历时性和共时性，既能够被当时当地的人们所使用，也能够将特定历史阶段的人文社会等状态保存下来，蕴含丰富的讯息。对于着眼于文化研究的现代人类学而言，这自然是学者乐意接近的学科领域。由此，笔者才认为可以把甲骨卜辞作为素材，而在人类学的视野下进行研究，或可拓宽研究的思路，获得更多讯息，对研究殷商时期的宗教面貌有所帮助。

殷墟卜辞记载了殷商时期的各种图景，尤其是当中反映的殷人祭祀活动。祭祀是礼仪的一种表现形式，通过人类相对固定的活动形态和状态，反映出一个时代的各种社会关系。而礼仪所蕴藏的是社会组成的无形的结合力量，亦即是"文化"。笔者旨在通过对甲骨卜辞的研究，试图对殷商时期的宗教进行重构和分析，探索中国宗教滥觞时期的面貌和特征。

人类学这门学科，在中国的发展一直不很发达。20 世纪 80 年代之后才开始进入一个较有进步的发展期，此时，作为同样新兴的历史人类学，

---

① Claude Lévi-Strauss（1908—2009），法国著名的社会人类学家、哲学家，结构主义人类学创始人，法国结构主义人文学术思潮的主要创始人，与马林诺夫斯基并称为"结构功能主义之父"。

② 宋光宇编译：《人类学导论》，台北：桂冠图书股份有限公司 1983 年版，第 8 页。

开始对中国学界产生影响。蓝达居为历史人类学下了定义，并且阐述了如何进行历史人类学的研究：

"历史人类学（Historical Anthropology）即人类学的'历史化'（Historicization），也就是将文化概念放到过程中去考察，也可以说是从文化的角度考察历史，实现民族志方法与历史方法的结合，体现人类学的文化论与历史学的过程论的协调，以克服传统历史观的局限性。对于人类学家来说，人类学的历史化就是要将历史引入人类学的研究当中。在非常普遍的层次上，历史可以用两种不同的方法纳入社会人类学当中。一是透过对某一特殊历史数据的分析；二是包含在分析社会制度时对时间观点的认识当中。这就是说，在人类学的分析研究中，不仅注重对历史素材（事件及其记忆）的分析，而且尊重社会/文化的时间向度（也就是时间性）。这也就意味着历史人类学在研究过去时，努力发现不同群体在描述或解释过去时所使用的不同方式，并努力探讨时间是如何被不同的群体以不同的方式加以再现、建构、概念化和符号化。真正的历史人类学必须同时兼顾空间（文化）和时间（历史），也不仅仅是因为历史是社会在时间中的开展，也是因为社会是历史事件的制度形式。"①

目前国内的历史人类学研究还很少以甲骨文为素材和研究对象。仅有符太浩在 2002 年分别发表了两篇相关的论文，《一批亟待发掘利用的历史人类学珍贵数据——对现存甲骨文、金文铭刻研究价值的再认识》② 及《历史人类学与相关学科的对话——以甲骨文、金文破译为例》③，谈及从历史人类学的角度研究甲骨文，但亦尚未十分深入。

中国由于史学渊源深厚，因此在人类学的各种分支当中，对历史人类

---

① 蓝达居：《历史人类学简论》，载《广西民族学院学报》（哲学社会科学版），2001 年 1 月。

② 符太浩：《一批亟待发掘利用的历史人类学珍贵数据——对现存甲骨文、金文铭刻研究价值的再认识》，载《思想战线》，2002 年第 2 期。

③ 符太浩、刘锋、唐生周、杨庭硕：《历史人类学与相关学科的对话——以甲骨文、金文破译为例》，载《吉首大学学报》（社会科学版），2002 年 3 月，第 23 卷第 1 期。

学的接纳程度较高。本文的主要研究对象甲骨卜辞，存在于两千多年前的殷商时代，距今历史悠久，本就属于历史研究的范畴，因此与历史人类学亦可相契合。蓝居达阐述了历史人类学研究的价值和意义，认为历史人类学强调文化的历史向度，强调历史的多元特征、历史的文化解释和记忆对于历史制作的重要性。他同时引用王铭铭的观点支持自己。

"正如王铭铭所指出的那样，历史人类学的意义在于指出一些主流的历史决定论自身的历史缺陷。……从历史人类学出发对具体个案进行重新解读，使他们有可能赋予历史过程本身一定的反思价值。"①

笔者认为，蓝居达和王铭铭的观点，亦可为本文提供研究的方向和阐释了研究价值，以人类学的角度重新审视甲骨卜辞，以一种更贴近人文精神的思路观察和思考殷商的文化，进行文化的自我反思，必然比单纯从主流历史的角度审视殷商更有所获。

宋光宇也提出了人类学研究文化的方向和价值。

"人类学的特色，就是把所有从事对人类研究的学科整合起来，做全盘性的考虑。因为绝大多数的学科都只偏重于人类活动的某项有限的范畴。譬如：经济学家把他的问题看成是一组意识和行为的单独体系。而人类学家却注重整个文化的结构，了解经济制度和其他文化制度之间的关系。

人类学也强调客观立场和相对看法。当我们观察与己身文化不同的各种文化之后，可以使我们比较容易了解在我们社会文化中看起来是'无理性的'文化特质。与我们的行为模式大异其径的种种行为，绝不是不合逻辑的，而是人类共同问题的另一种解决之道。制度和行为都是整体的一部分，而且是一个特殊文化中不可或缺的部分。"②

宋光宇的观点提供了一种研究思路，即通过观察与自己不同的文化，

---

① 蓝达居：《历史人类学简论》，《广西民族学院学报》(哲学社会科学版)，2001年1月。
② 宋光宇编译：《人类学导论》，台北：桂冠图书股份有限公司1983年版，第16页。

而更加了解自己的文化。人类学研究通常强调文化"他者"① 和"自我"②的定位，庄孔韶借用学者的观点，也说明了人类学研究对于自身文化探究的价值。

> "如赫斯科维茨（M. J. Herskovits）所言：'我们有欠于培植我们的社会，必须长期地偿还它，即用我们对了解文化的性质和进展的基本贡献，并借此以解决一些我们自己的基本问题。'③ 所以，今日人类学的学术工作有一个'最令人欣慰的悖论，也是它最激励人的特征，就在于研究他者的同时也是一个自我发现的生命旅程'④。"⑤

笔者认为这也是本次研究的努力方向和所追求的研究价值。对于自我文化的溯源，可以更好地了解文化的历史发展和文化的走向趋势。人类学为学者提供了这样的角度，以一种反观己身的视角，抽离自身的文化，再观察自身的文化，可能会为一些原来看不清楚和想不明白的问题寻到答案。比如看待中国宗教这个问题，从单一学科出发无论是历史学抑或宗教学，都会由于学科本身的界域限制，而让中国宗教变得无可适从，无所归

---

① "我们观察和参与到不同文化中人性的差异也就呈现了。不仅如此，他者的文化与人性是如何在时空中转换的也在此列。因此，针对人类本身的整体观以及反身之自我认识，都将透过对他者的文化与人性的理解而受益。在这意义上理解，可以说'人类学是关于他者的学问'。它源于人类学发生期对遥远的部落社会（相对于欧美社会）的他者的强烈的比较文化研究框架之中。他者是在人类范畴中被设定的，其端点作为自身和自我的延伸而被定位。如今，在不把今日世界他者与自我绝对化的前提下，这仍是人类学研究的重要定位之一。"引自庄孔韶主编：《人类学概论》，北京：中国人民大学出版社 2006 年版，第 7—8 页。

② "'他者'（others）不仅仅指向与自己不同的人群，更多的是指向与自己不同的文化（other cultures）。换句话说，我们所主要关注的不是作为人群的他者，而是文化意义上的'他者性'（cultural otherness）。如果以此为出发点考察，早期人类学家的田野工作是在试图解决本文化与他文化接触时出现的文化冲突与文化评价问题，而近晚以来的人类学家是在运用他文化和对他文化的研究成果——'他者性'来反观、诠释与重构本文化。"引自庄孔韶主编：《人类学概论》，北京：中国人民大学出版社 2006 年版，第 8 页。

③ （英）埃文斯—普里查德：《社会人类学》，台北：唐山出版社 1997 年版；M. J. Herskovits, "Applied Anthropology and the American Anthropologist", *Science*, 6（March 1936）, pp. 7. 引自庄孔韶主编：《人类学概论》，北京：中国人民大学出版社 2006 年版，第 8 页。

④ William Adams, *The Philosophical Roots of Anthropology*（Leland Stanford Junior University: CSLI Publications, 1998）. 引自庄孔韶主编：《人类学概论》，北京：中国人民大学出版社 2006 年版，第 8 页。

⑤ 引自庄孔韶主编：《人类学概论》，北京：中国人民大学出版社 2006 年版，第 8 页。

依。若从文化的角度解释，则很多都会寻到合适合理的解释。

（三）宗教与中国宗教

宗教是人类社会发展到一定历史阶段才出现的一种文化现象，属于社会意识形态。宗教一般认为，现实世界之外存在着超自然的神秘力量或实体，该神秘力量或实体统摄万物而拥有绝对权威，可以主宰自然进化、决定人世命运，从而使人对它们产生敬畏及崇拜，并从而发展出信仰认知及仪式活动。

宗教的定义，各家各派都有不同的见解。但基本上主流的宗教定义，主要来自西方亚伯拉罕诸教文化地区学者，其对应为英文中的"religion"。而笔者主要关注人类学家对于宗教研究的定义、范围和角度。

宋光宇也指出了宗教界定是人类学者的难点，并总结了诸家对宗教界定的看法。

"在人类学上，意见纷纭的部分是'宗教'（Religion）的定义应该如何界定。到目前为止，大多数的人类学家都能承认：所谓'宗教'，是对人生的一种特殊的象征性的感情表现，以解释人类本身和他所接触的宇宙；对于行动提供必要的动机，也提供一套有关的活动方式，使人类能够生生不息地生存下去。

不同的是如何将宗教哲学、宗教活动和其他的思想、仪式作明确的区别。……近些年来，学者们把宗教看成是一套'根本的价值观'（ultimate value）。这个简介采自社会学。意指人类感情上最敏锐、最强烈的思想和观念。根据这层定义，那么一般所谓的'宗教'，包括了对于超自然的想法，也包括了政治上的理想和任何观念上的价值判断。从这样的说法来看，宗教普存于每一个社会的每一个人的思想、行动上。但直到现在人类学家对于这种说法所持的态度，尚不一致。"[1]

---

[1] 宋光宇编译：《人类学导论》，台北：桂冠图书股份有限公司1983年版，第366页。

笔者认同宋光宇提到的"根本的价值观",宗教源自于人对于自身和宇宙的思考,它一旦形成,又是最长久的不轻易改变的,不同于一般的事理认识,可以在今天认可了一个道理,明天又因为别的认识而轻易推翻了这个道理。宗教观念不容易形成,但亦不容易改变,具有很大的稳固性。这种"稳固性"就是"价值观"的特征体现。但当然并非所有的价值观都可以反过来称为宗教。

林慧祥[①]曾对几种著名的观点进行了详细的分析。

"最常被采用者为泰勒氏(E. B. Tylor)及弗雷泽氏(Frazer)之说。泰勒说,宗教的最小限度的定义是'精灵的存在物之信仰'(the belief in spiritual beings)。这说的优点在于把宗教的态度和宗教的对象都提出来。其缺点则是:(1)只举信仰一方面而漏了宗教行为(practice)。因为在原始宗教中,宗教行为,即仪式(ritual)也极重要。(2)精灵的存在物范围还狭,不能完全概括信仰的对象。弗雷泽氏的定义说,宗教是'对于统驭自然及人类生活的超人的权威(powers)之和解的手续'。他所谓'权威'是指有意识的或有人格的物(conscious or personal agents)。这说的优点在乎改进上说而提出崇拜为宗教态度的要素。其缺点则在:(1)以宗教对象为具人格的物,因之凡非人格的而亦为原人所信为具有神秘的力者,都被摈于此定义之外。(2)以对于具有超人的力者之崇拜方为宗教现象,而实际上原人对于一部分精灵却有只用平等对待的缔约或甚且用高压的吓威手段的,这些事实都被排于宗教范围之外,而派入于魔术之中,未免过于含混。……兹举一种较为适当的定义于下。

马雷特氏(Marett,R. R.)以为宗教的对象最好莫如用'神圣的'(the sacred)一语,而宗教的态度便是信这种'神圣的事物'能影响于团体或个人的幸福,因而表现此种感情思想及行为于外。'神圣的'一语的范围很广,能够将所有超人的非超人的、精灵或非精

---

① 林惠祥(1901—1958),中国人类学家、考古学家、民俗学家、民间文艺理论家。

灵、宗教或魔术等现象，都包括在内。所谓'神圣的'性质是：（1）神圣的便是禁忌的（forbidden），在原始社会常有所谓'答布'或'禁忌'（taboo）。附于宗教的事物，这字的意义与神圣略同。其意谓对于某种神秘事物须避忌，犯者将会遇到不幸。（2）神圣的便是神异的（mysterious）。在原始民族观之，凡奇异的意外的不可思议的现象常有神圣的意义。（3）神圣的便是秘密的（secret）。凡神圣的事物当守秘密，例如对于未成年者妇女等常加限制，不准闻见或参加。（4）神圣的便是有能力的（potent）。凡神圣的事物大都有奇异的能力，不但精灵，便是仅只一种神秘力即所谓'马那'（Mana）也能发生不可思议的现象。（5）神圣的便是灵活的（animate①）。神圣的物都是有意识或具人格的，犹如有生命一样。（6）神圣的便是古旧的（ancient）。古代传袭来的事物常有神圣的意义，如宗教仪式、神物等都有古旧性，犹如古人的鬼也易于成为崇拜的对象。"②

笔者认为林惠祥的分析非常清晰和到位，而尤以他所分析的马雷特的观点，总结出六个特征，是笔者所见较为详尽的分析。其所包含的"禁忌的（forbidden）"、"神异的（mysterious）"、"秘密的（secret）"、"有能力的（potent）"、"灵活的（animate）"、"古旧的（ancient）"六个特征，可以涵括绝大部分的宗教。

而"宗教"的定义之所以出现各种繁复的解释，亦主要是由于学者的立场不同。宗教学的学者多站在信仰者的角度分析宗教，而且多是主张自己所信仰的宗教，具有一定的排他性。哲学的学者多站在思维和逻辑的角度分析宗教，多数也只涉足已经发展出体系和具有较为完整的理论的宗教，不能关注到原始宗教。历史学的学者多站在实事求是的角度，关注历史事件和人物，亦有写史的立场偏向性，尤其中国古代史学以儒家为正道，"怪力乱神"的东西多不入史，因此宗教常被排斥在外，更以原始宗

---

① 笔者注。原书中为"aninate"一词，联系上下文意，笔者认为此乃笔误，应写为"animate"一词，故笔者已在上文引用中更改，此处记录以作参考。

② 林惠祥：《文化人类学》，北京：商务印书馆 2011 年版，第 279－280 页。

教为甚。

林惠祥对此有更加详细而精到的阐释。

"最初研究宗教的大都是宗教家。他们所成就的如基督教的神学、佛教的佛学等，对于个人自己所信仰的一种宗教的道理阐扬发挥都很详尽，但其缺点也就在此；因为，（一）他们所研究的只是一种宗教，研究的结果何能概括世界各种宗教。（二）他们的立足点既是一种宗教的信徒，则其意见自然是倾于左袒自己的宗教，自己所奉的方是神，别教所奉的则斥于神的范围以外；自己的宗教行为是真正的，别教的宗教行为则斥为魔术与迷信。所以严格言之，宗教家的研究宗教，不是真正研究'宗教'，而是阐扬其所信的'一种宗教'。因为这种研究的不合宜，于是哲学家便出来担任这种工作。他们以无偏无颇的眼光综览各种宗教的内容，统论各种教理的哲学意义；这是他们的大贡献。但这种工作却只能解决宗教研究的一部分，还有一部分未能解决，因为，（一）哲学上所研究的，只是含有哲学意义的教理；（二）其范围只限于发展已高的宗教。对于各种高等宗教如佛、回、基督等教的研究固已显著成效，但对于'宗教'全体的性质及起源还是不能全晓。这个原因便在于还有各种未有哲学意义的低等宗教即通常所指为迷信及魔术等还未经人注意的缘故。这种低等的或原始的宗教是存于文化比较落后的人民，即通常所谓野蛮民族以及文明民族中的无知识的阶级中；而这种材料是文化人类学家所熟悉的，于是便由人类学家来担负这种工作了。"①

林惠祥的阐述，解释了为何中国宗教一直不能被准确定义的原因，这就在于无论宗教学家抑或哲学家，一来是从自己已有的立场出发，二来多是顺从西方的文化逻辑和体系，因此无法为中国宗教找到一个合适且合理的定位。

杨庆堃对宗教进行了分类，很恰当地把中国宗教划入了宗教的范畴。

---

① 林惠祥：《文化人类学》，北京：商务印书馆2011年版，第277—278页。

他认为宗教可以分为"制度化宗教"和"分散性宗教"。

"所谓制度化宗教，是指有独立的神学观或宇宙观的解释、崇拜仪式、组织和结构，具有独立的社会制度的属性，其宗教事务通常与一般的日常生活相分开，比如基督教。"①

"所谓分散性宗教，指的是拥有神学理论、崇拜对象及信仰者，能十分紧密地渗透进一种或多种的世俗制度中，从而成为世俗制度的观念、仪式和结构的一部分。"②

自然，从杨庆堃的观点中可以推知，中国宗教属于"分散性宗教"，强调了世俗制度与宗教的紧密结合。这也的确是中国宗教的一个非常重要的特点。

孔汉思将世界宗教分了三大宗教河系，而中国属于其中的一个独立的宗教河系。

"如果我们不是从人类历史的源头向前看，而是从现在向后看，同时又不忘发生过的各种变迁和各种杂交形式就能辨别出三大现存宗教河系。我们的目的不是要勾画一幅表面的静态的'宗教地舆图'（geography religion）（如：欧洲—印度—中国'世界观'（world view）），而是要发现一个逾越国家和洲际界限的、有历史根据的、符合现象学的、动态的宗教地志学（dynamic typology of religion）。

在近东，从游牧部落的原始宗教里渐渐发展形成了第一大宗教河系，它源出闪米特人（Semitic），以先知预言为其特点。……它们是'亚伯拉罕系三大宗教'（the three Abrahamic religions）。……首先是犹太教……基督教从犹太教脱颖而出……最后是伊斯兰教……

再向东走是和闪米特—先知型宗教迥然不同但又同样错综复杂的第二大宗教河系，它源出印度民族，以神秘主义为其特点。……远东的第三大宗教河系应当和上述两大宗教分清。这个宗教河系源出中

---

① 杨庆堃著，范丽珠等译：《中国社会中的宗教：宗教的现代社会功能及其历史因素之研究》，上海：上海人民出版社 2007 年版，第 269 页。

② 同上。

国，其中心形象既不是先知也不是神秘主义者，而是圣贤；这是一个哲人宗教。"①

笔者赞同孔汉思的观点，这也是少见的将中国宗教独立出来并且与西方宗教等量齐观的看法，将中国宗教划入了世界宗教的版图之内，是很正确和明智的。由此可见，宗教除了佛教、印度教以及亚伯拉罕诸教等"神宗教"，还有"人宗教"，也被称为无天神有圣人的"哲人宗教"。这是中国的一大特色。

> "对我们来说重要的是早期青铜器皿、中国文字以及宗教从一开始就显示出典型的中国形态（typically Chinese forms），虽然人种学和宗教研究至今难以确定究竟什么是典型的中国因素。尽管和印度的发展经过有相似之处，周密详致的考察告诉我们中国的文化与宗教和欧洲人长期以来认定是典型的'东方的'东西截然不同。中国的史书编修起步惊人的早，但很快就被朝廷和政府官僚机构一手垄断，结果是历史强调传统和巩固陈规旧习。……有一件事当然不容否认，那就是极为敬重老年人和他们的经验。加强这种敬重感的是缺少西方式的政教分离和贵族与教士分离。西方的这一分离引起了许多冲突矛盾但也不乏积极的创建。除了政教不分，中国也没有发达的国家理论、法律至上的概念和独立自主的司法制度。"②

孔汉思在谈论中国形态时分析了中国宗教的一些特点和要素，笔者较为认同。中国的史学传统悠久，而传统史学又被朝廷官府控制而极具排斥性，尤其是对待文化和拣选文化，排他性强烈，于是与宗教就处在若即若离的关系中，有用则取，无用则弃，尤其是对待书中孔汉思所认为的中国儒学和道教这两大哲人宗教。

笔者认为儒学和道教是中国宗教的核心——追本溯源的敬祖思想——的产物，它们可以算是中国宗教的"分支派别"。中国宗教是以祖先崇拜

---

① 秦家懿、孔汉思合撰，吴华主译：《中国宗教与西方神学》，台北：联经出版事业公司1989年版，〈序〉。

② 同上。

以及由此发展出的祖先崇拜的思想为内核，中国人最重视血缘关系，从古而有，血缘关系意味着一种"秩序"，纵向的辈分和横向的辈分。而且由中国复杂的亲属称谓也可体现出中国人对血缘关系的认真程度几近到了一种执着的地步，中国人也是靠着这一种血缘关系建立起的秩序，构建起支撑中华文明的大梁，让它平整而有序。

这种在重视血缘关系环境底下产生的宗教，很自然地就是以敬畏祖先为主的宗教。而中国民间各种繁复的祭祀对象也体现出这种"祖先"意味，有血缘的祖先，即家族祠堂的祭祀对象，也有行业的祖先，比如木匠拜鲁班、船家祭妈祖，等等。"祖先"不仅是一个处在高端的神灵对象，更是一种代表了亲密关系的意义，让中国人产生心灵的归属感。笔者认为，这种能够给人心灵慰藉的力量，也就是中国宗教的核心体现。从原始人对"血"所代表的"生命力"的敬畏，发展到中国人对血缘关系的重视和信仰，体现了中国人的早慧和敏感。

中国人的宗教，在很早的时候就从对虚空神力的敬畏和崇拜转移到真实存在的人身上，对"天"的崇拜转移到对"祖先"的崇拜上。中国人由此就不善于创造神灵，而是祭祀有真实意义的对象。尔后生发出来的各种崇拜和祭祀的流派，都是源于这种思维。这大概也与中国史学渊源深厚有关联，有根有据，连精神信仰的对象也不虚假地捏造一个出来。因此中国宗教中几乎所有的祭祀对象，都有人的气息，都带着人间烟火的气味。这也是笔者在本文中想着意表达的主要观点。

二、甲骨学与殷商

（一）殷商与殷墟

本文是以殷墟甲骨卜辞作为主要研究对象，殷墟甲骨卜辞是商代的历史遗物。研究甲骨文，有必要对殷商和殷墟有所了解。

商朝又称殷、殷商，是中国历史上的第二个朝代，是中国现今所见第一个有直接的同时期文字记载和出土文献资料的王朝。夏朝诸侯国商部落首领商汤率诸侯国于鸣条之战灭夏后在亳（今商丘）建立商朝。

商朝的世系年代尚无最确定无疑的说法。而据夏商周断代工程认为，商朝取代夏朝的时间约前 1600 年，至前 1046 年被周武王所灭，共 510 年。[①] 该时间被中国史学界普遍采用。笔者亦认为该纪年的说法是目前最权威的。

在甲骨文记载的祭祀当中，商朝建立之前，常常出现十四位先公高祖，他们多存在于传说时代，带有神性的色彩。

《国语·周语下》中说：

"玄王勤商，十有四世而兴。"[②]

韦氏解曰：

"玄王，契也。殷祖契，由玄鸟而生，汤亦水德，故曰：玄王。勤者，勤身修德以兴其国。自契至汤，十四世而有天下，言其难也。"[③]

此处可见甲骨卜辞中所记载的殷商高祖契，并且契是由玄鸟所生，氏族始祖的降生带有奇幻的神话色彩这时的中国，处在古史传说的阶段。徐旭生曾说："我国，从现在的历史发展来看，只有到殷墟时代（盘庚迁殷约当公元前一千三百年开始时），才能算作进入狭义的历史时代。"[④] 这种神妙的痕迹。同样可见于文学作品《诗·商颂·玄鸟》中：

"天命玄鸟，降而生商。"[⑤]

在《史记·殷本纪第三》中成为司马迁笔下的信史，并有更加细致的描述：

"有城氏之女，为帝喾次妃。三人行浴，见玄鸟堕其卵，简狄取

---

① 参考夏商周断代工程专家组著：《夏商周断代工程 1996－2000 年阶段成果报告简本》，北京：世界图书出版公司北京公司 2000 年版，第 49 页、第 73 页。

② （三国）韦昭：《国语韦氏解》，卷三，士礼居丛书景宋本。

③ 同上。

④ 徐旭生：《中国古史的传说时代》（增订本），北京：文物出版社 1985 年版，第 20 页。

⑤ （汉）毛亨：《毛诗注疏》附释音毛诗注疏，卷第二十，清嘉庆二十年南昌府学重刊宋本十三经注疏本。

吞之，因孕生契。"①

帝喾、契等，皆是甲骨卜辞有出现并且能够基本对应《史记》殷商世系中的高祖和先公先王。② 在殷商时代，纵然宗教和祭祀的氛围十分浓重，看似崇拜对象也很繁杂，但其实殷人的宗教是以祖先崇拜及祖先崇拜意识为主，这将是本书详述的观点。

《史记·殷本纪第三》中说：

　　"桀败于有娀之虚，桀犇于鸣条……汤乃践天子位，平定海内。"③

反映成汤灭夏，建立商朝的历史。成汤作为将商部落带上了建立王朝国家之路的伟大开国君王，也是常出现在甲骨卜辞中的一位商代先王。

迁都是商朝的一件大事，殷商历史上数次迁都，商代另一位重要先王盘庚就带领商民进行了历史记载的商朝最后一次迁都，是为盘庚迁殷，此后至商朝灾亡并未再迁都城。《尚书·盘庚》三篇记述了这次都城迁徙的过程：上篇记述盘庚迁殷之前告诫群臣的话，中篇记述盘庚告诫商朝人民的话，下篇是迁都后盘庚告诫群臣的话。历代学者大都认为《盘庚》三篇属于商代的作品，具有很高的史料价值。由于殷商距今十分遥远，很多文化原本的面貌都难以复原或者经历后世的修改而失真，因此对于研究殷商的文化，这类最贴近事实发生年代的文献和史料，是弥足珍贵的，而且可信度更高。

而在《水经·洹水注》中也提到盘庚迁殷的历史：

　　"《竹书纪年》曰：盘庚即位，自奄迁于北蒙，曰殷。"④

盘庚迁都之后，商朝再没有迁移过都城了，此处即后来的殷墟，也是甲骨大量出土的地方。

由迁殷的史料及时间可见，殷墟是中国商代后期都城遗址，从盘庚到

---

① （汉）司马迁：《史记》，《殷本纪》，清乾隆武英殿刻本。

② 参考孟世凯：《甲骨学辞典》，上海：上海人民出版社 2009 年版，附录一商代世系对照表。

③ （汉）司马迁：《史记》，卷三，《殷本纪》，清乾隆武英殿刻本。

④ 方诗铭、王修龄著：《古本竹书纪年辑证》，上海：上海古籍出版社 1981 年版，第 29 页。

帝辛，在此共 255 年。① 它是中国历史上第一个文献可考、并为考古学和甲骨文所证实的都城遗址。

殷墟的发掘，确证了中国商王朝的存在，重新构建了中国古代早期历史的框架，使许多传统文献中记载的商代历史成为信史。殷墟出土的甲骨材料几乎完全印证了司马迁《史记》中所记载的商王世系。

同时，确证了中国商王朝的存在的甲骨文，是目前已经发现的中国最早的较为成系统的文字。从 1899 年王懿荣偶然发现甲骨至今，获得了刻字甲骨 15 万片左右，辨认出 5000 多个单字，释读出约 2000 个单字，卜辞内容非常丰富，涉及天文、历法、气象、地理、方国、世系、家族、人物、职官、征伐、刑狱、农业、畜牧、田猎、交通、宗教、祭祀、疾病、生育、人文、灾祸等方面。可谓勾勒出商代自然和社会生活的多方位图景，大大丰富了人们对遥远先祖的印象和记忆。

百多年来，甲骨学已经成为一门显学，无数学者对它进行各方面的研究，本书将以甲骨卜辞为研究对象，探索商代宗教的特征和面貌。

（二）甲骨学与甲骨文

甲骨学的研究领域包括甲骨的发掘、整治、钻凿、镌刻、文字考释、甲骨断代、商史等。早期的甲骨研究，重点在于甲骨收集、辨识及文字的考释，科学意义上的甲骨学，大概是在 20 世纪二三十年代由罗振玉和王国维等学者共同创立的。1949 年新中国成立之后，甲骨学进入了继续发展时期，主要学者有陈梦家，唐立庵、商锡永、于思泊、胡厚宣等。到了当代，由于科技的发展，为甲骨学增添了高技术的研究助力，比如利用碳－14 加速器质谱仪研究分期断代。而且越来越多学者开始试图用不同的角度和方法去阐释和研究甲骨文，将它带向不同的学科领域。比如笔者也试图以历史人类学的角度对甲骨文进行研究。

---

① 参考夏商周断代工程专家组著：《夏商周断代工程 1996－2000 年阶段成果报告简本》，北京：世界图书出版公司北京公司 2000 年版，第 88 页。

本次研究既以甲骨卜辞为主要研究对象，首先则需要尽可能地收集全面殷墟卜辞，然后是通读和理解这些卜辞的内容。因此殷墟卜辞的合集和甲骨文辞书数据是关键。但囿于时间和精力之限制，本次研究也仅能是抛砖引玉。笔者在后续的研究中会更深入和全面地进行材料整理工作。

以下介绍一些相关的书籍和材料、资料。郭沫若主编的大型甲骨汇编《甲骨文合集》，包括了中央研究院殷墟发掘所及国内外搜藏的甲骨拓本共计 41956 片，是总结了前一阶段这方面研究的集大成者。

沈建华、曹锦炎所编的《新编甲骨文字形总表》是甲骨文字形系统整理研究的新成果。该书共设 152 部，收录甲骨字形 6051 个，并对姚孝遂主编的《殷墟甲骨刻辞类纂》作了一次整体性的核校和整理。其材料依据除《甲骨文合集》外，还涵盖了《小屯南地甲骨》《东京大学东洋文化研究所藏甲骨文字》《英国所藏甲骨集》《天理大学附属天理参考馆藏品甲骨文字》等甲骨文著录。且该书的编写以数字化平台为基础，甲骨文的计算机输入亦较大限度地保证数据类聚的完整和效果统一。

甲骨文辞书方面，以徐中舒主编的《甲骨文字典》，于省吾主编的《甲骨文诂林》等较为著名。另有姚孝遂主编的《殷墟甲骨刻辞摹释总集》，饶宗颐的《甲骨文通检》和姚孝遂主编的《殷墟甲骨刻辞类纂》，亦是重要的摹本或索引书籍。

其次，甲骨学断代分期的研究成果对本次研究也起到很大作用。

1931 年，董作宾研究大连坑所出的四版卜甲，发表了《大龟四版考释》，首创"贞人说"。董作宾的《甲骨文断代研究例》[1] 是甲骨文断代研究的奠基之作。该论文发表七十多年来，虽然后来陆陆续续有不同的观点出现，但他的观点是基本正确可用的。断代问题解决了，甲骨文所记载的内容才能成为科学研究的材料，对商代各个历史时期的研究才成为可能。因此甲骨文断代分期是非常重要和出彩的成就。

---

[1]　董作宾：《甲骨文断代研究例》，《庆祝蔡元培先生六十五岁论文集》，中央研究院历史语言研究所编印 1933 年版。

董作宾运用十项标准把 273 年的殷商甲骨文划分为五期：

第一期：武丁及其以前盘庚、小辛、小乙（一世三王）；

第二期：祖庚、祖甲（一世二王）；

第三期：廪辛、康丁（一世二王）；

第四期：武丁、文丁（二世二王）；

第五期：帝乙、帝辛（二世二王）；

十项标准中，董作宾认为世系、称谓、贞人三位一体，是甲骨文分期断代的基础，陈梦家认为此三者是分期断代的"第一标准"。董作宾依据"第一标准"，定出一批时代明确的标准甲骨片，既包括由称谓决定时期的甲骨，又包括较多的由贞人可确定时代的甲骨。然后，通过这批被确立为标准的甲骨片的整理和归纳，可派生出十项标准中其他各项标准，即坑位、方国、人物、事类、文法、字形、书体。

陈梦家在研究甲骨文分期断代方面，写了《甲骨断代学》四篇，在董作宾"五期"分法和"十项标准"的基础上，进一步提出了断代的"三个标准"和"九期分法"。"第一标准"为断代的"首先条件"。"第二标准"可据以"制定不具卜人卜辞的年代"，即字体、词汇、文例等。而"第三标准"即"综合成某一时期祀典、历法、史实以及其他制度"，即祭祀、天象、年岁、征伐、王事、卜旬。并且以上三个标准"必须依照先后次序逐步进行"。他又据此得出"九期分法"，把卜辞分于每个王下。此外，陈梦家的《殷虚卜辞综述》以空前的规模，综述了甲骨学前面六十多年的研究成果，并结合自己的研究，对与甲骨学有关的整治占卜、卜法文例、分期断代、文字文法、历法天象、方国地理、先王先妣、农业、宗教等等进行了全方位的论述，并最早提出了贞人"分组"说。

郭沫若在其主编的《甲骨文合集》中，创造性地以董作宾的五期分期为标准进行次第编排，每期甲骨又按其主要内容从社会史的角度进行分类，共分为四大类，二十一小类。

再者，本研究需要参考商史研究的成果，尤其是殷商时期祭祀方面的史学成果。

其中很重要的是关于商代是否有至上神的学术讨论。关于是否有至上神，有以下学者进行了探究。傅斯年在 1930 年的《安阳发掘报告》第 2 期中根据卜辞、西周金文与文献评论过殷周之际帝天观念的演变。陈梦家在《殷虚卜辞综述》① 中，总结了商人上帝的权威，并认为当时上帝不受祭。晁福林在《论殷代神权》② 中，认为殷代尚未出现至高无上的王权，天上也未出现至高无上的神。及后，朱凤瀚在《商周时期的天神崇拜》③ 中，提出上帝虽在商人神灵系统中地位崇高，但并未与祖先神、自然神形成明确的上下统属关系，所以并非至上神。但亦有学者认为殷商时期有至上神。郭静云在《殷商的上帝信仰与"帝"字字形新解》④ 中，认为甲骨卜辞中帝是命令和控制诸神的至上神。

关于殷商祭祀，有以下学者进行了探索。董作宾的《殷历谱》⑤，集中体现对周祭制度的研究，是殷商祭祀研究重要的成果，他认为卜辞中有一种用五种祀典轮番祭祀其祖先、周而复始的制度，并命名为"五祀统"。陈梦家将董作宾的"五祀统"称为"周祭"⑥。许进雄的《殷卜辞中五种祭祀的研究》⑦ 系统论证了周祀。常玉芝的《商代周祭制度》⑧ 收集了更为齐备的材料，并且纠正了此前学者不少错误，被视为集大成者。张秉权的《殷代的祭祀与巫术》⑨ 对殷商祭祀对象、种类、用牲与场所做了分析和研究。王宇信、杨升南主编的《甲骨学一百年》⑩ 第十三章"商代宗教祭祀及其规律的认识"，总结了殷人自然崇拜和祖先崇拜的情况，并商代周祭制度及其规律。

---

① 陈梦家：《殷虚卜辞综述》，北京：中华书局 1988 年版。
② 晁福林：《论殷代神权》，载《中国社会科学》，1990 年第 1 期。
③ 朱凤瀚：《商周时期的天神崇拜》，载《中国社会科学》，1993 年第 4 期。
④ 郭静云：《殷商的上帝信仰与"帝"字字形新解》，载《南方文物》，2010 年第 2 期。
⑤ 董作宾：《殷历谱》共两册，台北：中央研究院历史语言研究所 1992 年版。
⑥ 陈梦家：《殷虚卜辞综述》，北京：中华书局 2004 年版。
⑦ 许进雄：《殷卜辞中五种祭祀的研究——许进雄古文字论集》，北京：中华书局 2010 年版。
⑧ 常玉芝：《商代周祭制度》，北京：中国社会科学出版社 1987 年版。
⑨ 张秉权：《殷代的祭祀与巫术》，载《历史语言研究所集刊》，第四十九本第三分。
⑩ 王宇信、杨升南主编：《甲骨学一百年》，北京：社会科学文献出版社 1999 年版。

朱凤瀚在《近百年来的殷墟甲骨文研究》[①] 中指出："对商人上帝的研究是对殷代宗教研究的一个重点，牵涉到对古代中国宗教与思想文化的认识，研究者间尚有较大的分歧，这显然需要在今后加强讨论。"可见这方面依然有十分广阔的研究空间，值得后学进行探索。

笔者将以诸位前贤大家在甲骨学领域中的斐然成就作为基础，冀望能够在此研究成果之上，有所进益，并亦能贡献自己一点微薄之力。

三、中国远古时代的宗教意识及遗存

任何文明都不会一下子就发展到某个高度，总是有一个从无到有、从有到盛的发展过程，殷商时期的宗教呈现出繁盛的状态，仪式的程序和各环节也十分细致和齐备，这明显是由于殷商之前的历史时期发展而来的。中国作为独立发源的文明体，地理相对隔绝，因此中华文明才具备连贯性、独立性发展的条件，宗教的发展也不例外。因此关于中国宗教的发源，以及早期原始宗教所呈现的状态，对于研究殷商宗教是一个必要的补充。

（三）旧石器时代宗教现象

1. 宗教意识出现在旧石器时代晚期

人类与其他生物的不同，是在于人脑更加发达，能够拥有复杂思维的能力。宗教，作为人类思维能力的反映之一，也是最重要的。因为它贯穿了人类历史，伴随着人类进化的历程，见证着人类思维的发展，从混沌到明晰。

宗教是人类特有的社会历史现象，从最早的宗教观念发生迄今至少已过了十万年的悠长岁月。宗教作为一种较高级的人类思维，自然不可能与人类同时诞生，它是人类社会发展到一定阶段的产物。

---

① 朱凤瀚：《近百年来的殷墟甲骨文研究》，载《历史研究》，1997年第1期。

"我国旧石器时代初中期的元谋人、蓝田人、北京人、马坝人、长阳人、丁村人等，从他们的头骨构造推断，他们的大脑结构简单，语言极不发达，感情也不复杂，生活在原始人群之中。他们的思维活动只能紧紧围绕着谋求生存、抵御侵害、制作石器来进行，思考的客体通常只是他们正在做的事情，还不会去想象一系列较大的问题，也不会联想间接的较远的事物，因此难以产生宗教观念。在这一段上古时期，考古学还没有发现任何宗教迹象。"①

根据目前的考古学成果可知，早期的宗教遗迹都是在旧石器时代中期，而宗教特征明显的遗迹则多数发现于旧石器晚期及以后。

研究原始先民的宗教信仰，尤其是在文字尚未发展的时代，主要依赖考古学的发掘成果，以考证实物遗存上凝结和烙印的宗教痕迹。中国宗教思维发端的时代，可以追溯到旧石器时代晚期。生存在距今 18300 — 10500 年前的山顶洞人，已经有了朦胧的宗教意识。在山顶洞遗址的下室，有三个人类头骨和一些躯干骨，分别是老、中、幼三代人，埋葬的形式有所区别。老年妇女的骨头附近撒有赤铁矿粉末，身旁还有应是下葬时佩戴的用兽牙、蚌壳、鱼骨做成的装饰品。

人类最开始的宗教意识是与葬仪有关，它代表了人类知道生死有别，开始关注死后的世界。而葬仪的形式则反映出人类对死后世界思考程度的深浅，以及反映当时现实世界的社会状况。

据此，有学者认为山顶洞人已经处于由血缘关系维系的早期母系氏族社会阶段。因为民族学认为，在母系氏族社会的妇女，尤其是年长妇女通常是氏族社会生产的领导者，故此她们的安葬会与众不同，随葬品也会较多，当时通常是日常使用的装饰品。而墓葬和随葬物的出现，则标志着原始宗教的萌芽。对尸体进行墓葬，一定意义上有祖灵崇拜的意味，因为人们开始关注逝去的先人，不再让他们随意暴于荒野。同时，原始先民的宗

---

① 地球出版社编辑部：《中国文明史系列》（第一卷）《原始中国》（下册），台北：地球出版社 1991 年版，第 411 页。

教生活一般具有巫术性质，因此某些特殊的葬式和随葬物，比如赤铁矿粉末这类，应具有巫术意义。赤铁矿粉可能因其颜色与人类血液相似，而被赋予了对"生命"向往和追求的意义和内涵。

2. 旧石器时代已见多元文化体系的雏形

中国地理环境从古至今并无巨大变化。而整个史前时代，人类主要在黄河中下游和长江中下游及附近地区生活。由于山川丘陵的阻隔形成了这一相对于地球其他地方较为隔绝的地域，但它的内部地理条件也是复杂的，人们根据各自的自然条件形成不同的生产活动，而不同的生产活动，导致了不同的人文现象出现，形成了不同的史前文化起源。根据严文明对旧石器时代文化的划分，中国史前文化区域划分为华南、华北两个大区，而每个大区之内又各有两个小区：华北地区主要分为周口店系统（小长梁石器、周口店文化、许家窑文化、峙峪文化、虎头梁文化）和匼河系统（西侯度文化、蓝田文化、匼河文化、丁村文化、下川文化），华南地区主要分为西南（元谋文化、观音洞文化、岩灰洞文化、富林文化、穿洞文化）和东南（和县龙潭洞、东海大贤庄）。[①] 到了旧石器时代晚期，华北地区的遗址分布面扩大至东北北部和青藏高原，并且石器逐渐细化，而华南地区则没有石器细化的迹象。[②]

由于地理环境的不同，加上中国土地广袤，在交通条件非常受限的远古，原始人便只好围绕一个相对小的中心区域来繁衍生息，劳动生产。因地制宜，故而发展出特征各自不同的旧石器文化。由此可见，中华文明呈现出多个起源中心，它们在发展过程中会逐渐不均衡，而通过战争和交好，又会互相影响，最终逐渐形成统一但多元的文化体。

（二）新石器时代宗教现象

1. 新石器时代早期遗址所反映的宗教意识

旧石器时代是攫取性的经济时期，人们以捕食为生，没有固定居所。

---

① 严文明：《中国史前文化的统一性与多样性》，载《文物》，1987 年第 3 期。
② 同上。

新石器时代则开始出现栽种植物，特别是培育谷类，也开始懂得驯养动物，制作陶器，雕琢玉器，亦不再以天地为铺盖，而是有了固定的居所。到了新石器时代的晚期，原始农业处于兴盛期，在黄河中下游龙山时代诸文化发现了原始城堡。①

新石器时代早期文化中，罕见带有宗教意识的考古文化遗存，人们生活仍以捕猎和采集为主，原始农业未见发现或可能处于萌芽阶段，而新石器时代开始的标志则以陶器出现为主要特征。

2. 新石器时代中期遗址所反映的宗教意识

新石器时代中期文化中，人们开始聚落生活，有了一定的信仰和习俗，形成各自的葬制葬俗，有了原始农业、原始饲养业、原始建筑业、原始手工业。北方种植粟和黍，南方则主要是水稻，人们已经开始饲养鸡狗猪牛羊等家畜家禽。彩陶是中国新石器时代文化的重要内涵之一，黄河流域的彩陶以大地湾文化的为最早和最普遍，黄河流域和北方的彩陶以关东地区最早，越往东出现彩陶越晚；长江流域的早期彩陶则以皂市下层文化和城背溪文化为代表，长江流域的早期彩陶不如黄河流域的发达，但皂市下层文化发现的白陶则是制陶技术发展的重要新工艺，并且这种工艺较常见于长江中下游地区，亦达到很高的水平。玉器与陶器一样，也是重要的带有宗教仪式色彩的器具。中国已知最早的玉器发现于敖汉旗兴隆洼文化的墓葬中。北方的玉器较之于黄河、长江流域出现和发展起步较早。而在这些玉器之中，又以玉玦为沿用时期最长、最富有代表性的玉器。②

从大地湾文化时期所发现的100多座墓葬中，可见大地湾人已有了自己的氏族公共墓地，并且与居住区紧密相靠，规模不大，主要是单人竖穴土坑葬，多有随葬品。李家村的墓葬中，人头骨有涂朱砂。白家村的瓮葬是目前国内已知最早的瓮棺葬。大地湾文化后来演变为仰韶半坡文化类

---

① 张宏谚编著：《中国史前考古导论》，北京：高等教育出版社2003年版，第24页。
② 参考中国社会科学院考古研究所编著：《中国考古卷新石器时代卷》，北京：中国社会科学出版社2010年版，第115—120页。

型。公共墓地的出现，体现了祖先崇拜的观念。①

裴李岗文化的贾湖遗址有突出的龟灵崇拜，比如在垛墙泥下发现压着一个完整的龟壳，在柱洞底部也有一个完整的鳖甲。另有 23 座墓葬的随葬中有成组的背腹甲和完整的龟壳。这体现了人们的动物崇拜或者精灵崇拜。② 裴李岗文化应是当地仰韶文化的先驱，仰韶文化是它的发展和继续。③

山东后李文化的小荆山遗址有 20 余座分为三排的墓葬，呈东西方向排列，为长方形竖穴土坑，头向北，均为单人仰身直肢葬，多数墓内无随葬品，但有较多蚌壳。没有随葬品说明贫富现象尚未出现，大家共同劳动和消费，财富平均分配。④

从这个阶段的一些考古发现可知，人们开始出现宗教相关的意识，主要通过墓葬形式和陪葬品可以看出。

3. 新石器时代晚期遗址所反映的宗教意识

新石器时代晚期黄河流域和北方地区中，原始宗教活动十分丰富，公众性祭祀遗址有显著发展，祭祀的地方从居住地方的附近渐渐独立到距离居住地较远的地方，而且规模较大。同时较晚时期的中心性祭祀遗址，还可见代表当时最高生产水平的物品。而"龙"的观念也日渐普及，而且是从具体的实物形态到神化的抽象形态。本阶段晚期出现了多以成年女性为男性殉葬的殉葬墓，体现了典型的父权制。而且也从随葬品的多寡可以看出某种程度的贫富分化。

仰韶文化时期可能奉行图腾崇拜、天体和大地崇拜、生殖崇拜、灵魂和祖先崇拜等。半坡文化中大量人面鱼纹彩陶，被认为是半坡人的图腾。庙底沟文化中的大量花卉彩陶，被认为是庙底沟人的图腾。氏族的图腾，

① 参考中国社会科学院考古研究所编著：《中国考古卷新石器时代卷》，北京：中国社会科学出版社 2010 年版，第 115-120 页。
② 同上，第 139-141 页。
③ 安志敏：《略论华北的早期新石器时代文化》，载《考古》，1984 年第 10 期。
④ 中国社会科学院考古研究所编著：《中国考古卷新石器时代卷》，北京：中国社会科学出版社 2010 年版，第 155 页。

在后世大抵演化成文字，也即是姓氏，中国人至今对姓氏仍有着强烈的归属感。中国的文字，主要是汉字，正因为它的发展历程经过了从图画到笔画的过程，许多的文化意义、历史意义等，都被保留了下来。因此，方块的汉字，不仅是中华文化的载体，更是中华文化的本身。

在仰韶文化时期，天体和大地崇拜有了明确的标志物。庙底沟文化彩陶的鸟纹和蟾蜍纹被认为是象征着太阳神和月亮神[①]。大汶口文化和良渚文化中也见到完全相同的太阳鸟图案，说明太阳崇拜在当时普遍存在。洪山庙遗址瓮棺上的彩绘纹饰有红日和白月，大河村遗址的彩陶上亦出现太阳纹、日晕纹、月牙纹、星座纹。天地崇拜与原始农耕技术的发展密切相关，农业生产依赖于天文地理，因此原始人开始关注日月星辰大地气象对自身的影响。而中国人得到天地优厚的待遇，千千万万年来便顺理成章地倚仗中华大地而活。以土地为依靠便自然发展出农耕文化为主体的中华文化，由此便会关注与之相关的自然条件，便会发展出秩序井然如同天时般有序的人文文化。

仰韶文化时期的灵魂崇拜和祖先崇拜，特别体现在二次葬和瓮棺葬上，这两种葬法都体现了人们引领死者灵魂的意识。墓向体现了强烈的灵魂信仰观念，人死后头颅的朝向，是对着死者祖先生活的家乡，意为引导灵魂回归。到了夏商周时期，中原人们安葬都有头颅向北的规定。这种方位观念一直延续了下来，但以不同的方式呈现，比如后世帝王的龙椅一定是坐北向南，这样背靠祖宗的庇佑，才能坐稳江山。

而延续了旧石器时代的习俗，仰韶文化几处墓地中，有发现人骨涂红色的现象。证明这种对生命和血液的紧密关系的认识，人们很早就已经意识到，并且将它付诸实践。

大汶口文化中，有一些其他考古文化没有的习俗，比如拔牙、头骨人工变形、口含小球，还有一些特殊的随葬品比如象牙雕筒、獐牙钩形器、獐牙和龟甲等。手握獐牙的现象更为普遍，并且一直延续到龙山文化，其

---

① 严文明：《甘肃彩陶的源流》，载《文物》，1978年第10期。

目的应是驱邪①。若是以驱邪为目的,甚至其他,则意味着人们开始有了对神灵鬼魅的构思初想象,大约这些虚空又仿佛存在的东西是与在现世生存的自己大有不同。"非我族类,其心必异",故②而应当驱逐邪魅。

甘肃武山傅家门遗址发现带有阴刻符号的卜骨五件,以羊猪牛肩胛骨为材料,无钻无凿。这是迄今为止年代最早的卜骨,距今四千年左右,比富河沟门的卜骨早了约四百年。此处还发现了祭祀坑,内有猪骨、河卵石、彩陶等,说明此时已盛行宗教祭祀活动。③

红山文化的玉器种类繁多,最常见的造型是动物类和璧环类,它们共同表现了一套极富特色的礼制。红山文化中具有礼仪功能的遗址数量很多,分布较广,有祭坛、祭器等,牛河梁第一地点的女神庙和平台组成的"庙台"建筑群被认为是红山文化晚期规格最高的祭祀址。④ 由此亦可见,祭祀的发展已渐渐走向一种初级的秩序化、高级化。

长江流域和华南地区在新石器时代晚期,原始宗教尤其在长江中下游地区有了新的发展,普遍流行玉器随葬。湖南大溪文化的城头山遗址和崧泽文化南河浜遗址均发现人工筑造的祭坛遗迹,成为目前我国最早的史前祭坛。嘉兴大坟遗址一些墓葬死者口中放置玉琀,这是此类习俗目前的最早发现,说明玉器已经具有了某种神秘功能。凌家滩遗址发现了玉龟。南河浜遗址中出土了一大一小两只陶龟,这应是表现了灵龟信仰。这可证明中国的龟信仰古已有之,龟代表了一种神圣。"凡虫之智,莫善于龟;凡草之灵,莫善于菁龟"。⑤ 凌家滩遗址发现的玉版,刻画的图案象征当时

---

① 参考中国社会科学院考古研究所编著:《中国考古卷新石器时代卷》,北京:中国社会科学出版社 2010 年版,第 304—309 页。
② 出自《左传·成公四年》。
③ 参考中国社会科学院考古研究所编著:《中国考古卷新石器时代卷》,北京:中国社会科学出版社 2010 年版,第 328 页。
④ 同上,第 350—353 页。
⑤ 李学勤主编:《十三经注疏·仪礼注疏(上)》,北京:北京大学出版社 1999 年版,第 6 页。

一种成熟的天圆地方的宇宙观，表明与天地沟通的观念已经形成。[①]

由此上种种可见，到了新石器时代晚期，原始宗教十分活跃。中国原始宗教是维系中国原始社会的重要精神力量，也是夏商周宗教文化的直接来源，原始宗教可以说是原始文明的主要反映。

4. 新石器时代发展出中国"一中多元"的向心式文化格局

在新石器时代末期，以黄河流域龙山时期文化为代表。占卜在龙山时期产生并且迅速发展起来，谢端琚研究发现，目前考古出土卜骨遗址或墓地 43 处，卜骨总数达数百件。[②] 占卜习俗出现是龙山文化的精神文化主要内容之一，它标志着巫的阶层的产生。礼制的产生是龙山时期意识形态方面的重大成就之一，包括葬礼、祭礼、仪礼等方面。高炜认为龙山时期已经形成初级礼仪制度。[③] 葬礼表现出等级制度，陪葬品的多寡，人骨的摆放姿势等，说明贫富分化和阶级分层已经有了一定的发展，祭礼出现了人殉，体现出制度性暴力，有了人与人之间的压迫征服与顺服屈从。仪礼方面则体现在贵族已经佩戴玉饰，平民却可能尚未有衣物裹体，反映出物反分配的不均衡已经出现和在发展着。

长江流域的原始宗教遗迹和遗物比黄河流域的要多。良渚文化和石家河文化的陶器上均由原始文字发现。李学勤释读吴县澄湖遗址的黑陶罐上陶文为"巫钺五偶"，也就是神巫所用的五对钺。[④] 这大概可以说明巫在当时是很流行的。良渚文化中发现多处人工堆筑的高台，即为重大祭祀活动的场所。良渚文化的礼器以玉器为主，精美繁缛。当时祭祀活动种类繁多，祭天地、祭祖先、祭鬼神，成为生活的一部分。

各地的龙山时期文化既有自身长期发展的特点，也有互相作用和影响

---

① 参考中国社会科学院考古研究所编著：《中国考古卷新石器时代卷》，北京：中国社会科学出版社 2010 年版，第 495－496 页。

② 谢端琚：《论中国史前卜骨》，载《史前研究（西安半坡博物馆成立四十周年纪念文集）》，西安：三秦出版社 1998 年版。

③ 高炜：《龙山时代的礼制》，载《庆祝苏秉琦考古五十五周年论文集》，北京：文物出版社 1989 年版。

④ 李学勤：《良渚文化的多字陶文》，载《苏州大学学报》（吴学研究专辑），1992 年。

的表现，共同形成一个有机统一的大文化圈。张光直认为公元前四千年开始中国史前文化形成"中国相互作用圈"。[①] 而严文明也认为新石器时代结束之后，形成了一个以中原文化为核心，包括不同经济文化类型和不同文化传统的分层次联系的重瓣花朵式的格局。[②] 龙山文化居于中国的地理核心，在中国文明发展过程中起到基础性的作用，也对后来中国早期文明的特点产生了深刻的影响。

从整个新石器时代的发展可见，中国以黄河中下游流域的发展最为迅速，其次是北方地区及长江流域，再与之越远的地方，则发展缓慢。由此形成了不均衡的发展格局。自然条件丰厚，为生产力的发展提供了优越的前提条件，生产力的发展和进步，又促进了诸如艺术、宗教等文化方面的发展。其他地区在发展的过程中，可能没有黄河中下游地区那么迅速，但亦保持着各自的特长而发展，而又受到黄河中下游地区的影响，因此形成了以黄河中下游地区为中心，周边地区多元化发展的格局。而这种格局又是向心式的，越往黄河中下游地区，受到它的影响就越强烈。在这个互相融合发展的过程，就渐渐可见中国后世发展出中华文明这种多元糅合的趋势。

（三）商代文明溯源

从旧石器时代过渡到新石器时代，根据地域的不同大抵分为了三种途径的演进。这三个不同地域分别为南部的长江流域、珠江流域、东南沿海和云贵高原，北方的黄土高原、华北平原、山东丘陵和铁岭以南的东北平原，东北北部、蒙新高原和青藏高原。[③]

中国的多民族现状，不是一朝一夕而来，而有它自身历史发展的途径。学者们就从新石器时代开始，根据地理的不同，对中国上古民族进行划分。孟慧英提出了中国民族和文化的分类。

---

① 张光直：《中国相互作用圈与文明的形成》，载《庆祝苏秉琦考古五十五年论文集》，北京：文物出版社1989年版。
② 严文明：《中国史前文化的统一性与多样性》，载《文物》，1987年第3期。
③ 同上。

"20 世纪 20 年代，著名学者蒙文通提出，中国上古民族从地域角度可分河洛、海岱、江汉三系。40 年代，徐旭生划分为华夏、东夷、苗蛮等三大族团，其中黄帝、炎帝属于华夏族团，蚩尤则是东夷族团的代表。现在一般认为，以中原为中心的仰韶文化——中原龙山文化系统可能属于华夏文化，东方以海岱地区为中心的大汶口——龙山文化系统可能属于东夷文化，南方以江汉地区为中心的屈家岭——石家河文化系统可能属于苗蛮文化。"①

从上文所引考古证据亦可见，中华文明呈现多个文明发源中心，这从旧石器时代已见端倪，到了新石器时代更加明显。

朱天顺提到了骨卜的源流及与殷商的关系。

"许多学者都认为殷族祖先居于东方，由山东一带逐渐向西移动，后来在河南一带定居下来。因此，黄河下游发现的大汶口文化和龙山文化，可能就是殷族祖先原始社会时期的文化遗物。1930—1931 年，在山东历城县城子崖发现的龙山文化的三种文化层中，发现了卜用兽类肩胛骨十五片。其中牛胛骨十二片，鹿胛骨一片，未知者两片。……此外，在安阳的后岗、侯家庄、高井台子、同乐寨，浚县的大赉店、旅顺的羊头洼等地，也发现了龙山文化式的卜骨。这些卜骨，从时间上说，都是殷以前的东西。这些卜骨的发现证明了：早期是使用不经加工的兽骨进行骨卜的，后来才使用经过人工粗刮、粗钻的兽骨，最后才使用像殷墟那种削掉骨臼、刮去骨脉并经过磨光、精细钻凿窝槽的卜骨。卜用兽骨的上述发现，说明了殷商骨卜的方法绝不是在殷商时代才产生的，它在殷族祖先史前时期就有了。"②

殷商之后，骨卜渐渐被蓍占取代，因此殷商骨卜已是骨卜的末流了。在骨卜式微之后，取之而兴的是周代的蓍占。而殷商时期大量使用的骨卜方法，早已有之，只是在殷商时期达到了鼎盛。这也为殷商文化找到了源头。

---

① 孟慧英：《中国原始信仰研究》，北京：中国社会科学出版社 2010 年版，第 33 页。
② 朱天顺：《中国古代宗教初探》，上海：上海人民出版社 1982 年版，第 160—161 页。

第三章　论商代祖先崇拜

一、人类学宗教研究的相关理论及研究途径的阐述

一般而言，一个民族的神灵世界是它的现实世界的重构，反映出当时当地的社会现实和自然状况。而同样地，现实世界中的观念也会影响着神灵世界的建构，两者相互影响。王铭铭认为：

> "神灵信仰和仪式构成了文化的基本特质，也构成了社会形貌的象征展示方式。"[①]

神灵信仰和仪式是宗教中十分重要的组成部分，它们能够代表同时期的文化特征，也抽象反映了当时当地的社会生态。可见宗教与文化是密切相关的，对于中国社会而言，也是如此。中国的宗教在殷商时代就已经呈现出高度发达的状态，从那时候开始一直延续至今。因此想看清楚中国宗教的面貌和特征，从殷商时期的宗教入手是有必要的，因为这个时期既是中国宗教的滥觞时期，本身也是一个宗教高度发展的时期。

从人类学的角度研究宗教，为本次研究提供了有别于传统宗教学的新的研究视野。庄孔韶就人类学研究宗教提出了几点研究方法和要求。

---

① 王铭铭著：《社会人类学与中国研究》，桂林：广西师范大学出版社 2005 年版，第 132 页。

"1. 关注'主位'。

与其它学科的宗教研究相比，人类学在分析由信仰和仪式构成的宗教现象时，更多地强调'主位'的观点。他们相当重视对民间信众自身感受的研究，尽量避免外来研究者的价值与意识形态的判断，力图在被研究文化本身的逻辑中理解和阐释宗教。为此，人类学的宗教视角导致了自身特有的研究方法。

2. 关注过程和人群

人类学关注的对象不仅是各种形式的宗教信仰，而且也关注宗教的实践过程和参与这些活动的人群。人类学的宗教研究不仅仅停留于宗教的社会功能，还深入研究宗教行为、事件、进程、场所、实践者与组织者的内容和性质。宗教信仰者的口述、祈祷、圣歌、神话、读本以及有关的伦理道德表述也在研究视野之内。

3. 关注整合

人类学者对宗教进行多学科的整合研究，而不是'就宗教论宗教'。把宗教与人、社会关系相联系，从人的生物性和社会性出发，结合社会科学和自然科学的最新研究成果，全面理解和阐释人类社会和人类自身。

4. 参与和比较

宗教人类学立足于田野调查，强调参与观察和跨文化的比较研究，其比较的意义还在于认识地方人民信仰的个性和全人类信仰的共性。"①

这些研究方法，给了笔者以向导和启示的作用。在做人类学的宗教研究时，着重关注"主位"，在被研究文化自身的逻辑中去尝试理解和阐释该文化，这点很重要。因为中国宗教始终很难被西方宗教所明白和理解的缘故，就是在于西方人看中国宗教是站在他们的文化立场上而没有站在中国人的文化立场上认识中国的宗教。即使是西方的汉学们也很难完全且深

---

① 庄孔韶：《人类学概论》，北京：中国人民大学出版社 2006 年版，第 348 页。

入地做到这一点。中国的文化是既世俗又脱俗的，汉学家们往往吸取了"阳春白雪"，而因罕能融于市井而缺失了"阳阿薤露"。而中国文化这两部分又是有机且紧密联系在一起不可分割的，如同八卦的阴阳，相生相伴，缺一不可。同时，结合社会科学和自然科学，综合和全面地理解宗教是非常有必要的。因为宗教是一个时代文化的综合体现，是当时当地人文社会状况的反映，它本身就是一个综合体，因此不能够过于单一地只关注宗教自身，要研究宗教，就要关注到宗教以外的社会，关注到当时当地的各种社会状况和自然条件，等等。

宋光宇对人类学的宗教研究也提出了自己的看法。

"各个社会宗教性活动的多姿多彩，常会使人感到迷惘、困惑。所表现出来的方式，也常和西方人士脑海中所认识的宗教形式，大异其趣。西方人士认为，宗教必须具备四项要素：教主与神、教义与经典、仪式以及教士与教会。从这个标准出发去看其它社会的宗教活动，常会发现这四项因素并不一定同时存在。在己是人非的前提下，经常不能够给与合理的解说。

人类学上对于宗教活动的研究，是想找出一些共同的理论，不但适用于宗教活动，也可以适用到其它方面的行为动作。对于宗教活动在人们日常生活中所占的地位提出解说；而且也对于造成某种特殊形式的原因，有所说明。"[①]

宋光宇也认为只以西方人士眼中的宗教去套用世界上存在的全部宗教，是不科学也是不合理的。并且尽管从甲骨文被发现至今的百多年间，许多西方汉学家在无论文字学或者殷商史学等的领域中都有出色的研究成果，但他们始终与土生土长的中国人有天然的文化鸿沟，有些角度和深度，是他们难以理解和拿捏的。因此，笔者作为中国人，更应该具有这种文化敏感和文化自觉，主动在这些领域进行探索，应是能够更敏锐地触及一些研究盲点，也不那么容易被外来研究者的价值观念和意识形态所左

---

① 宋光宇编译：《人类学导论》，台北：桂冠图书股份有限公司1983年版，第362页。

右，而是立足于中国古已形成，源远流长的"中国式思维"或"中国式哲学"中，大抵是更如鱼得水。因此笔者希望可以在本文化的逻辑中理解和阐释清楚中国宗教滥觞时期的情况。这也应是本土研究者的共同优势，无论是中国人研究中国之学问，抑或其他民族的人研究创优产自身的文化。

宋光宇这里提出了宗教四项要素，笔者认为，由于这四项要素是抽象自西方宗教体系，因此符合西方宗教一些教派的要求，虽不具有普遍性，但也具有代表性，可以反映出宗教的一些要素和特征。因此，可以拆开使用，比如对于中国宗教而言，"仪式"是十分重要的。中国是一个讲求"礼"的国度，其实"礼"就是通过"仪式"来反映的，人的行为动作做得妥帖了就是"礼"，做得规范了就是"仪式"。中国古来讲究"礼"，也就是强调了"仪式"的重要性。

人类学功能学派创始人之一的阿尔弗雷德·拉德克利夫－布朗也认为中国宗教的主要内涵是仪式而不是信仰，中国古代的先贤大家和统治者都认为合乎规范的仪式是社会赖以维持自身秩序的关键，因此仪式可以作为宗教体系加以研究。[①]

这也是本次研究的着眼点，即"仪式"是维系中国宗教的主要途径，透过"仪式"来看中国宗教的特点应是一个十分有收获的切入点。仪式包括了祭礼、祭祀的供品、祭祀对象、祭祀的具体行为等。而在这些当中，笔者挑选了祭祀供品作为切入点，因为祭品是最直接能够反映出宗教的其他方面的状况以及社会现实的状况，比如仪式的规格，比如祭祀对象的地位，等等。

在研究殷商宗教的时候，需要通过史料和史籍的辅助，才能尽可能地复现殷商时期的宗教面貌。由于殷商年代久远，进行实际的田野调查是不可能的，因此只有越全面地收集史料和文献，才越可能得到较为客观正确的结论。

---

① Alfred Radcliffe-Brown，"Religion and society"，in Adam Kuper（ed.），*The Social Anthropology of Radcliffe-Brown*（London：Routledge，1977），pp. 103－130.

研究宗教有两个较为可行的理论途径。庄孔韶引用并且分析了拉德克利夫－布朗的观点，提出了功能主义在宗教研究中的通行性。

"拉德克利夫－布朗从礼仪及礼仪价值与社会基本结构的关系出发，探讨宗教的基本功能。他认为，图腾仪式及相关神话中所包含的有关自然和人类社会的观念表明，这些仪式的意义在于维护自然法则，神话和礼仪所表达的宇宙观的社会功能在于维护社会的结构。因此，宗教的功能不但包含了宗教对于个体的功能，而且上升为维护集体利益的需要，是社会制度的要求。

值得注意的是，尽管很多人类学者并不是功能论者，但大多数学者都同意所有的宗教都满足一定的社会和心理需求。"①

功能主义的观点更加能够表达中国宗教的特征。拉德克利夫－布朗的观点正是强调了"仪式"的重要性，以及"仪式"在社会制度中的功用，它可以维护社会集体利益，这对于团结群体内的人们，形成心理上的向心力，具有积极作用。殷商时期，也是通过制度化的祭祖仪式，来巩固了以血缘关系维系的社会。"仪式"是由一系列行为组成，程度感和秩序感很强，而"仪式"的定时定地举仍又体现了继系特定人群的作用。不同的"仪式"维系了不同的信仰群体，而这些抽象的信条又会因为具象化的仪式而加强了它的说服力。同时，"仪式"，还需要物质基础作支撑，因此通过"仪式"的祭品可见当时当地的物质条件。

除了功能主义途径，庄孔韶还通过分析象征主义，提出了这样一种宗教研究的途径。

"最早把宗教和象征联系起来的学者是涂尔干，他力图通过考察图腾这种宗教现象，解释宗教信念及其实际的起因。他认为图腾不仅仅是氏族的徽记，图腾首先是一种象征，是被人格化了的、由想象体现出来的氏族本身，它蕴涵着内在的无形的力量。宗教象征符号使社会团结的集体表象成为共识。涂尔干试图证明，在人类社会早期，图

---

① 庄孔韶：《人类学概论》，北京：中国人民大学出版社2006年版，第349页。

腾就是宗教的胚胎，氏族就是宗教组织，仪式就是信仰得以维持的保障，而这一切的基础就是那个先在和外在于个体，超越个体并大于个体之和，能够通过教育和惩罚影响个体的行动、思想和感情的'社会'。

20世纪60年代是象征人类学诞生的年代，人类学对宗教的研究转入了文化意义的探索阶段。在主张这种进路的人类学家看来，宗教仪式中形体动作、偶像、法器等都蕴含着丰富的象征意义。宗教仪式中的象征具有重要的意义，这已是宗教人类学的共识，但对宗教象征的意义到底是什么，宗教象征在宗教仪式中乃至整个人类生活中的作用是什么，以及如何研究宗教的象征等问题，却有着不同的学派和解释。"①

庄孔韶分析中，可见强调了"图腾"和"氏族"的关系。在中国，图腾文化是源远流长的，中国人的姓氏也就是从远古时代流传下来的图腾记忆，我们对姓氏的认同感，即是对一个"氏族"的认同感，也是对图腾的文化追忆。这是由于中国文字是象形文字，图腾标志是人类用来区分彼此的标识，图腾标志就与象形文字密不可分了。这种由象形文字所承载的，除了图腾的意义，还有它所刻画和反映出的其他象形概念，比如一些仍为动作，表现出形体和姿态，一些则表达了对象关系等等。尤其汉字是一种从诞生开始就被使用至今没有中断过的文字。没有中断使用意味着没有中断发展，也就意味着它所承载的文化信息是丰富而真实地体现了发展脉络的。这也就是为什么研究中国宗教可从汉字字形入手的其中一个重要原因。

何星亮表达了自己对图腾的意义及作用的意见。

"图腾标志或称图腾族徽等，是人类最早的社会组织的象征和区分群体的标记。所谓图腾标志，就是一图腾形象作为标志。例如，蛇氏族以蛇的形象作为标志，狼氏族以狼的形象作为族徽。

---

① 庄孔韶：《人类学概论》，北京：中国人民大学出版社2006年版，第349—350页。

……图腾标志的产生基于图腾观念。原始人只有把某种动物、植物或无生物当作自己的亲属、祖先或神之后，才会以图腾作为群体的标志。

图腾标志在原始社会中起着重要作用，它具有团结群体、密切血缘联系、维系社会组织和互相区别的职能。图腾标志是最早的社会组织标志和形象。

……图腾标志与文字的起源关系密切，最早的文字是象形文字，而最早的象形文字则是远古时代的图腾标志。"①

笔者赞同何星亮关于图腾标志产生于图腾观念的观点，因为人类思维的进化首先会有一个物我不分的阶段，此时正是孕育图腾观念的时期。在中国古籍中亦可见氏族和图腾的表现，但它们多带着神话的色彩：

"轩辕乃修德振兵，治五气，艺五种，抚万民，度四方，教熊罴貔貅貙虎，以与炎帝战于阪泉之野。三战然后得其志。蚩尤作乱，不用帝命。是黄帝乃征师诸侯，与蚩尤战于涿鹿之野，遂禽杀蚩尤。"

轩辕与炎帝的阪泉之战，这手下的熊罴貔貅貙虎，实非动物，而是氏族的图腾，实质是轩辕带领了这些氏族的人们进行了战争。

透过何星亮的表述可见，图腾与象形文字是密切相关的，而中国的文字体系一直都是象形文字，目前所发现最早的自然就是甲骨文了。甲骨文中对于动物和植物这些现实世界中存在的物质，大都是使用了象形的表达来造字的，因此这也是虽然过了数千年，仍然能够很快被辨识出来的原因。由此可见，在中国，文字和图腾是密切相关的。图腾代表了一种最初始的崇拜，维系了社会的团结，而化成文字，则文字也具有了这种魔力，尤其是在我们现在无法再回到过去重新看见远古时代的宗教实况。甲骨文作为中国早期文字的代表，它那接近中国文字草创阶段的出现时间以及强烈的象形特性、丰富的图画信息，可以带领我们回到过去，重建当时的一些宗教图景和重构当时的宗教意识。即使我们无法重回数千年前的殷商，

---

① 何星亮：《图腾与中国文化》，南京：江苏人民出版社 2008 年版，第 249 页。

凭借着甲骨文的象形特点，我们仍然可以追踪到殷商时期宗教仪式、图腾、崇拜对象等的痕迹，从而复现殷商宗教面貌和本质。这应该是象形的中国汉字为宗教研究所提供的优越条件。

埃米尔·涂尔干对图腾维系社会的地位、作用和重要性有更为详细的表述。

"我们确信这种宗教是现在可以观察到的最原始的宗教，甚至很可能是有史以来最原始的宗教。实际上，这种宗教和以氏族为基础的社会组织是不可分割的。像我们已经指出来的那样，绕开它和氏族的联系，就没办法来界定它；而且，如果没有图腾，以氏族形式出现的为数众多的澳洲社会似乎也是不可能存在的。因为一个氏族的成员并不是靠共同的习惯或者共同的血缘才联合在一起的，他们并一定是同一宗族，而且还往往分散在部落领地的各个地方。他们的统一性只是由于他们拥有同一个名字和同一个标记，他们相信他们和同一个事物范畴具有同样的关系，他们遵行同样的仪式；或者简而言之，由于它们共同参与对同一种图腾的膜拜。因而，图腾制度和氏族是相互包含的，至少，在氏族与地方群体还没有混淆之前是这样的。而以一个氏族为基础的社会组织是我们所知道的最简单的社会组织。实际上，自从社会包括两个氏族的时候起，社会也就具备了它的全部要素。所以，只要找不到能够还原成一个氏族的社会（我们相信迄今为止还没有发现这种迹象），我们就可以说，没有比氏族更为初级的社会组织了。于是，与这种最简单的社会系统密切相关的宗教，也就完全可以被视为我们所能知道的最基本的宗教了。"[①]

从涂尔干的详细阐述中可知，在早期人类社会，图腾是宗教的原初形态，氏族是宗教的组织形式，宗教仪式是维持信仰的保障。宗教的发展虽在世界各地有着各不相同的发展形式，但任何形式的宗教都应该有一种共

---

① 埃米尔·涂尔干著，渠东、汲喆译：《宗教生活的基本形式》，上海：上海人民出版社1999年版，第225—226页。

性的根本发展脉络，总是有些基本性质是共通的让它们足以称为"宗教"而不是其他。由于殷商时期是中国宗教发展既繁荣又处在非常贴近原始宗教的时期，因此建立图腾和氏族的关系，也可以帮助理清殷商时期祖先崇拜的情况。

中国的祖先崇拜连接着图腾崇拜和万物有灵论。

人类早期，最先出现的应是泛灵信仰（animism），亦称作万物有灵论，这是对超自然存在的信仰，斯宾塞[①]和泰勒[②]支持这一观点。庄孔韶提到了泛灵信仰者对所崇拜对象的态度：

> "泛灵信仰者通常倾向于将自己看成是自然的一部分，而不是自然的主宰者……在这些人群中，人格化的主神不那么重要，但灵魂却在他们的生活环境中无处不在。"[③]

泛灵信仰者可谓对身边的一切都抱有一种平等而敬畏的心态。平等是因为没有特我之别，没有阶级之别。敬畏是因为这是人对未知的一种普常心态。在人类尚未成为地球上可以主宰其他一切的角色时，人格神是没有权威也难以存在的，但生动的万物"灵魂"却是影响着生活，时时刻刻，方方面面。

宋光宇提出了关于崇拜对象的看法，讨论了"超自然信仰"这个概念。

> "最常用的一项观念是'超自然信仰'（Supernaturalism）。它包括了各种超自然神灵，相信在各种东西和自然现象中，都存有这种不寻常的威神力。在任何动物的身体的各部分，也相信存有超自然神灵，只是这种神灵的含量有多有少而已。根据这个信仰，推衍出两个观念：（1）拟人化的超自然神灵；（2）非拟人化的超自然力量。在所有的原始社会中，他们自己很少能清晰地把'自然'和'超自然'分

---

① 赫伯特·斯宾塞 Herbert Spencer（1820—1903），英国社会学家。

② 爱德华·泰勒 Edward Burnett Tylor（1832—1917），英国杰出的人类学家，英国文化人类学的创始人。

③ 庄孔韶著：《人类学概论》，北京：中国人民大学出版社 2006 年版，第 352 页。

别清楚。而人类学上所谓的'超自然'，完全是人类学家依自己的文化而划定的。无论如何，我们可以确定的说，有很多社会，甚至大部分社会，不论是原始或是文明，都有一套划分自然现象和超自然现象的方法。至于在争论某个特殊社会是否有分辨这两者的观念，已和人类学上所要问的和企求得到解答的有关宗教方面之问题，没有什么关系了。"①

笔者认同宋光宇的看法，原始社会的人对于物我尚在不分的状态，对于自然和超自然肯定不会区分得很清楚，这一状况同样亦可见于殷商时期。从历史文献和甲骨卜辞的记载可以看到，殷商时期祖先崇拜中，存在一些带着自然物或者动物色彩的神话式的高祖先公的形象，他们多是始祖神，也就是存在于遥远的口耳相传的传说时代比如商代祖先契，其母简狄吞鸟卵而生下他，让他的人性也带上了鸟的神奇色彩，也让殷人对玄鸟产生了崇拜之情。而宋光宇亦说，每个民族对于自然和超自然的划分，都有自己的方法，这提醒了研究者，在面对不同文化时，要从该文化出发，站在该文化的角度来看问题，而不要站在自己的这个时空和文化中看问题，否则不容易得到正确的结论。

爱德华·泰勒在《原始文化》中阐述了对图腾和图腾制度的一些解释：

"把动物的躯体作为神圣的祖先神灵来崇拜，形成了祖先崇拜和动物崇拜的联系；在低级民族宗教信仰的另一部分也形成了这种联系，不同的家族、氏族或部落崇拜不同的动物。众所周知，无数的人类部落把自己与某种动物、植物或物体联系起来，以这些动物的名称自称，以这些动物来区别他们彼此之间那神秘的血统。……图腾制度起源于神话范畴之内，同时社会区分、婚姻安排等等也与图腾制度相联系，它是一定文化阶段中法律和习俗的极重要的组成部分。至于氏

① 宋光宇编译：《人类学导论》，台北：桂冠图书股份有限公司1983年版，第366－367页。

族动物等等，仅仅包括在宗教范畴之内，它是宗教仪式的主题，或实际上被当成庇护神灵来对待。"①

当然了，在泰勒的书中其他地方可见，他的观念中，中国的宗教是被划入了"低级民族宗教信仰"的界别，这是笔者所不认同的。但无妨于采用泰勒对图腾研究的其他精辟见解。

"约翰·卢伯克先生在他的《文明的起源》中和赫伯特·斯宾塞一样，曾赞成这样的观点，即图腾制度起源于人们以熊、鹿、鹰等动物来命名的一种非常普遍的习俗，在一定情况下，这些动物名称便流传下来而成为部落的名称。……上述的祖先动物的传承最终产生氏族神话，由此还会产生其它一些有关祖先的奇特冒险和英雄业绩的传说，这些传说归因于那些半人的动物，氏族祖先就是以这些半人的动物来命名的。与此同时，神圣的祖先和动物之间的关系被神秘化了，祖先以动物命名并把它流传给他的宗族，作为宗族的姓氏。"②

"我们所叙述的动物崇拜的三种形式……对动物直接崇拜，把它们作为神显现于其中的物神而间接崇拜，最后，作为图腾，或该部落祖先的化身来崇拜"③

泰勒以上第一段所叙述的在中国历史文化中体现得很明显，那就仍是有赖于中国的象形文字体系，从甲骨文中就可以知道，姓氏与图腾崇拜的关系，比如姓氏"姜"与"羌"，都属于以"羊"为图腾的民族，因此它们的构字中都带有了"羊"的部件。中国历史，也是一部图腾合并史，"龙"这种包括了水陆空动物的特色的综合体的出现，就正好说明了多民族融合的状况。可见，图腾与象形文字有关，而象形文字又可以寻找出许多有用的文化讯息，尤其对于中国宗教研究而言，对相关甲骨文的字形进行分析，能够帮助我们更好地研究殷商时期的宗教。而泰勒所说的第二

---

① 爱德华·泰勒著，连树声译，谢继胜、尹虎斌、姜德顺校：《原始文化》，上海：上海文艺出版社1992年版，第676页。

② 同上，第677页。

③ 同上，第678页。

段，关于动物家拜的三种形式，也是中国史前至殷商时期民族发展不同阶段的反映。这是一个从具象到抽象，再从抽象到与自身建立联系的过程。

中国的宗教不是一神教，这是明显可见的。泰勒对于多神教民族的研究发现，人类社会的管理与神灵世界具有相似性。

> "多神教的最高的神在一般的人类万物有灵观的体系中占有地位。在分析一个一个的多神教民族的宗教的时候，我们明显地看到人是神的典型、原型，因此，人类的社会和管理是神的社会及其管理所借以建立的形式。"①

笔者支持这个观点，即多神信仰的民族中，宗教会与社会结构和管理紧密联结，有时候会成为统治者管理国家的手段或工具。宗教在中国社会生活和组织中承担着现实功能，在这方面杨庆堃亦有详细的专著阐述②，此不赘言。

格拉耐③曾对中国民间宗教发生学进行了研究，他认为中国民间宗教源于先秦，与农业季节性庆典密切相关。

> "用最一般的眼光进行考察，古代祭祀根本上是季节性的。这种祭礼具有这样的特质——人类的作用能够左右自然事象。……这是一种能够给人类社会带来良好的秩序，同时也能在自然界建立良好的秩序的和亲的祭礼。他们在山岳、河川的神圣区域内实行。通过对诸侯的山川祭拜的研究表明，赋予山川以神圣的威力正是源于对圣地的崇拜。因为圣地是从前原始共同体在此举行季节性集会执行社会契约的传统见证人。"④

笔者认为，对天地和自然神祇的敬畏，归根到底也是祖先崇拜的意

---

① 爱德华·泰勒著，连树声译，谢继胜、尹虎斌、姜德顺校：《原始文化》，上海：上海文艺出版社 1992 年版，第 688 页。

② 杨庆堃著，范丽珠等译：《中国社会中的宗教：宗教的现代社会功能及其历史因素之研究》，上海：上海人民出版社 2007 年版，第八章、第十一章、第十二章。

③ 格拉耐 Granet Marcel（1884—1940），法国著名社会学家和中国研究专家。

④ 格拉耐著，张铭远译：《中国古代的祭礼与歌谣》，上海：上海文艺出版社 1989 年版，第 8 页。

识，是一种"追本溯源"的寻根意识的表达。而格拉耐提出的古代祭祀根本上说是季节性的，这点放在中国古代的环境中很妥帖。因为农耕文明的缘故，中国对时序非常敏感，而时序代表了一种天道的秩序，因此中国人对"秩序"也十分敏感。无论是时节的祭礼，抑或是将它延展到对祖先的祭祀上，都可从殷商时期的祭祀中见到，比如向祭祀对象献上时令祭品的"登"祭，表达了对殷人"应节"的敏锐感觉，比如对祖先进行需遵循严格次序并且循环往复的周祭，体现了殷人对"时序"的严谨。经年日久地进行的周祭亦可反映出，殷人对祖先的尊崇到了很高的地步。而中国的哲学，虽然看似派别众多，但归根到底是在阐释"天地人"关系的哲学，各家各派用自己的方式从不同的角度去理解"天地人"的关系，而又很少否定这种人与自然有所关联的观点。由此可见中国人对自然万物是有着泛爱而敬的感情和思想。

而多神信仰的宗教中，如泰勒上述所言，是具有"最高的神"，也即是会存在"至上神"。庄孔韶认为"至上神的概念在一些文化中则表现为一神信仰（monotheism）"，这一点笔者不能认同，笔者认为，有"至上神"，亦应该有与之相对的"非至上神"，因此，"至上神"与"非至上神"之间应该能够构建起一个阶梯式的具有从属关系的结构。也即是说，在多神信仰的宗教中，会存在"至上神"。因此在中国宗教的体系之中，也会存在"至上神"，这与多神信仰并无根本冲突。

本文接下来将会通过对甲骨卜辞所反映的殷商祖先祭祀的祭品和周祭制度等探讨祖先崇拜的地位。

二、商代祭品使用情况所反映的祭祖地位

中国人对于祭祖十分重视，这早在殷商时代就已经有很明显的反映。笔者将通过商代祭品的使用，分析祭祖在商代祭祀系统中的地位。

《礼记·曲礼下》说：

"凡祭宗庙之礼：牛曰一元大武，豕曰刚鬣，豚曰腯肥，羊曰柔毛，鸡曰翰音，犬曰羹献，雉曰疏趾，兔曰明视，脯曰尹祭，槁鱼曰商祭，鲜鱼曰脡祭，水曰清涤，酒曰清酌，黍曰芗合，粱曰芗萁，稷曰明粢，稻曰嘉蔬，韭曰丰本，盐曰咸鹾，玉曰嘉玉，币曰量币。"①

由此可见，古时中国人祭祖所用的祭品非常丰富，又皆是上佳优质之物品。中国人对祭祖的重视程度可见一斑。

《尚书大传》说：

"食者，万物之始，人事之本也。"②

说明饮食是人类赖以生存的最基本物质条件之一，尤其是在古代社会。

《论语·颜渊》说：

"足食足兵，民信之矣。"③

说明饮食已经与家国大事结合在一起了，与国邦之兴亡纠合一体。

《礼记·礼运》说：

"夫礼之初，始诸饮食。"④

反映了饮食是礼仪的基础，说明饮食已经具有社会功利性质，不单纯是果腹而已。

由此可见，饮食在现实世界中的地位呈现阶梯状的三重性，这也符合马斯洛⑤提出的"需求层次理论"⑥。饮食，首先满足个人生存、族群繁衍的生理需要，继而是保证国家安全和生活稳定的需要，再发展到"礼仪"

---

① 郑玄注，陆德明音义：《纂图互注礼记》，卷一，四部丛刊景宋本。
② 伏胜撰，郑玄注，陈寿祺辑校：《尚书大传》，卷三，四部丛刊景清刻左海文集本。
③ 何晏集解：《论语》，卷六，四部丛刊景日本正平本。
④ 郑玄注，孔颖达疏：《礼记疏》，清嘉庆二十年南昌府学重刊宋本十三经注疏本。
⑤ 亚伯拉罕·哈洛德·马斯洛 Abraham Harold Maslow（1908－1970）。美国著名哲学家、社会心理学家、人格理论家和比较心理学家，人本主义心理学的主要发起者和理论家。
⑥ 参考马斯洛著，许金声等译：《动机与人格》，北京：华夏出版社 1987 年版。他认为人作为一个有机整体，具有多种动机和需要，包括生理需要（physiological needs）、安全需要（security needs）、归属与爱的需要（love and belonging needs）、自尊需要（respect & esteem needs）和自我实现需要（self-actualization needs）。并且当人的低层次需求被满足之后，会转而寻求实参考现更高层次的需要。

这一社交需求的层次。根据马斯诺的理论，需求层次是不能跨越式地实现，必然是由低层次到高层次逐级实现。因此，夏商时期的中国，既然已经能够达到"礼仪"这一层面，说明当时的物质条件亦已经达到相当的水平。

既然现实世界的物质水平达到不错的层次，那么在神灵世界中也应该会有相应的反映。供品是献给神灵的物品，物质基础在社会发展中起到决定性作用，因此反映到祭礼当中最主要的体现，便是祭祀中所用到的供品。

（一）植物类及其相关工艺类的祭品

殷商的社会生产以农业为主，孙淼通过历史资料和考古证据，阐发相关的论述。

"据现有数据看，应该说上代的社会生产是以农业为主，这是社会经济长期发展的必然结果。

……如果从原始社会早期的裴李岗、磁山文化算起至商王朝建立前夕为止，大约4000年左右。这就说明，在商王朝统治的中心地区，当地农业生产已经有几千年的历史了。

几千年的时间不算短，从农业生产的角度讲，这个时间意味着生产上积累了相当的经验，达到了一定的水平，当时的人们已经具有了从事农业的传统。因而，商代经济不可能离开这个现实而独立地发展，它必然地、也是理所当然地把这样的经济生活继续下来，在这个基础上，进一步向前发展。

这个历史过程表明，商代的社会经济以农业生产为主，是古代社会经济发展的必然结果。

文献记载和考古学数据也表明，农业生产是商代社会的主要经济部门。

……从时间上看，最早的是在汤灭夏的前夕，最晚的是商代晚期。因此可以说在商代社会中，自始至终都以农业生产为主要的经济部门。"①

郭沫若的研究指出，中国的农业经历了一个从野生采集到人为种植的过程，而且还衍生出了许多与种植相关的工艺，比如纺织、酿酒等。②

"惰农自安，不昏作劳，不服田亩，越其罔有黍稷。"（《尚书·盘庚上》）

"或来瞻女，载筐及筥，其饟伊黍。"（《诗·周颂·良耜》）

"疆场翼翼，黍稷彧彧。曾孙之穑，以为酒食。畀我尸宾，寿考万年。"（《诗·小雅·信南山》）

"至治馨香，感于神明。黍稷非馨，明德惟馨。"（《尚书·君陈》）

这些传世作品中常常提到"黍""稷"，无论是民间的歌谣诗作，还是朝堂上的言论，都离不开这些关系国计民生的粮食作物。这都反映出商周时代"黍""稷"是主要的农作物，人们食用它们，并非常重视它们的种植，以及用它们来作为祭祀的祭品。

除了在文献和文学作品中见到它们的踪迹，根据考古学的发现，殷商的人们是食用黍和稷的。河南安阳殷墟后冈圆形祭祀坑，在坑西南部伴随第一层人架曾发现一堆谷物，另外在所出土的陶罐内部的腹底和铜鼎、戈上也有类似粟类的谷物残迹。③河北邢台曹演庄等商代遗址中，亦曾出土炭化黍。④这些出土的古物，也是有力的佐证。

先谈谈"稷"。

许慎说：

"稷，五谷之长，从禾畟声。"⑤

---

① 孙淼：《夏商史稿》，北京：文物出版社1987年版，第385、386、388页。

② 参考郭沫若著：《中国古代社会研究》，北京：人民出版社1954年版，第184—186页。

③ 中国社会科学院考古研究所编著：《殷墟发掘报告（1958—1961）》，北京：文物出版社1987年版，第278页。

④ 宋镇豪：《夏商社会生活史》，北京：中国社会科学出版社1994年版，第256页。

⑤ 许慎著，段玉裁注：《说文解字注》（经韵楼藏版），台北：天工书局1987年版，第321页下。

段玉裁注：

"北方谓之高粱。……谓首种也。月令注。稷，五谷之长。……谷众多不可徧敬。故立稷而祭之。……自商以来祀之。……社者，五土总神。稷者，原隰之神。皆能生万物者。以古之有大功者配之。"①

由此可见，"稷"在古代是用于祭祀的，而且是用来祭祀有大功绩的人物。

河南安阳殷墟后冈圆形祭祀坑，在这个地方出土谷物，也证明谷物用于祭祀，而且由于伴随人架，证明该次祭祀除了用珍贵的谷物，还用了人牲。因此，该次祭祀的对象应是"有大功者"或者是地位非常显赫的人。

人们祭祀时往往用上同类或同时期中最好的物品作为祭品，因此能用于祭祀的粮食，应是属于高级的粮食品种。从许慎和段玉裁的解释可见，稷是五谷之长，地位很高，因此会被用来祭祀。

再来谈谈"黍"。

"黍"在殷商同样是一种上好的谷物，用于祭祀。这在卜辞中亦有反映，比如：

"辛丑卜，于一月辛酉酒黍登。"②

"丙子卜，其登黍于宗。"③

除了卜辞所见，在《说文解字》中，许慎说：

"黍，禾属而黏者也。以大暑而种，故谓之黍。从禾，雨省声。孔子曰：'黍可为酒，禾入水也。'凡黍之属皆从黍。舒吕切。"④

段玉裁注：

"黍宜为酒，为羞笾之饵餈，为酏粥。宜为饭。……以暑种故谓

---

① 许慎著，段玉裁注：《说文解字注》（经韵楼藏版），台北：天工书局1987年版，第322页上。

② 胡厚宣主编，王宇信、杨升南总审校：《甲骨文合集释文》，北京：中国社会科学出版社1999年版，卷二，编号21221。

③ 同上，卷三，编号30306。

④ 许慎著，段玉裁注：《说文解字注》（经韵楼藏版），台北：天工书局1987年版，第329页下。

之黍。"①

从这里可以看出，黍是可以做酒的农作物。殷商祭祀中亦有多种用酒祭祀的方法，比如"酒"。孟世凯认为："学者又多来定为酒，于卜辞中从水之地名之酒有所区别。目前只见于祭祀卜辞中，当是祭品，或兼有祭法之意。"② 罗振玉认为："卜辞所载诸酒字为祭名。考古者酒熟而荐祖庙，然后天子与群臣饮之于庙。"③ 因此，黍也是用于祭祀的重要农作物。殷代常有卜辞关于占问黍的收成的，说明殷王非常重视黍的种植。

"甲子卜，殼，贞我受黍年。"④

"贞我受黍年。一"⑤

"癸亥卜，争，贞我黍，受屮年。一月。一 三"⑥

接下来谈谈酒和鬯。

郭沫若指出殷商时期与农业相关的工艺，有纺织丝帛、酿制酒。其中，酒、鬯多用于祭祀。⑦

"鬯，以秬酿艹，芬芳攸服，以降神也。"⑧

段玉裁注：

"云郁合鬯，与下文萧合黍稷皆谓二物相合也。……郑注序官郁人云。郁，郁金香草。……考王度记云。天子以鬯。诸侯以熏。大夫以兰芝。士以萧。庶人以艾。"⑨

由此可见，鬯是一种香草加黍酿造的香酒，而且天子才可以享用。

---

① 许慎著，段玉裁注：《说文解字注》（经韵楼藏版），台北：天工书局 1987 年版，第 329 页下。

② 孟世凯著：《甲骨学辞典》，上海：上海人民出版社 2009 年版，第 451 页。

③ 罗振玉著：《殷墟书契考释：原稿信札》，北京：文物出版社 2008 年版，第 96 页。

④ 胡厚宣主编，王宇信、杨升南总审校：《甲骨文合集释文》，北京：中国社会科学出版社 1999 年版，卷一，编号 00303。

⑤ 同上，编号 00376。

⑥ 同上，编号 00787。

⑦ 参考郭沫若著：《中国古代社会研究》，北京：人民出版社 1954 年版，第 184—186 页。

⑧ 许慎著，段玉裁注：《说文解字注》（经韵楼藏版），台北：天工书局 1987 年版，第 217 页上。

⑨ 同上。

徐中舒依形解释甲骨文中的"鬯"字：

"象盛鬯酒容器之形。◡象器身，下从Ⅴ乃器足。"①

无论是香酒抑或是酒器，"鬯"皆离不开"酒"这个核心意义。可见，"鬯"与"酒"有密切关系。卜辞中有不少关于鬯祭的。比如：

"贞豕鬯于祖乙。"②

此处可见，鬯用于祭祀先王"祖乙"，同时还有"豕"，说明殷人对祭祖很重视，用的祭品种类不止一种。

而另一条卜辞：

"其登新鬯，二牛用。"③

可见献上新造鬯酒的"登"祭，还要配合两头牛来一同祭祀，也体现了鬯的重要性。

"丁亥卜，殼，贞昔乙酉葡旋□⋯〔大丁〕、大甲、祖乙百鬯、百羌，卯三百〔□〕。"④

用"百鬯"来祭祀祖先"大丁"、"大甲"和"祖乙"，非常壮观，除此之外，还有"百羌"和"卯三百〔□〕"，用了大量人牲和动物来祭祀祖先，可见对于祖先祭祀的重视程度非常高。

在传世文献中亦可见鬯在商周时期的珍贵。《诗·大雅·江汉》说："厘尔圭瓒，秬鬯一卣，告于文人，锡山土田。"反映出鬯是赏赐给臣民的佳品。《周礼·春官·鬯人》说："鬯人掌共秬鬯而饰之。"周代设置了"鬯人"的职务，专门管理，可以体现鬯的重要性。

而"酒"字的字形古今并无太大变化，因此很容易辨认出来。徐中舒谈到甲骨文中的"酒"字说与《说文》酒字篆文略同。⑤

---

① 徐中舒：《甲骨文字典》，成都：四川辞书出版社 2006 年版，第 562 页。

② 王宇信、杨升南、聂玉海主编：《甲骨文精粹释读》，昆明：云南人民出版社 2004 年版，拓片 121。

③ 胡厚宣主编，王宇信、杨升南总审校：《甲骨文合集释文》，北京：中国社会科学出版社 1999 年版，卷三，编号 30977。

④ 同上，卷一，编号 00301。

⑤ 徐中舒：《甲骨文字典》，成都：四川辞书出版社 2006 年版，第 1601 页。

卜辞中有很多关于酒祭，比如：

"惠丁丑酒王受佑。"①

"甲午贞，乙未酒高祖亥，太乙羌五牛三。"②

"庚寅，贞酒彳伐自上甲六示三羌三牛。"③

"戊午卜，宾，贞酒求年于岳、河、夒。"④

这些都反映出"酒"常常用来祭祀先公先王，并且也用在配合人牲或者动物的祭祀中，祭品众多证明祭祀对象的重要性，也说明"酒"是很重要的祭品。

考古发现亦可证明殷商人们十分爱酒。

"出青铜酒器 163 件……墓中青铜礼器总数 214 件，酒器占青铜礼器总数的 76.17％。"⑤

"郭家庄 M160 是一座大型竖穴土坑墓，墓中随葬品有 350 多件，青铜礼器有 40 件，其中青铜酒器 31 件，占整个礼器总数的 75％。"⑥

酒器数量之多、占礼器比例之大，均反映出商人对酒的热爱，因此用酒来祭祀的对象必然十分重要，而酒常被用来祭祀祖先，因此可见，祭祖在商代祭祀中是十分重要的。

（二）动物类的祭品

除了植物能作为供品以外，动物是更为珍贵的祭祀供品。动物与植物之不同在于，动物获取难度比植物大，而动物中的"血液"又代表了"生命"。涂尔干说：

---

① 胡厚宣主编，王宇信、杨升南总审校：《甲骨文合集释文》，北京：中国社会科学出版社 1999 年版，卷三，编号 30821。

② 同上，编号 32087。

③ 同上，编号 32099。

④ 王宇信、杨升南、聂玉海主编：《甲骨文精粹释读》，昆明：云南人民出版社 2004 年版，拓片 194。

⑤ 参考中国社会科学院考古研究所：《殷墟妇好墓》，北京：文物出版社 1980 年版。

⑥ 参考中国社会科学院考古研究所：《安阳殷墟郭家庄商代墓葬》，北京：中国大百科全书出版社 1998 年版。

"凡是宗教仪典，都缺不了用鲜血来发挥某些作用。"①

殷商时代，虽然以农业为主要生产方式，但狩猎和畜牧也已经是一件普遍和盛行的事。人类驯服动物的历史，必然经历了一个从捕猎到家养的过程。

从甲骨文的字形即可见，殷商时已经有捕猎的行为。比如甲骨文中，郭沫若认为"狩"字古本作"兽"，"狩"字和"兽"字可通用。② 故而"狩"字可以写成"　"、"　"、"　"、"　"等等，左边表示捕猎工具，右边则表示捕猎到不同的动物，说明当时已经能够捕猎到很多种类的动物，而且捕猎工具和技术应该不错，因为可以捕猎到大型的动物，比如最后一个字"　"表示捕猎到"象"，这可以反映出殷人捕猎水平很高。

陈梦家认为甲骨文中"事"字和"史"字同，在甲骨文中写作"　"或者"　"，"史"字上部的字形与"狩"字字形中捕猎工具类似，故"史"字像一个人用拿着捕猎工具。

《说文解字》中谈到：

"史，记事者也。……事，职也，从史，省声。"③

可见"史"与"事"是有关联的，是记录事情的人。

这也就说明，甲骨文中体现的字形，日常生活中狩猎是一件值得记录在"史"的"事"，古时文字记录的工具简陋，文字记录的过程艰难，书写不易故而能够被记寻、值得记录的事情也就是一件大事了。这可以反映出在殷商时代，狩猎是一件盛行而值得被记录在史册的事，殷人十分重视狩猎。

先探讨最常被用来祭祀的六畜，也即是我们通常认为的马、牛、羊、鸡、狗、猪。

---

① 埃米尔·涂尔干著，渠东、汲喆译：《宗教生活的基本形式》，上海：上海人民出版社1999年版，第171页。

② 参考郭沫若著：《中国古代社会研究》，北京：人民出版社1954年版，第177页。

③ 许慎著，段玉裁注：《说文解字注》（经韵楼藏版），台北：天工书局1987年版，第116页下一第117页上。

在甲骨文中，也已经出现六畜的字，而且都属于象形字，非常突出地表现了这些动物的特征，因此可以确认无误地辨认出它们。比如"马"写作"🐎"，突出表现马鬃毛；"牛"写作"🐂"，突出表现牛的角；羊写作"🐏"，亦是突出了羊角之形；"鸡"写作"🐓"，左部为声旁，右部为象形画出了禽鸟的形态；"犬"写作"🐕"，突出了犬尾巴上扬之形；"豕"写作"🐖"，突出了猪的形态。

并且从字形也可知它们已经被驯养了。比如"牢"字，就有🐏和🐂的区别，代表了驯养羊和牛，"家"字就写作"🏠"，代表豕或猪已被畜养在家中。

《说文解字》中提到：

"牢，闲也。养牛马圈也。"①

"家，尻也。从宀，豭省声。"②

段玉裁注：

"窃谓此篆本义乃豕之尻也。引申段借以为人之尻……牢，牛之尻也。"③

这又可表明这六种动物已经被圈养起来了，说明人们已经能够驯养这些动物。

除了家养的动物，卜辞中还有反映捕猎的记载。比如：

"丁卯……狩，正……兕只……鹿一百六十二……百十四，豕十，旨一。"④

可见捕猎到的动物种类很多，有"兕""鹿""旨""豕"等，而且数量很大，有"一百六十二""百十四"等。

---

① 许慎著，段玉裁注：《说文解字注》（经韵楼藏版），台北：天工书局1987年版，第52页上。

② 同上，第337页下。

③ 同上，第337页下。

④ 王宇信、杨升南、聂玉海主编：《甲骨文精粹释义》，昆明：云南人民出版社2004年版，拓片206。

无论从甲骨文的字形还是文献，都可证明殷人已驯养了一些动物，畜牧在殷商已经是比较普遍的事了。

再谈谈"牺牲"。

"服御食用而外，六畜用途的繁伙其令人惊愕的便是用作牺牲。"①

郭沫若在这里说明了六畜的重要用处，就是用来作"牺牲"。

许慎说：

"牺，宗庙之牲也，从牛义声。"②

段玉裁注：

"毛传，牺，纯也。曲礼，天子以牺牛。郑云，牺，纯毛也……郑云，牺牲，毛羽完具也。"③

段玉裁注"牲"时说：

"引申为凡畜之称。周礼庖人注，始养之曰畜，将用之曰牲。"④

《周礼·地官》说：

"掌系祭祀之牲牷，祀五帝则系于牢，刍之三月。"⑤

《周礼·地官》接着说：

"享先王亦如之。"

周代设置专门掌管饲养牲畜以供祭祀之用的官职"充人"，可推见殷商时期亦有类似做法。

从上可知，"牺牲"是经过专门饲养并且严格筛选的用于祭祀的动物，可用于祭祀天子和先王。可见，献给天子和先王的祭祀动物，要求十分严格，这表现出人们对天子和先王的崇敬和尊其为贵的态度。

卜辞中有用动物祭祀先公先王的相关记载。

---

① 郭沫若著：《中国古代社会研究》，北京：人民出版社 1954 年版，第 180 页。

② 许慎著，段玉裁注：《说文解字注》（经韵楼藏版），台北：天工书局 1987 年版，第 53 页下。

③ 同上。

④ 同上，第 51 页下。

⑤ 毛亨传、郑玄笺、孔颖达疏、龚抗云、李传音、胡渐逵、肖永明、夏先培整理、刘家和审定：《毛诗正义》（十三经注疏整理本），北京：北京大学出版社 2000 年版，第 1095 页下引《周礼·地官》。

　　"燎于河、王亥、上甲十牛、卯百宰。五月。"①

　　对"河""王亥""上甲"的祭祀，用了"十牛""百宰"祭祀先公先王时，用了不同种类的而且数量庞大的动物祭品。

　　"贞御自汤、大甲、大丁、祖乙百羌百宰。"②

　　祭祀先王"汤""大甲""大丁""祖乙"时，用了数量庞大的人牲和动物来祭祀有"百羌"和"百宰"之多。

　　"癸巳卜，争，贞侑白麂于妣癸，不〔左〕。王囿曰：吉。勿左。"③

　　殷人尚白，而纯色之动物更需费心才可得到，用上"白麂"来祭祀"妣癸"反映出商人重视祭祀先妣。

　　吴俊德对第四期卜辞进行了量化统计，得知祭祀中，"畜牲之用比例最高，约占 76.03%"④。吴俊德虽然只是对第四期卜辞做了数据统计和分析，但亦可反映出殷商时期，以动物为主要的祭祀供品。虽然殷商时期以农业为主，动物相对更难获得，但祭品往往以更珍贵、难得之物献祭，因此动物为主要祭品反而显出其珍有。有殷人祭祀其祖先时会用数量大、品种丰富的动物祭品，便反映了殷人对祖先的崇拜程度是很高的。

　　除了对动物祭品的质量有要求，对牺牲的处理方法亦有不同的区分。郭沫若引罗振玉的研究说：

　　　　"其用牲之法曰燎，曰埋，曰沈，曰卯，曰俎。祭时或仅用燎，或仅用埋，或仅用沈，或仅用卯；或兼用燎与埋，或兼用燎与沉，或兼用燎与卯，或兼用燎与俎，或兼用埋与燎与卯，或兼用卯与沉。（《考释》下六〇一六二）"⑤

――――――――――

　　①　王宇信、杨升南、聂玉海主编：《甲骨文精粹释义》，昆明：云南人民出版社 2004 年版，拓片 34。

　　②　同上，拓片 17。

　　③　同上，拓片 55。

　　④　吴俊德：《殷墟第四期祭祀卜辞研究》，台北：台湾大学出版委员会 2005 年版，第 203页。

　　⑤　郭沫若著：《中国古代社会研究》，北京：人民出版社 1954 年版，第 181 页。

另外，詹鄞鑫也详述了用牲之法，他分了屠宰、加工、处理三方面来谈。[1] 屠宰法笼统称为"卯"，而又分"刉"（卜辞写作"𢦦"，表示刺脖颈或耳旁放血），"燜"（开水烫毛），"副"（卜辞写作"𦫼"，表示开膛破肚），"剞"（掏空内脏），整个过程叫作"屠"。加工法也别有"血"（只放血未屠宰），"腥"（屠宰未烹熟），"熟"（烹过未加佐料），"饔"（烹过加佐料），"臘"（长条的干肉），"脯"（切成薄片加盐的干肉），"脩"（加姜桂等香料煅冶的干肉），"腊"（整条鱼或整只兔子烤干），"炮"（内塞香枣，外包芦苇并涂泥土，用火烤熟），"烙"（用铜格在炭火上烧红后烙制），"炙"（放在铜盘上烤熟），"酢"（调味好的肉密封于坛）、"醢"（肉酱）。詹鄞鑫指出："祭祀对象越尊贵，用牲越是不熟。"[2]

而牺牲如何送达神灵享用，也有以下一些方法。

"燎"（先堆积木柴，把牲牛和玉一起在柴上烧化），"燔"（将牲肉在炉中烧化），"埋"（埋在土里），"沉"（沉入水里）。

这里列举出多种处理祭祀牲畜的方法，已经能够体现殷人处理祭祀牺牲的精细化程度和工艺非凡。越是繁复和有所区别的处理方法，越能够体现出殷人对动物祭品的关注程度之高，体现动物祭品在祭祀供品中的地位之重。而动物大量被用作祭祀祖先，亦可见，祖先在殷人心目中的地位是十分重要的。比如卜辞可见：

"乙巳卜，贞束于大甲亦于丁，羌三十，卯十□，用。"[3]

"乙巳卜，贞束〔于大〕甲亦〔于丁〕，羌三十，〔卯十〕□。"[4]

"丙〔申〕卜，贞□尊岁羌三十，卯三□，葡一牛，于宗用。六月。"[5]

---

① 参考詹鄞鑫著：《神灵与祭祀——中国传统宗教综论》，南京：江苏古籍出版社 2000 年版，第 233—238 页。

② 同上，第 235 页。

③ 胡厚宣主编，王宇信、杨升南总审校：《甲骨文合集释文》，北京：中国社会科学出版社 1999 年版，卷一，编号 00295。

④ 同上。

⑤ 同上。

这里都反映出祭祀祖先时使用的祭品数量很大，祭牲的方法也不同，虽然未能一一明确不同处理方法与献祭意义之间的产系，但繁复而不同的处理手段足可见殷人对祖先的用心程度之高。而祭祀中亦可见使用了人牲作为更高级的祭品，使用人牲亦反映出祭祀对象的尊贵。

埃米尔·涂尔干说"在密膳中所吃的食物本质上是神圣的"[①]，这里意味着在祭祀过程中作为供品的"牺牲"，它们本身是带有神圣意味的。这种神圣意味或许由于它们的来源难得。虽然殷商时期捕猎已经较为普遍，但当时简陋的生存条件下，捕获动物和畜养动物依然不是件容易的事。而且用作"牺牲"的动物要经过从选择、饲养、屠宰、加工、处理，才能够奉呈给祭祀对象。这一系列的烦琐工序，在当今的生产条件下尤须时日，更何况是遥远的殷商。可见殷人对祭祀的虔诚和用心，亦可见祭祀在殷人生活中占据了非常重要的地位，他们会消耗大量的精力物力来祀奉神灵。而那些被奉以"牺牲"的神灵对象便显得尤为尊贵。

作为供品的"牺牲"的神圣性，或许是因为它们有更加特殊的含义。埃米尔·涂尔干谈到图腾崇拜与祭祀所用的动物时说：

"它们既然是圣物，就可以制成某种密膳……有时候是名副其实的圣餐；不过，通常来说，它们还不能被用作日常食品。"[②]

这说明即使祭祀时分享和食用动物，也不能证明他们日常食品中就普常食用这类动物，反而是他们日常不会经常食用到的，这也体现"牺牲"的尊贵和人们对祭祀对象的敬畏和尊崇。埃米尔·涂尔干提到：

"对图腾的饮食禁忌，往往附有宰杀禁忌。"[③]

而《礼记·玉藻》亦谈到：

"君无故不杀牛，大夫无故不杀羊，士无故不杀犬、豕。"

这都说明"牺牲"是不能随意杀害的，是有需要而为之，屠宰是需要

---

① 埃米尔·涂尔干著，渠东、汲喆译：《宗教生活的基本形式》，上海：上海人民出版社1999年版，第170页。
② 同上，第169页。
③ 同上，第172页。

一定的时机和理由。这更说明了作为"牺牲"的动物，是珍贵的，难得的，所以才不允许任意宰杀，所以以宰杀和处理它们才需要遵守一些特定的规则和方法。

笔者认为，动物频繁而大量被作为祭祀供品，同时也可能与图腾信仰有所关联。

龚维英研究提出：

> "原生态图腾每个古老氏族只有一个，而且这个图腾实体，必是此氏族生活的客观世界中实有之物。"①

上古鬼方氏，也就是后来的羌族，就是以羊为图腾的，这与他们是游牧民族不无关系。

另外，《大戴礼记注》提到：

> "郑注《禹贡》云：鸟夷，东方之民。"

龚维英也谈道：

> "夷、越二大族均濒临东海，一北一南。海滨固多鸟，故东夷崇鸟。"②

从上述两处可见，鸟是东夷的图腾。

在《礼记·檀弓》中也有"夏后氏尚黑，戎车乘骊"的记载。说明夏族的祖先骊畜氏是以黑马为图腾。

《山海经·海内北经》有"犬封国曰犬戎国，状如犬"，郭璞注曰"昔盘瓠杀戎王，高辛氏以美女妻之"，《搜神记》中记载了一个高辛氏的老妇人耳朵中挑出一条巨虫化成五色犬，名叫盘瓠。盘古音可通"盘瓠"，由上可知，以盘古为尊的各族以狗为图腾。

炎帝族的图腾是牛，《帝王世纪》中："有蟜氏女登，为少典妃，游华阳，有神龙首，感生炎帝。人身牛首，长于姜水，有圣德，以火德王，故号炎帝。"可知炎帝族的图腾为牛。

---

① 龚维英著：《原始崇拜纲要》，北京：中国民间文艺出版社1989年版，第6页。
② 同上，第63页。

颛顼高阳氏的图腾是猪,《山海经·海内经》有记载:"韩流擢首、谨耳、人面、豕喙、麟身、渠股、豚止,取淖子曰阿女,生帝颛顼。"

这些古籍当中对民族祖先带有神话色彩的描述,都反映出图腾是对民族祖先的原始记忆和想象,但由于人们尚处在一个物我不分的原始思维的状态,因此就会出现这样的人和动物的结合体。其实,图腾崇拜说到底即是祖先崇拜的反映。

前文涂尔干的观点和《礼记·玉藻》的记载均表明不能随意宰杀和处理动物,需遵循一定的条件,而且还需与人的身份相匹配。

这些都表明了对待动物的生杀不能任意,也证明了这些动物具有特殊的意义,特别是对待图腾动物,要求很严格。

埃米尔·涂尔干说:

"分享了图腾生物的本性,比如吃用了这种生物或者将这种生物涂擦在身上,就被赋予了高出图腾生物一筹的权利。"[①]

涂尔干说明了食用图腾生物的原因,是为了分享这种生物的本性,以期能够有高出动物的权利。笔者认为,也就是获得了可以战胜或者控制这些生物的能力,这是原始人们在与天地自然竞争和生存的过程中,所渴望得到的本领。商人通过祭祀活动处理和分享这些动物,某种程度上,也是希望能够征服这些图腾下的民族,或者征服这些动物本身。

埃米尔·涂尔干同时指出:

"不要把图腾制度看作一种动物崇拜。一个人对他用来取名的动物或植物的态度,和一个信徒对他的神的态度完全不同,因为前者自己也属于那个神圣世界。"[②]

"在一个部落中实行的各种图腾膜拜,虽然好像是各自形成了完全自足的宗教,也不互相往来;但是,实际上它们并不是并行发展的,恰恰相反,它们相辅相成。它们只是一个单一整体的部份,是一

---

① 埃米尔·涂尔干著,渠东、汲喆译:《宗教生活的基本形式》,上海:上海人民出版社1999年版,第179页。

② 同上,第178页。

个单一宗教的要素。一个氏族人对于邻近氏族的信仰，从来不像一种宗教对待异教那样，采取冷漠、怀疑或者敌视的态度，而是共享他们的信仰。"①

涂尔干的观点认为图腾信仰具有宽容的共享性。共享意味着共融，而非消灭，这更有利于多民族地区的历史发展。这种将自己与图腾共融的思维以及共享信仰的宽容态度，也在中国最经典的图腾中实现——龙图腾的诞生，就是最好的体现。图腾的共融，反映出民族的共融，因此也是中华民族历史的曲折体现。图腾可以共融这种特质，让中华民族的宗教包容性大大提高，也帮助孕育了中国宗教的一个特点，那就是对祭祀对象的宽容程度较大。由此，也就更难在中国出现一神教了。

动物被视为始祖先，从动物转化成人，动物被赋予了神圣的意义，从图腾崇拜到祖先崇拜，从食用禁忌到享用它们，这些都有着奇特的关联。人们最后认清了动物与自己祖先之间"物"与"人"的区别，但并没有妨碍人们从图腾信仰中继承这种祭祀对象多元化的特性以及这种特性所发展出来的对信仰的宽容度。正由于这种宽容，让中国宗教呈现出多样化的丰富形貌。而殷人耗费大量时间和物力完成的供品，说明他们对祖先崇拜的重视程度之高。中国人以祖先崇拜为主的宗教状态的形成，在殷商时期已见初形了。

（三）殷商人牲的使用情况

人祭是指以人作为祭品祭献神灵的一种宗教仪式。② 甲骨卜辞中有记载："贞于翌甲辰用羌。允用。"③"翌乙巳用羌。"④传世文献中并不说"人祭"或者"人牲"，而是沿用了"用人"这说法。比如："天地之间，

---

① 埃米尔·涂尔干著，渠东、汲喆译：《宗教生活的基本形式》，上海：上海人民出版社1999年版，第201页。

② 王平，（德）顾彬著：《甲骨文与殷商人牲》，郑州：大象出版社2007年版，第7页。

③ 胡厚宣主编，王宇信、杨升南总审校：《甲骨文合集释文》，北京：中国社会科学出版社1999年版，卷一，编号00454正。

④ 同上，编号00458正。

百神所食，圣人谓当与人等。推生事死，推人事鬼，故百神之祀皆用众物，无用人者。"① "治人如治水潦，养人如养六畜，用人如用草木。"②

"用"字，甲骨文中写作"**用**""**用**"等，关于它的意义，诸位大家有不同的看法，而笔者认为吴其昌等学者的说法较为妥帖。

吴其昌认为：

"'用'之凤义，本为刑牲以祭之专名。"③

他详细列举了卜辞、彝器、《周书》、《春秋》、《墨子》、《史记》、《周礼》等历史文物和传世文献中的例子，说明"用"作为杀牲祭祀这样的意义，从殷周直至汉魏时期都未有改变。④

李棪也详谈了"用"字：

"乃杀牲之通称，畜与人无别，亦同时并用。""推想当是斫头之法。"⑤

认为"用"是砍头的祭法。

另外，饶宗颐认为：

"卜辞多以为用牲。"⑥

屈万里认为：

"谓用之为牲以祭。"⑦

以上学者皆是赞同"用"是祭祀方法。

由上可知，"用"在卜辞中是"处理牺牲、斫杀牺牲"的意思。"用人"是殷商时代残酷的人牲祭祀的明证。

人牲祭祀是世界范围的宗教仪式。早期婆罗门经典中就反映出古印度

---

① 王充（27—97）著：《论衡·言间时篇》。

② 管子（前725—前645）著：《管子·四伤》。

③ 于省吾主编，姚孝遂按语编撰：《甲骨文字诂林》，北京：中华书局1996年版，第四册，第3403页。

④ 参见于省吾主编，姚孝遂按语编撰：《甲骨文字诂林》，北京：中华书局1996年版，第四册，第3403页。

⑤ 同上，第3405页。

⑥ 同上，第3404页。

⑦ 同上，第3403页。

的活人祭祀，玛雅人也有野蛮血腥的人祭。在中国良渚文化时期和龙山文化时期也有使用人牲的情况。①

根据王平和顾斌的研究，殷商时期人祭的主要对象是祖先神，男牲主要用于祭祀男性祖先，女牲主要用于祭祀女性祖先和自然神，羌人作为人牲是最普遍的，人祭以武丁时期最盛行。②

胡厚宣也做了统计，认为武丁时期人祭最多，其次是廪辛、康丁、武乙、文丁时期，再次是祖庚、祖甲时期，再其次是帝乙、帝辛时期，最少是武丁之前的盘庚、小辛、小乙时期，所有人牲加起来，至少有14197人，绝大多数是奴隶。③

殷人祭祀的规模，从人牲上可见一斑，人牲既然是最珍贵的供品种类，那么越是大规模使用人牲的时代，证明那个时代祭祀也越频繁。以武丁为例作一点分析。自盘庚之后，其弟小辛、小乙顺次即位，再传给小乙之子武丁，武丁即盘庚之侄。武丁一即位就"思复兴殷"④，可见他是一位积极进取的帝王。然而"未得其佐"⑤，可见他求贤若渴。他"三年不言，政事决定于冢宰，以观国风"。⑥是一位专心亲为又知道旁观者清的睿智帝王。"于是乃使百工营求之野，得说于傅险中"。⑦他最终求得贤臣，于是在他统治的最后，"殷国大治"⑧。在他统治时期，人祭最多，"祭用九千零二十一人，另有五百三十一条未记人数，一次用人最多的是五百个奴仆"。⑨而且一次用五百个奴仆的卜辞还不止一次出现，证明这在那个时候不算是偶尔为之的事。这样一位史书中能德兼备的帝王，却与

---

① 赵烨：《良渚文化人殉人祭现象试析》，载《南方文物》，2001年第1期。
王磊：《试论龙山文化时代的人殉和人祭》，载《东南文化》，1999年第4期。
② 参考王平、（德）顾斌著：《甲骨文与殷商人祭》，郑州：大象出版社2007年版，第207页，第209页，第210页。
③ 胡厚宣、胡振宇著：《殷商史》，上海：上海人民出版社2003年版，第165—167页。
④ 司马迁著：《史记·殷本纪第三》。
⑤ 同上。
⑥ 同上。
⑦ 同上。
⑧ 同上。
⑨ 胡厚宣、胡振宇著：《殷商史》，上海：上海人民出版社2003年版，第165页。

人牲使用最庞大的数目连在一起，这就说明，殷商时代，用人牲祭祀，并非片面地说残忍暴虐的行径，它在当时，是一种神圣庄严的祭礼需要，因此越是勤政的帝王，祭祀越频密，而为了表现越虔诚的心意，祭祀所用的祭品就越矜贵，因此使用人牲的次数和数量就多和大了。

亦可以用一个相反的例子来说明。在殷末商纣是历史有名的暴君，他就是个"慢于鬼神"①的君主，而《礼记·明堂位》中也有记载：

> "昔殷纣乱天下，脯鬼侯以飨诸侯。"

殷纣紊乱祭祀的纲典，怠慢祭祀，因此帝乙、帝辛时期用人牲祭祀的卜辞是非常少的，胡厚宣提到：

> "卜辞一百一十七条，祭用一百〇四人，另有五十六条未记人数。一次用人最多的是三十人。"②

由此可见，纣王并没有像祖先一样积极进行祭祀活动，因此他在位期间使用的人牲数量明显下降。

而在盘庚、小辛、小乙的时代，人祭是最少的。但盘庚是一位能够让"百姓由宁，殷道复兴"③的明君，除了国内子民敬仰，周围的诸侯也臣服，"诸侯来朝，以其遵成汤之德也"。④但这样一位有道明君，为何出现人祭最少呢？笔者认为，这首先与盘庚迁都有关，"乃五迁，无定处"。⑤商朝迁都亦有几次记录，但盘庚迁都是较为艰难的，前后几次迁都都没有留下诸如盘庚那振臂高呼的声音："昔高后成汤与尔之先祖俱定天下，法则可修。舍而弗勉，何以成德！"⑥既无民怨，又何须劝解？可知盘庚迁都实施之艰难。因此可以想象，在不稳定的迁移状态中，盘庚带领臣民驱赶牲畜尚且不易，如何又能带着许多奴仆人牲一同上路，或许在路上亦逃跑不少，因此用人牲祭祀便少了许多。但即使人牲祭祀的次数少，但用到

---

① 司马迁著：《史记·殷本纪第三》。
② 胡厚宣、胡振宇著：《殷商史》，上海：上海人民出版社 2003 年版，第 166 页。
③ 司马迁著：《史记·殷本纪第三》。
④ 同上。
⑤ 同上。
⑥ 同上。

人牲祭祀的时候，祭品还是丰富的，可见祭祀者有心。

"癸未卜，钟庚妣，伐廿，㞢卅，卅牢，艮三妣。"①

"戊寅卜，贞三卜，用血三羊，艮伐廿，㞢卅，牢卅，朋于妣庚。"②

其次，盘庚是乱世之王。在盘庚继位之前，其兄长阳甲时，"殷衰"，又遭逢几世的乱世：

"自中丁以来，废适而更立诸弟子，弟子或争相代立，比九世乱，于是诸侯莫朝。"③

因此到了盘庚的时候，自然着重恢复国力，对外战争少了，自然获得人牲也就少了，用来祭祀的人牲也就少了。

综上所述，殷人用人牲祭祀，首先不是一种暴君残忍的做法，而是出于最忠诚的宗教礼祭的需要。其次，殷人祭祀的人牲多少，与当时国力有正相关性。而且人牲祭祀多用于祭祖：

"贞御自唐、大甲、大丁、祖乙百羌百牢。三 二告。"④

"贞侑于妣甲垂、艮、卯牢。"⑤

第一条卜辞可见，祭祀唐、大甲等祖先时，使用的人牲数量很大，达到了上百人。第二条卜辞可见，祭祀妣甲的时候，使用不同的人牲种类进行祭祀。使用人牲祭祀祖先时，除了会出现数量庞大的人牲，而且还会出现同时使用不同的人牲品种进行献祭，可见祖先祭祀在殷人心目中的地位很高。此举两例，以作说明，余下可见附件一。

---

① 胡厚宣、胡振宇著：《殷商史》，上海：上海人民出版社 2003 年版，第 166 页，引前 4.8.2。

② 同上，引前 8.12.6。

③ 司马迁著：《史记·殷本纪第三》。

④ 王宇信、杨升南、聂玉海主编：《甲骨文精粹释读》，昆明：云南人民出版社 2004 年版，第 1451 页。

⑤ 同上，第 1455 页。

三、殷商周祭制度反映祭祖地位

阿尔弗雷德·拉德克利夫－布朗认为仪式本身是宗教的持续体现，并且是宗教情感维系的关键所在①。证明宗教的功能不单是对自身基本需要的满足，而且还是维护群体团结的纽带，有社会制度方面的需求。宗教对维护社会建构稳定、维持生活秩序有着很重要的作用。这同样可以反映在商代祖先祭祀对社会生活的影响上。

探讨殷商的祭祖，就绕不开周祭制度，它是殷墟卜辞中可见的具有一定周期性的五种祭祀，分别是翌、祭、壹、叠、乡五种祭祀。不少前辈学者都对此有研究和关注。笔者下面将探讨周祭制度所反映的祭祖在商代祭祀中的地位。

最早发现它的是董作宾，将它写入《殷历谱》中。他认为乡是五祀之首，而且必定要有一旬来举行工典祭，而翌、祭则不一定要举行。第五期可见，较为常常的状况是，乡、翌各十一旬，祭是十三旬，乡的工典是一旬，总共是三十六旬。而为了调整年月的不一致，又可变通为三十七旬。②

董作宾在书中谈论发现五种祀典的源起。

"甲骨卜辞中，第五期帝乙帝辛时之卜辞，最易辨识，其书法整饬，字体工细，行欵划一，文例严谨，类祖甲之世，而文法字形则异。卜祀辞，尤一览可见其必有精密之系统与固定之组织，迥异于他期卜辞之纷纭，无端绪也。余于民国二十三年辑录第五期卜辞，于卜祀一类，发现当时之祀典，制为表式，十余年来，无一字可更易者。

---

① 参考拉德克拉夫－布朗著，潘蛟等译：《原始社会的结构与功能》，北京：中央民族大学出版社 1999 年版。

② 董作宾：《殷历谱》（上册）（中央研究院历史语言研究所专刊之二十三），台北：中央研究院历史语言研究所，1992 年版，上编卷三，《祀与年》。

兹分述研究之经过。"①

董作宾详细分析了五种祀典，并且总结五种祀典的命名以及周期。

"彡、翌、祭、壹、肜，五种祀系之连续关系既得，吾人乃名此五'祀系'为一'祀统'，即一年中先祖先妣五种祭祀之一周，亦即所谓一祀也。五种祀系，以彡为首，故祀统即以彡上甲之前一旬工典之日名名之。如甲戌'彡上甲'，甲子'工典'，则'彡'之'祀系'为甲戌，此'祀统'则甲子也。余五系可以类推而各得其祀统。

……一祀统所需之时日，通常为三十六旬……彡翌之各十一旬，祭壹肜之共十三旬，皆属固定之日数，绝对无可增减。祀系之间，如彡与翌，翌与祭亦有多间一旬这，则'工典'亦占一旬之故也。"②

"帝乙、帝辛时先祖妣之祀典较祖甲增加四世，故每一祀系之祭日增加，五种祀典举行一周，普通为三十六旬，即三百六十日，较一太阳年尚差五六日，故其祀统祭遍一周之'祀'与代表王年之'祀'，两相对照，'祀统'每有较'王年'前移之倾向。"③

董作宾通过列举卜辞，详细阐述了五期祀典。

"五期祀典，必有严谨之统系，其先祖先妣均依其神主之名（即忌日、死之日、非生日也）。按次按日祭之。主要之祀典，即彡、翌、祭、壹、肜也。表中（书中有详细列举帝乙帝辛时期祭祀先祖先妣的世次表④）：中间一行，每世一人，为大宗，余为小宗。大宗必兼祀其配偶，示壬以上先妣，殆已无可考。先妣必立为正后者乃入祀，由武丁三后，可以推知之。中丁两后，必妣己先殁，妣癸继立，未知孰为祖乙之母。祖丁四后，亦有四子，或因母皆正后，故子皆得承继王位也。是殷代'兄终弟及'之制，亦以嫡子为限。武丁多子，卜辞习

①　董作宾：《殷历谱》（上册）（中央研究院历史语言研究所专刊之二十三），台北：中央研究院历史语言研究所，1992年版，上编卷三，《祀与年》，第2（b）页。

②　同上，第9（b）页。

③　同上，第11（a）页。

④　笔者注。

见，然祖乙之后，继位者仅祖庚、祖甲二人，正与三后相应。此皆由祀典可以说明者也。"①

由上面引文即可见，董作宾分析的过程中，已将这种周期性的祭祖制度与商代王室的继承制度与商王的婚姻状态都联系在一起了。证明周祭制度的确可以反映出殷人在对待血缘关系以及婚姻关系的观念。证明殷人已经开始知道了由血缘关系来区别亲疏、区别嫡庶、区别长幼等等。祭祖的制度化，除了呈现出祖先崇拜仪式的规律性，以及祭祀祖先在殷人祭祀中的重要性，还反映出血缘关系对当时国家建构的影响，对家庭组织的影响。

陈梦家在《殷虚卜辞综述》中为这五种祭祀定名为"周祭"。

"周祭的三种主要祭法是依'彡—羽—劦—彡'的次序周而复始的轮番举行的，故称之为'周祭'。每一种祭法用于自上甲以迄时王帝父妣所需要占用的旬数，称之为'祀季'。"②

陈梦家认为一个完整的周祭，需要三十七旬，分别是彡、翌各十一旬，劦十二旬，三个工典分别各一旬。陈梦家在谈论先王先妣的一章中，详细论述了"周祭"。

"殷代祭祀复杂，但我们可提出有关的两类：一类是'周祭'，用三种主要的祭祀（彡、羽、劦）轮流的依先祖先妣的日干遍祀一周，三种祭祀遍祀一周谓之'一祀'。……'周祭'盛行于祖甲、帝乙、帝辛时代，由此有系统的祭祀系统可以寻见所有入于祀典的先王先妣的位次。"③

此处，陈梦家强调了周祭的系统性，按照一定的顺序来进行祖先的祭祀。

"商人以甲子纪日，所谓甲子者是十天干（自甲至癸）和十二地

① 董作宾：《殷历谱》（上册）（中央研究院历史语言研究所专刊之二十三），台北：中央研究院历史语言研究所，1992年版，《上编卷三，祀与年》，第4（b）页。
② 陈梦家：《殷虚卜辞综述》，北京：中华书局2004年版，第392—393页。
③ 同上，第373页。

支（自子至亥）组合而成六十单位。商代王族不问性别，在死后都用十天干之一作为庙号，就以天干的顺序按照六十甲子的日辰致祭。因此我们才有可能根据了卜辞来重构殷代祀谱。这个祀谱的所以能够重构，端赖殷代许多祭祀中有些是有系统而成组的，就是我们在以上所屡及的所谓'周祭'。祭完一个整套的周祭所用的时间就是'祭祀周'。"①

此处，陈梦家说明了能够依据卜辞重构祀谱的原因，再次强调了祭祀的系统性。周而复始的规律感，是农耕活动的重要特征，也是农耕文化的重要特征。而祭祀祖先也体现出这种规律感，证明殷人对祭祀祖先的重视，而将它与时间历法结合，是意在将它常规化。

"所谓周祭祀谱者就是上节开端所说先王妣的祭祀中的次序和祀周的组合。先王妣依其一定的资格入于祀谱，按照其世次、长幼、及位和死亡的顺序，依其所名之日在日、旬、祀季中轮番致祭。在周祭中，三种主要祭法构成一祀。三种主要祭法'彡''羽'是分别进行的，'魯'是由'祭''壹''魯'三种联合举行的。因为乙辛刻辞中将一祀分为'彡''羽''魯'三个'祀季'，所以我们不称为五种而称为三种主要祭法。"②

此处，陈梦家说明了入祀谱的条件，以及一祀的定义和周期。入祀谱的条件之中，就包括了世次和长幼，这是血缘关系的体现。证明殷人看重血缘关系，将它考虑进祭祀祖先的排序条件之中。

日本学者岛邦男在 1958 年的《殷墟卜辞研究》中将它制作成祀谱。他认为较常见的是三十六旬，翌为十旬，彡为十一旬，祭为十二旬，加上三个工典。有时为了调整，于是在翌多出一旬，因此会有三十七旬。

许进雄在《殷卜辞中五种祭祀的研究的新观念》中也对周祭进行了阐释。

---

① 陈梦家：《殷虚卜辞综述》，北京：中华书局 2004 年版，第 385 页。
② 同上，第 386 页。

"五种祭祀是指翌、祭、壹、劦和彡五个祀典，它们在新派王朝的祖甲、祖乙和帝辛时，是一组首尾相贯、连绵不断地举行的祀典。这些祭祀都在所祭先王妣取名的同一日举行，其致祭的次序又依据先王妣及位的先后而形成一个一定的祭谱。它虽包含五个祀典，而祭、壹和劦相选以祭，实际只是三组祀典而已。在第五期，通常的情形是一个祭祀周期是三十六旬，乃翌祀十一旬、祭祀十三旬和彡祀十二旬。但是由有年月日记载的卜辞所复原的祀谱，有些是三十七旬周期的。这三十七旬周期比三十六旬周期所多出的例外一旬虽有两种不同的排法，但都是放在整祀组举行完之后的。"[1]

常玉芝也阐述了周祭的定义、祭祀周期及相关。

"周祭是盛行于商代晚期的一种很有规律性、很有系统性的祭祀。这种祭祀由翌、祭、壹、劦、彡五种祀典组成，商王及王室贵族用这五种祀典对上甲至康丁的 31 位先王和示壬之配批庚至康丁之配妣辛的 20 位先妣共 51 位祖先，按着世系的先后顺序轮番和周而复始地进行祭祀，这种祭祀是一个王世接着一个王世连绵不断地举行下去的，学者们就称这种祭祀为周祭。

为什么能利用周祭来推求王年呢？这是因为到了商代末期，以五种祀典对 51 位祖先轮番祭祀一周的时间是 36 旬或 37 旬，即 360 天和 370 天，这与一个太阳年的日数 365 天相近；特别是通过复原周祭祀谱知，36 旬周期和 37 旬周期基本是相间安排的，在一大段时间内，两种周期举行的次数是相当的，所以两个祭祀周期约等于两年。这样我们就能利用甲骨文和金文中的周祭记录来复原出当时的周祭祀谱，由周祭祀谱中的周期数来推求各王的在位年数。

由晚商黄组周祭卜辞和晚商青铜器铭文中的称谓可以论证出商代晚期的周祭分属于文丁、帝乙、帝辛三王。而利用记有年祀、月名、日期、祀典名、祖先名的周祭材料也复原出了三个王的周祭祀谱，这

---

[1]　许进雄：《许进雄古文字论集》，北京：中华书局 2010 年版，第 82 页。

三个王只能是文丁、帝乙和帝辛。由文丁、帝乙、帝辛祀谱中的周祭祭祀周期数就推出了文丁、帝乙、帝辛三王的在位年数。"①

古来历法都非常重要。历法与立国之本息息相关，中国以农耕立国，故而历法反映农耕时序。与西方的历法一相比较就可知，比如现在通行的公元纪年，依据西方宗教所来，它以耶稣诞生年作为纪年的开始，由教皇格列高利十三世在 1582 年颁行。可见，历法的确可以反映立国之本。

中国古来是以农耕文明为主的国家，亦即是说浩浩数千载的岁月，农耕是立国之根本。农耕讲求是时序，遵循天道自然，得法才可丰收。陈梦家解释了历法的定义和由来的根据，笔者认为，这带着中国历法的特色，与西方不同。

"历法是根据天象以一定的单位对于长的时间间隔的计算。古人对于天体的运行，最初只观察白昼黑夜、月盈月亏和寒暑往返之现象，渐渐有了日、月和年的种种观念。天时观念的发达，是与农业的发展相关联的，因为农业需要寻求天时周期的规律，以便及时地播种和收获。"②

于是，古代中国人便学会观察自然天象，制作历法。历法，是反映自然运行的规律，是农耕之本，非常重要。《尔雅·释天》中提到：

"夏日岁，商日祀，周日年，唐虞日载。"③

郭璞云：

"夏日岁，取岁星行一次。商日祀，取四时一终。周日年，取禾一熟。唐虞日载，取物终更始。"④

由此可见，上古中国，历法就已经能够反映自然规律的，就是能够表达农业需要的。

陈梦家在《殷虚卜辞综述》中详论了历法的分类以及中国古代历法。

---

① 常玉芝：《商代周祭制度在夏商周断代工程中的作用》，载《中原文物》，2001 年第 2 期。
② 陈梦家：《殷虚卜辞综述》，北京：中华书局 2004 年版，第 217 页。
③ 郭璞注：《尔雅》，卷中，《释天第八》，四部丛刊景宋本。
④ 同上。

"世界的历法，可大别为三种基本形式。一为太阴历，如回历，一年为十二个太阴月，每月29或30天，故一年之长为354—355日。一为太阳历，如埃及历，一年之长为365—366日。三为阴阳历，如犹太历，一年为十二个月或十三个月，一年之长于平年为353—355日，于闰月之年为383—385日。古代希腊人，大约30日，小月29日，十日为一旬，一月有上中下三旬，和我国月、旬之分很相似。

我国的历法到先汉的所谓'六历'，已成为四分法。六历之颛顼历，测定于纪元前370年左右（历法通志·60），纪元前246年始由吕不韦推行于秦国。据《淮南子·天文篇》而知颛顼历的主要原则有二：一是一年为$365\frac{1}{4}$日，四年而多一日；二是十九年而七闰月，故十九年而成235整月。

……由此可知：（1）中国古历是一种阴阳历，（2）先汉历法所推算的岁实朔策已经相当的接近于今测……由此可以推断，此种历法必经过一甚长的发展过程，而殷代历法远在此种历法之先。这种说法，必须首先肯定新城新藏在东洋天文学史研究所论定的古代四分历法乃中土自发的历法，在战国时期并未受域外传入的影响。"[①]

由此可见，中国历法在古代就已经非常发达和精准。历法反映早期天文科技的水平，与早期自然科学的发达程度息息相关。由中国古代历法的发展程度可见，中国古代对天文知识的掌握已经很到位了。而且由陈梦家所言，历法是本土发展起来的起码是至战国之前，并未受外来影响，故此可推知，中国古代的自然科学文明是自己发展起来的。陈梦家后引新城的观点：

"殷代中叶迄春秋初叶之间为融合太阴历与太阳历二者之特征，以平年为十二个月，闰年为十三个月。"[②]

上文叙述了历法在农耕文化中的重要性，而殷代是历法变革和发展的

---

① 陈梦家：《殷虚卜辞综述》，北京：中华书局2004年版，第217—218页。
② 同上，第218页。

时期，变得更为精确和科学，可见殷商是历法的重要奠基期。笔者认为，这可以体现出商代的确是中华文化的滥觞时期。

虽此历法与祭祀祖先的周祭的祭祀周期不完全相同，但可以反映出祭祀祖先的重要性。历法反映时序规律，对农耕活动十分重要，而周祭周期也是一种周期规律的反映，也是一种"历法"，殷人重视历法，而又将祭祀祖先的行为编入了一种"历法"，且不见殷人将其他祭祀对象编入某一种其他"历法"之中，故而可推知，殷人希望规律性地进行这种活动，将祭祀祖先纳入常规生活之中，形成制度，循环往复并不间断。由此可见，在商代尤其是商代后期，人们的生活与祭祖息息相关，历法与祭祖紧密相连。

商代历法已十分科学，可见殷人对"时间""周期"这样的概念已有了深刻的认识，而他们又有意且仔细地将祭祀祖先排到了一个与时间周期相关的谱系之中。由此可见，殷人的确将祭祖放在了一个非常重要的地位。

由于本文并非着重研究周祭的相关，笔者在此举出周祭，是旨在说明几个问题。第一，历法在中国古代向来处在十分重要的地位，体现出中国人讲究"时序"的文化特质，而在众多祭祀对象之中，殷人只为自己的祖先制作了周祭这样的祭祀制度，依序排列，循环祭祀，将祭祖的行为也划入了历法的范畴，可见殷人对祭祖的重视程度十分高。第二，从卜辞中即可见，殷商时期是以天干地支纪日的，比如：

"乙丑卜，贞王宾大乙翌无尤？"[1]

"丙子卜，行，贞翌丁丑祭于大丁，无告？"[2]

这当中的"乙丑""丙子"皆是日期。而殷商先王的命名，也是按照天干来排列，比如上面卜辞中的"大乙""大丁"。天干地支本就是用于历法纪时的，殷人将代表了天地时序的概念融入了人王的排序之中，表达了

---

① 胡厚宣主编，王宇信、杨升南总审校：《甲骨文合集释文》，北京：中国社会科学出版社1999年版，卷四，编号35489。

② 同上，卷三，编号22767。

一种"天人观",将"天法"与"人道"等量齐观,表明殷人对于祖先的重视,大有将他们的先祖与天地并举的意味,可见祖先在殷人心中的地位之高。第三,殷人制作了周祭祀谱,祖先祭祀需要严格按照一定顺序进行,而且周而复始,轮番举行,证明殷人已经将祭祖行为常规化、制度化,由此亦可见殷人对祭祖的重视程度是很高的。第四,从周祭的入祀对象可见,这个系统也是很严密地按照血缘关系和婚姻关系进行的,可见殷人对于这两种关系也有了非常深入的认识,亦可反映出殷人对祭祖对象也进行了一定的拣选。

综上所述,笔者认为在殷商时期,人们已经对天地时序有了非常科学和深入的认识,而且将这种对天地时序的概念融入了祖先祭祀之中,既以此为祖先命名,又以此排序将祖先祭祀常规化,而此种现象并无明显见于同期其他祭祀对象上,可见在殷商时期,祭祖在整个祭祀系统之中占据了非常重要的地位。

第四章　论"帝"

一、综述"帝"的几种解释

要解释清楚殷商时期是否以祖先崇拜为主的问题，就绕不开讨论殷商时期"帝"所代表的意义。从古至今，对"帝"的解释都很不一致，古文献中，对"帝"的解释也因时代不同而有不同的定义。自甲骨文出土之后，学者对殷商时期的"帝"进行考释，并意图寻找它的本义，但学者往往由于对这个字的解释存了先入之见，受到一部分古文献的影响，对这个字虽然考释众多，但大多仍然未能寻找到它在殷商时代所代表的意义。较为经典流传的有以下几种。

第一，花蒂说。许慎在《说文解字》中认为：

"蔕，瓜当也，从艸帶声。"①

王鸣盛在《蛾术编》提到：

"鹤寿案帝，华，帝也，从二朱声，别作蔕、蒂，皆非，借为帝王字。"②

可知"蔕"与"蒂"借作了"帝"字，是以许氏所说的"蔕"是

---

① 许慎著，段玉裁注：《说文解字注》，上海：上海古籍出版社 1988 年版，第 38 页。

② 丁福保编：《说文解字诂林》，台北：台湾商务印书馆 1976 年版，卷二，第 21（b）页。

"蒂"字无异。

到了宋代郑樵，则在《通志·六书略》中提出"帝象蕚蒂之形，假为蒂"。

及后一些学者发展了这个观点。

吴大澂在《字说》中提及：

"古器多称且某父某，未见祖父之上更有尊于祖父者，推其祖所自出，为帝字无疑。许书帝古文作𢍏，与鄂不之𢂁同意，象华蒂之形。"[1]

王国维在《释天》中提到：

"如帝者，蒂也。不者，柎也。古文或作𦎟，𢂁但象花蕚全角。未为审谛，故多于其首加一作𢍏𢂁诸形以别之。"[2]

郭沫若在《先秦天道观之进展》中亦提到了相类似的观点，他认为：

"帝字在甲骨文字是作𢂁，周代的金文大抵和这相类，这是花蒂的象形文，象有花有蕚有子房有残余的雌雄蕊，故而可以断言帝字就是蒂字的初文。"[3]

商承祚也说：

"帝，乃蒂之初字，故象蒂及不蕚也，蒂为花之主，故引申为人之主。"[4]

王襄也认为：

"古帝字，吴愙斋先生云：许书古文作𢍏，与鄂不之𢂁同意，象华蒂之形。周愙鼎作𢍏，聃敦作𦎟，䜌狄钟作𢂁，皆▽之繁文，此作▽，象华蒂之形。为吴说增一佐证。古与禘通。"[5]

第二，燎柴祭天说。叶玉森在《殷虚书契前编集释》中提出：

① 吴大澂：《字说》，台北：艺文印书馆 1975 年版，第 1 页。
② 王国维：《观堂集林》卷六，香港：中华书局 1973 年版，第 283 页。
③ 郭沫若：《先秦天道观之进展》，上海：商务印书馆 1936 年版，第 17 页。
④ 周法高：《金文诂林》，香港：香港中文大学出版社 1974 年版，第 56 页。
⑤ 于省吾主编，姚孝遂按语编撰：《甲骨文字诂林》，北京：中华书局 1996 年版，第 1082 页，引王襄：《簠室殷契类纂》，第 1 页。

"禘必用燎,故帝从燎,帝为王者宜燎祭天。故帝从一象天,从二为讹变,非古文上。"①

后来明义士补充修改了叶玉森的说法,他认为:

"□从一从米从□,米为□省,□象束形,一即古文上,燎束柴于上者,帝也。故帝引申为禘。"②

徐中舒也支持这种观点,他在《甲骨文字典》中说道:

"象架木或束木燔以祭天之形,为禘之初文,后由祭天引申为天帝之帝及商王称号。"③

锺柏生提出"帝"在甲骨卜辞中有三种意义,其中一种即指它是一种祭祀:

"三、为'名词'或'动词',乃祭祀的一种。卜辞云:

于淠帝,乎钔羌方于止,戈?

癸丑卜:帝南?

癸丑卜:帝东?

乙酉卜:帝伐自报甲?

乙酉卜:帝于方,用一羊?"④

严一萍也同意这种观点,而且更为详细地举卜辞例作了比较和分析:

"按帝□与尞□燊□为一系,□为束薪焚于示前,□为交互植薪而焚,帝者以架插薪而祭天也。三者不同处,仅在积薪之方式与范围。故辞曰'帝一犬',犹他辞之言'燊一牛'也。"⑤

---

① 叶玉森著:《殷虚书契前编集释》卷一,上海:上海大东书局影印本,1934 年版,第 24 页。

② 明义士著,严一萍撰:《柏根氏旧藏甲骨文字考释》,台北:艺文印书馆 1978 年版,第 44 页。

③ 徐中舒著:《甲骨文字典》,成都:四川辞书出版社 1989 年版,第 7 页。

④ 于省吾主编,姚孝遂按语编撰:《甲骨文字诂林》,北京:中华书局 1996 年版,第 1083－1084 页,引锺柏生:《中央研究院历史研究所集刊》,第五十六本第三分,《说『异』兼释『异』并见诸词》,第 545－546 页。

⑤ 于省吾主编,姚孝遂按语编撰:《甲骨文字诂林》,北京:中华书局 1996 年版,第 1082 页,引严一萍:《美国纳尔森艺术馆藏甲骨卜辞考释·中国文字》第六卷,第 2584 页。

第三，"帝"称呼逝去的商王。高明认为：

"自武丁以后……开始把帝同商王的先祖连在一起，在死去的直系之父庙号之前加上一个帝字的头衔，从而打破过去人神不相亲的框框，商王可把自己的亡父称为帝某。"[1]

锺柏生提出了"帝"的三种意义，其中第二种亦认为指"先王"，并且找出了卜辞以佐证：

"为'名词'，乃指先王而言。卜辞云：'□子卜，贞：王其又彳于文武帝祎其夅歺又薆于来□丑令酒，王弗每？'"[2]

裘锡圭也认可这种观点，并作详细阐释，同时提出商人已经有了嫡庶之别：

"跟父子相继之制和直系旁系之分相应，在商人的语言里已经出现了跟'嫡'、'庶'二字意义相似的词语。

日本学者岛邦男从卜辞里发现，商王有时'附帝号于父名而称之'，如第一期称父小乙为'父乙帝'，第二期称父武丁为'帝丁'，第三期称父祖甲为'帝甲'，第四期称父康丁为'父乙帝'，第五期称父武丁为'帝丁'，他认为这跟西周金文称'帝考'（仲师父鼎、窸鼎）、'啻考'（买簋）同性质，'帝'是对父的尊称。岛氏的发现很重要，但是他对称父为'帝'这一现象的意义并没有充分理解。嫡庶的'嫡'，经典多作'适'。不论是'嫡'或'适'，都是从'啻'声的，'啻'又是从'帝'声的。称父为'帝'跟区分嫡庶的观念显然是有联系的。

《大戴礼记诰志》：'天子……卒葬曰帝。'《礼记曲礼下》：'君天下曰天子……措之庙立之主曰帝。'按照这样说法，凡是天子，死后

① 高明：《从甲骨文中所见王与帝的实质看商代社会》，载《古文字研究》（第16辑），北京：中华书局1989年版，第2584页。
② 于省吾主编，姚孝遂按语编撰：《甲骨文字诂林》，北京：中华书局1996年版，第1082页，引锺柏生：《中央研究院历史研究所集刊》，第五十六本第三分，《说"异"兼释"异"并见诸词》，第545—546页。

都可称帝。所以《史记》的夏、殷二本纪，在每个王名上都加'帝'字。但是从卜辞看，商王只把死去的父王称为帝，旁系先王从不称为帝。例如第三期卜辞里屡见'帝甲'之称，但是称祖庚为'帝庚'之例却从未见过。所以《谥志》和《曲礼下》的说法并不完全可信。《史记》不管直系、旁系，在每个王名前都加'帝'字，是不正确的。商代最后二王是帝乙、帝辛。这两个称号不见于卜辞，但是屡见于古籍，帝乙还见于商末铜器邲其卣。他们所以称帝，也都是由于具有直系先王的身份（帝辛是武庚之父）。

卜辞屡见'王帝'之称：

（1）□□王卜曰：兹下□若兹幸于王帝。

（2）□毋王帝今日□

（3）贞：唯王帝八（？）不若。"①

高明分析了商人与帝的关系，以武丁为界限，前期两者分属不同的世界，后期商王把帝与祖先王联系起来，并且列举了卜辞的例子：

"商人最初把帝仅视为自然界的神灵，同人无任何亲戚关系，这一信仰起码在武丁时代仍继续保持。从武丁时代的卜辞观察，仍然看出商王和上帝是属于两个不同世界的人和神，只有通过占卜或巫术等方式才能沟通二者的意识，彼此之间则无共同之处。商王对待这位主宰宇宙的神灵，只能敬谨听命，用自己的虔诚信仰和隆重享祭换取帝的保佑。但自武丁以后，情况发生了变化，其中最突出的特点是开始把帝同商王的先祖连在一起，在死去的直系亡父庙号之前加上一个帝字的头衔，从而打破过去人神不相亲的框框，商王可把自己的亡父称为帝某。这一变化，从历史的意义来看，却是耐人寻味的。

二期卜辞：

'乙卯卜，其又岁于帝丁一牢。'

---

① 裘锡圭：《关于商代的宗族组织与贵族和平民两个阶级的初步研究》，载《文史》（第17辑），北京：中华书局1982年版，第1—2页。

'甲戌卜，王曰贞，勿告于帝丁不系。'

'甲戌卜，王曰贞……父丁……又……'

三期卜辞：

'癸酉卜，贶贞，帝甲禘其牢。'

'己卯卜，贶贞，帝甲禘……其眔祖丁……至……'

'贞其自帝甲又征。'

'贞其乂帝甲告其引二牛。'

五期卜辞：

'乙丑卜，贞王其又㞢文武帝升，其以羌五人卒王受佑。'

'癸未卜，贞昔丁丑文武帝……'

'……卜，贞丁卯……文武帝……尊司母'

'乙巳王曰：隥文武帝乙俎在台大厅，遘乙翌日。'

从上列卜辞可以看到，自祖庚开始，把直系父辈先王称作帝，如二期卜辞《殷契粹编》第三七六片，'帝丁'与'父丁'同时共称，显然这是祖庚或祖甲对其亡父武丁的称谓。三期四片卜辞均称'帝甲'，这又明显说明它们都是廪辛和康丁对亡父祖甲的称谓。五期三片称父武帝的卜辞，前文已经谈到，都是帝乙对亡父文丁的称谓。商夔四祀邲其卣铭云：'文武帝'，这很明显这是在当时意识形态方面的一次较大的变化。"[1]

第四，草制偶像之形。这种看法比较特别，康殷的阐述较为全面。他认为：

"帝是殷以前人所想象中的主宰宇宙万物和人们的命运、祸福的至高无上的天神，由卜辞文义中可充分了解。但由字形分析，实际上却是用人工所制的人的模拟形——偶像来体现的。帝是象上装人头形

---

[1] 于省吾主编，姚孝遂按语编撰：《甲骨文字诂林》，北京：中华书局1996年版，第1085—1086页，引高明：《从甲骨文中所见王与帝的实质看商代社会》，载《古文字研究》第16辑，第26—27页。

的假头，下又扎缚草把以代人身的偶像，即草制的模拟人形。"①

第五，帝是号令天下的意思。依据许慎《说文解字》所说：

> "帝，谛也，王天下之号。从二束声。帝古文帝。古文诸上字皆从一。篆文皆从二。二古文上字。"②

《谐声补逸》中提到：

> "帝，古文作帝，皆束声，束声、帝声同部相近。"③

《双声迭韵谱》中亦提到：

> "帝，谛也。帝、谛迭韵。"④

此两处从声韵学的角度，为"帝"用作"谛"字提供了依据。

孙诒让《契文举例》中也表达了这种观点：

> "帝字皆作帝，说文二部：'帝，谛也，王天子之号。从二束声，古文作帝'与此彼略同。"⑤

第六种，认为"帝"是指与人王无关的至高无上的"上帝"。

锺柏生持有这种观点，他在解释'帝'的时候给出了三种解释，上文提到其中一种，这里是另外一种：

> "……为名词，乃指'上帝'而言。卜辞云：'自今庚子国于甲辰，帝令雨？至甲辰帝不其令雨？'
>
> ……蚩五鼓，上帝若？王……又 二。"⑥

学界基本上有以上六种主要观点。但这些观点都有各自的不足之处。

首先，由许慎说文发展而来的观点，有个先天不足之处，因为许慎当时所见的古文，并非甲骨文，他所依据的只是当时可见最早的战国文字，

---

① 康殷著：《文字源流浅说》，北京：国际文化出版公司 1992 年版，第 499 页。
② 许慎著，段玉裁注：《说文解字注》，上海：上海古籍出版社 1988 年版，第 2 页。
③ 丁福保编：《说文解字诂林》，台北：台湾商务印书馆 1976 年版，卷二，第 21（b）页。
④ 同上。
⑤ 于省吾主编，姚孝遂按语编撰：《甲骨文字诂林》，北京：中华书局 1996 年版，第 1082 页。
⑥ 于省吾主编，姚孝遂按语编撰：《甲骨文字诂林》，北京：中华书局 1996 年版，第 1083 页，锺柏生：《说"异"兼释"异"并见诸词》，载《中央研究院历史研究所集刊》，第五十六本第三分，第 545－546 页。

然而战国文字距离甲骨文仍有一段距离，因此许慎并未能够十分准确地把握一些字的原意。那么后世延续许慎而发展的学说便会有所限制。认同"帝"字是花萼说的一派，实际是从许慎这里延展开去进行阐述的，受到郑樵的影响，将"帝"与"蒂"合而为一。学者虽然各有不同的阐释，但总体来说，都是认为"帝"是"蒂"的假借。这里可以解释了"帝"的一部分意义，即"最高的统治者或权力者"的名词性意义，但花蒂说很难说明"帝"字形在甲骨文中所代表的"禘"祭这一仪式的意义。

其次，认为"帝"是燎柴祭天说的一派，学者从祭祀的角度考察字形，认为它是代表祭天的礼仪，这里可以解释了"禘"祭这个仪式，并且由此推论，可以有权力进行祭天的人乃是最高权力者，因此它亦代表了"帝"这个人物，并且可演化为商王的称号。这一派的解释，可以兼顾甲骨文中"帝"所出现的两种用法，即表示名词的"帝"，祭礼名称和祭祀行为兼备的"禘"。但学者对"帝"这个人物的角色并不能达到统一的意见，有的认为是"上帝"，有的认为是"人王"。

再者，用"帝"称呼逝去商王的一派。这一派的学者观点很简明，即认为"帝"是一种称号，这与花蒂说一派的学者观点有殊途同归的意味，都只能解释了"帝"的名词意义，而很难解释"帝"作为一种祭祀礼仪和祭祀行为的用法。但其实"帝"用来指人王并非整个商代都如此，只是到了殷商末期才出现这样的称呼。侯外庐早在半个世纪多之前就指出这一点，他认为殷末这两位王即"帝乙"和"帝辛"称"帝"是很特别的现象，"帝"本来是天上的神，由于人神关系的变化，人们起码是当时的殷王并没有他们的祖先那么重视神，因此才出现了地上的王也称起"帝"来。[①]

除了侯氏的观点，从一些反映商代的文献中亦能够看出商代前期和中期的殷王均不称"帝"。比如《商书》中表示商汤说话和《盘庚》中表示盘庚说话均用"王曰"，商汤或盘庚自称时用"朕"或"我"，"后"和"王"在指先王或在世君王的时候同义，而文中的"上帝"另有所指。下

———————————

① 侯外庐著：《中国古代社会史论》，北京：人民出版社1955年版，第274页。

文再详细讨论。

综上所述，"帝"被用来称呼商王，并不普遍，因此这一派的观点适用性非常有限。

接着，"帝"是草制偶像的一派。这一派的学者很具有想象力，但追随者不多，以康殷为主导。他的学说是依据字形，提出"帝"为至高无上的"天神"，但无法解释"帝"作为祭礼的意义。但他在同书后文对"禘"进行了另外的分析：

> "禘从示以泛天神祭之意，帝声，'祭也'。金文中很可能多作𣲷𣲷（金释对），象人双手执一𡳬形之物，颇耐人思索、探讨。愚意以为这𡳬形即甲文之𢆉（甲释'小帝'）的略讹形。𢆉象在'帝'上洒有祭品之形，与丁之作示示示同理，那么这个𣲷形也即象人跪于'帝'前双手向'帝'奉献祭物以祭帝之状。"①

康殷由于前文已经认同"帝"是草扎人形的偶像，因此此处中指向着"帝"贡献祭品，即为执行祭祀者对着草制的人偶献上祭品的这种祭礼。但他所提出"禘"祭的字形禘在甲骨卜辞中基本以"帝"这个字形出现，基本不见示这个部件。因此，康殷虽然能够对"帝"和"禘"分别进行阐释，但却未能解决这两个字的意义在甲文中同为一个字形的问题。

再者，是追随许慎所认为的"帝"为号令天下之意的一派。这一派的学者，主要从声韵学的角度切入，认为"帝"与"谛"同韵，因此可以替用。但实际他们并没有见到甲骨文的字形，他们所见古文是依从许慎之见，是战国文字，因此对"帝"的释义多少都会存在偏颇。

最后，是"帝"即指"上帝"的一派。这种说法不算陌生，但它的理由总是很难找到确切而十分有说服力的证据。因此这一派的观点，多少都存在猜测的成分。于省吾对"帝"的确切意义也持有保守的意见，他提到：

> "帝字究竟从何所取象，仍然待考。卜辞帝指天帝，并非王天下

---

① 康殷著：《文字源流浅说》，北京：国际文化出版公司 1992 年版，第 501 页。

之号。至于帝乙、帝辛、文武帝之帝，乃人王死后之尊称，所谓德配彼天。直至乙、辛卜辞，殷统治者均自称王，毫无例外。人王而生称帝，当自晚周始。"①

这里于省吾还指出了"帝"用在在世人王身上，是在周末才有的。笔者认为，此处所说的用"帝"来作为逝去商王的尊称，并且是"德配彼天"，可知商王与"帝"应是有传承关系这点应得到注意。

张桂光对几种学者的说法进行了分析，他认为不同观点的产生，是源于崇拜的不同。他说：

"帝字在甲骨文中之字形，主要有象花蒂之形，象女性生殖器之形，象燎柴祭天之形，象草制偶象之形等几种解释。这几种解释，实际上牵涉到一个殷人尊帝是出于生殖崇拜（如第一、二说），抑或天神崇拜（第三说），或者偶象崇拜（第四说）的问题。如按偶象说，则备受殷人崇拜的帝而用'上装人头形的假头，下又扎结草把以代人身的偶象'来表示，就有些大不敬了；如按燎天说，则不仅殷人的天字未有苍天或至上神的观念，而且燎祭或禘祭的卜辞屡见，却无一是以帝为对象的，更谈不上为帝所专有了。因此，'束柴燎于上者帝也'的理由显然也欠充分；而生殖崇拜说则与甲骨文中殷人对祖（甲骨文象男性生殖器之形）、妣（甲骨文象女性生殖器之形）、后（甲骨文象妇女生小孩之形）的崇拜相一致。再联系到甲骨文中杀牲祭祀先祖神灵的卜辞不计其数，却没有一条是祭祀那权威比祖、妣、后更大的帝的，这些都完全可以和易瞬注的'帝者，生物之主，兴益之宗'、《礼记·郊特牲》疏的'因其生育之功谓之帝'、以及《公羊传·宣公三年》的'帝牲不吉'等记载相印证，证明殷人所尊的帝的初意即为宇

---

① 于省吾主编，姚孝遂按语编撰：《甲骨文字诂林》，北京：中华书局1996年版，第1086页。

宙万物的始祖，是宇宙万物的生殖之神。"①

笔者比较认同张桂光所说的观点，不同形式的解释，归根究底就是崇拜性质的不同，这些源于殷人对宇宙和自身关系的不同理解。远古人们的头等大事就是族群的繁衍，因此生殖崇拜是最古老的崇拜观念。而等到人们的思维发展到一定程度，对事物具有抽象的认识之后，才有可能出现偶像崇拜和天神崇拜。而天神崇拜应是比偶像崇拜更迟出现，因为天神是抽象化之后再具象化的偶像形象，它需要创造它的人们有更高级的思维。偶像是人们仿照自己的形象制造出来的，它可能还带有自身的不完美因素，而天神是人们综合了自身形象的特点，再进行创造而得出来的形象，因此天神崇拜应该是比偶像崇拜更高级和稍迟出现的。

因此，笔者认为，殷商时代"帝"崇拜远不及祖先崇拜，可以看出殷人实际上尚未形成更高级的思维概念，未能够更进一步抽象出一位至上神一般的"帝"的形象。从甲骨卜辞中用牲的情况可见，祭祀先王先妣的祭牲数量和品种会比祭祀先公高祖的多，而祭祀帝的则稀少。亦从甲骨卜辞中得知，殷人对"帝"的定义十分模糊，它们并无明确的解释。因此这种模糊性产生了对"帝"释义的张力，学者根据自己在不同的具体卜辞中所见的"帝"对它下不同的定义。但笔者认为，实际上，"帝"在殷人的观念中，并未能够产生一个确切的概念和定义，他们只是模糊地认为"帝"是一个冥冥之中控制和影响他们生活的神灵力量，且这种力量与自己是有着类似亲缘这样的传承关系。又由于祖先崇拜的观念，殷人敬畏祖先的神力，到了殷商末期，渐渐发展到将"帝"与祖先联系在一起，虚化的神灵力量渐渐有了具体的形象或者说是找到了载体。

以上众多学者的说法，各有优劣，基本都能认识到"帝"字所代表的两个主要意义，一是它代表最高的权力者或神灵即"帝"，二是它代表一种祭礼即"禘"。但未能解决的是这两个意义在甲骨文中往往用同一些字

---

① 于省吾主编，姚孝遂按语编撰：《甲骨文字诂林》，北京：中华书局 1996 年版，第 1084 页，引张桂光：《华南师范大学学报》（社会科学版），《殷周"帝"、"天"观念考索》，1984 年第 2 期，第 105－108 页。

形去代表,作为神灵人物的"帝"和作为一种祭礼的"禘"之间的关系如何。要说清楚这个问题,归根究底除了应该再审视字形之余,还要联系殷商时期的人神观念和变化,以及人与祖先的关系。

二、"帝"与祖先

随着人类社会的发展,物质条件的进步,人类的思维也会跟着提升,对事物和自身的认识也会越来越接近真实。远古时代的人们朦胧而夸张的想象思维,对世界和自身有着曲解的认识,比如在物我不分的时代,图腾崇拜盛行,出现各种各样的崇拜物。而随着人本意识的觉醒,人们开始认识到自身的力量,对外界自然事物的崇拜就会转移到人的身上。晁福林认为:

> "对祖先的顶礼膜拜实际上表现着对祖辈征服自然功绩的赞叹,在祖先神灵前的祷告声中包含着歌颂人类征服自然的高亢音符。"[①]

这说明,人类对祖先的崇拜,实际上是对人自身力量的崇拜,也就是人认识到了自己与世界的不同以及与世界上其他事物的不同。此时的人类,已经慢慢告别物我不分的图腾崇拜的时代。原始人类对自身的认识已经开始,但又并未能够非常客观和真实地认识自我,对未知的世界尚未认清,而对死亡又有了认知,在这种情况下,于是就产生了鬼魂信仰。朱天顺认为:

> "鬼魂信仰的内容大致有三:一是相信人死后灵魂不灭。二是认为灵魂有超人的能力,足令生者畏之,但也能依赖之。三是也有一个类似人间社会的鬼魂世界。"[②]

由此可见,灵魂信仰表达了一种人死后还能够影响着生人的观念,又

---

① 晁福林:《论殷代神权》,载《中国社会科学》,1990年第1期。
② 参考朱天顺:《中国古代宗教初探》,上海:上海人民出版社1982年版,第181页。

代表了人对生的向往，故而在构筑这鬼灵世界时复刻了现实人间。于是，对人的自身力量的认识，再结合鬼魂信仰，这就发展出了对血缘祖先的崇拜和祭祀。朱天顺认为：

"（血缘祖先的崇拜）是鬼魂崇拜的产物，是鬼魂崇拜的一种形式。祖先崇拜的对象，就其本质来说也是鬼魂，但它与崇拜者之间被认为具有血缘的关系，崇拜者对鬼魂有祭祀的义务，鬼魂被当作保护本族或本家庭的神秘力量而受到崇拜。"①

先民对死亡有着天然的恐惧感，那些亲族中共同生活的同伴或长辈，突然会从活蹦乱跳能言会语的状态变得毫无生机，人们目睹了这种无处可解的变化，因此由不解而产生了恐惧。而离世的祖先就可算是死亡的代表，因此这种对死亡的恐惧和害怕，会转化为对祖先的恐惧和害怕。殷商时代，人们多认为祖先会作祟于后代，这源于对死亡的恐惧。并且祖先与在世人们的沟通，被认为常常通过"梦"这个媒介来实现，因此甲骨卜辞中常常可见：

"乙丑卜，殻，贞王梦隹祖乙？ 一

贞王梦不隹祖乙？ 一"②

"□寅卜，殻，贞王梦，兄［丁］隹［囚］。 一

贞王梦，兄丁不隹囚。 一"③

"王梦隹妣己。"④

"贞王梦不隹兄戊。"⑤

人们做梦尤其是梦到先人的时候，就会进行占卜，看看吉凶。

"壬戌卜，争，贞王梦隹囚。 一

---

① 朱天顺：《中国古代宗教初探》，上海：上海人民出版社 1982 年版，第 206 页。
② 胡厚宣主编，王宇信、杨升南总审校：《甲骨文合集释文》卷四，北京：中国社会科学出版社 1999 年版，编号 776 正。
③ 同上，编号 892 正。
④ 同上，编号 17377 正。
⑤ 同上，编号 17379。

壬戌卜，[争]，[贞]王梦不隹田。 一"①

"[戊]午卜，㱿，贞王㞢梦其㞢田。

戊[午]卜，㱿，[贞]王㞢梦亡田。 一

贞王㞢梦其㞢田。 二

贞王㞢梦亡田。

祖辛崇王。 一

祖辛弗崇王。

祖丁崇王。 一

祖丁弗崇王。 一"②

从这里可以明显看出，殷人将"梦"、祖先和祸事联系在一起，"梦"往往带着不好的寓意，是先王作祟的结果。由此可见，殷人认为先王会对在世的后人有影响力。正是因为这种死后仍然存在的关系，所以殷人不敢怠慢逝去的祖先，于是才有了对祖先的敬畏，也才有了对祖先的崇拜。

董作宾在《殷历谱》中认为对祭祀的祖先对象的态度和认知在不同时期有不同的变化：

"由断代研究所得之结果，知殷代礼制，乃有新派与旧派之大别，此一新观察，初由于研究历法所启示，更验之一切制度，殆无不皆然也。此种新观察，须打破余旧日分卜辞为五期之见解，而别自树一标准也。……兹先论旧派，般庚迁殷，至辛小辛小乙之世，在早期卜辞中，每不易分辨之，今姑以武丁为旧派代表。武丁在殷代为一极煊赫之中兴名王，尝见称于后世。……今于卜辞中亦可见其时之气象雄伟，规模宏大，贞卜事项也包罗万有，史臣之书契文字，亦充分表现其自由作风也。在本谱中，可见其历法之因，仍古制，无所改进，余名之为'遵古派'，祀典亦迥异于祖甲；文字、卜事又复多有不同。其时礼制，殆即所谓'先王之政'。余故称之'旧派'也。

---

① 胡厚宣主编，王宇信、杨升南总审校：《甲骨文合集释文》卷四，北京：中国社会科学出版社 1999 年版，编号 17407 正。

② 同上，编号 17409 正。

武丁之后，祖庚承之，守其成法，未尝更张。下及文武丁复行旧派之礼制。此旧派之一系也。

新派者，自祖甲创之，在卜辞中，充分表现其革新之精神。如历制之改进，祀典之修订，卜事及文字之厘定，皆其大端。……祖甲创此'新派'之后，廪辛康丁，延其礼制，武丁乐于田游，不重文事，新派礼制，犹复因循。至文武丁锐意复古，极力摹仿旧派，然亦仅具皮相，且不过十三年。帝乙帝辛则又复宗新派。此一系也。"①

"旧派所祀者有上甲以前之先世，如高祖夒、王亥、王恒、季等，上甲以下，则祀大宗不祀小宗；大宗之配，不及五世以上之先妣；祖妣而外，有黄尹（文武丁时作伊尹）、咸戊；有河、岳、土（社）；此皆习见者也。……新派所祀者，自上甲始，大宗小宗，依其世次日干排入'祀典'，一一致祭；秩序井然，有条不紊。本谱所列祖甲（廪辛康丁附入），帝乙帝辛三祀谱，即其例也。"②

由上可知，董作宾将五期卜辞分为了两派，大致而言，第一期武丁卜辞和第二期前半期祖庚卜辞为旧派卜辞，在这一派卜辞当中，十分盛行祭祀先公高祖。而新派卜辞当中，则几乎不见了对先公高祖的祭祀，而转化为对先王先妣的祭祀为主，并且进入了一种常规的祭祀状态，亦即是后来所命名的"周祭"。

关于这一种变化，日本学者伊藤道治作了解释，认为这首先是人们对祖先力量的认识有了变化，然后情感也跟着改变了，因此祭祀的对象也有所改变：

"第一期里，祖先还认为是降灾祸的、可怕的形象。相反，在这一时期，不是作为可怕的，而是作为容易亲近的形象而被意识的。……祖先的灵魂对于当时的人们来说更为亲近，而且能给予利益。……在第三期第四期卜辞里，……祖先是被意识为容易给活人更多的

---

① 董作宾：《殷历谱》上编卷一（中央研究院历史语言研究所专刊之二十三），台北：中央研究院历史语言研究所，1992年版，《殷历鸟瞰》，《论殷代礼制之新旧两派》，第2（b）页。
② 同上，第3页。

恩惠的形象。……进一步进化到了对于人们有守护作用的'祖先的崇拜'。还有在第二期后半期祖先祭祀经历了固定化的阶段，把它一并考虑，应该承认这是从对死灵或死者的祭祀向着更为明确的祖先崇拜渐次进化的过程。"①

由于对祖灵力量的认识发生变化，因此殷人祭祀的主要祖先对象也跟着发生变化。与此同时，还体现在"帝"的权威下移上面。伊藤道治认为：

"随着给予佑助者从上帝变为祖先，帝的称呼当然也让给了祖先。这表明随着祖先崇拜的确立，王权也同时确立了。"②

下面将讨论"帝"的相关。

笔者较认同康殷所说的"帝"是人偶的观点，主要是康殷认为"帝"类同于人的形象这个观点。这一点是有迹可循的。司马迁在《史记·殷本纪》中写道：

"武乙无道，为偶人，谓之天神，与之搏，令人为行，天神不胜，戮辱之。为革囊，盛血，卬而射之，命曰'射天'。"③

武乙是卜辞中可见第三十三位商王，《史记·殷本纪》中第三十四位商王，属于殷商后期的商王。从这里可以看出，武乙制作了代表天神的"偶人"，可以证明起码在殷商后期，天神用"偶人"来代替，天神在殷人心中是与他们类似的人的形象。并且"天神"和"天"有所区别。从武乙制作盛血的革囊并射击它可以看出，"天"是指"太阳"，这与后羿射日的神话中，对于后羿射日的行为有很大的相同之处。

《淮南洪烈解》中有记载：

"逮至尧之时，十日并出，焦禾稼，杀草木，而民无所食……上射十日而下杀猰貐……万民皆喜，置尧以为天子。"④

---

① 伊藤道治：《中国古代王朝的形成》，北京：中华书局2002年版，第21—25页。
② 同上，第25页。
③ 司马迁：《史记》，卷三，《殷本纪》，清乾隆武英殿刻本。
④ 刘安：《淮南鸿烈解》，卷第八，四部丛刊景钞北宋本。

《艺文类聚》引《淮南子》中的记载:

> "《淮南子》曰:尧时十日并出,草木燋枯,尧命羿仰射十日,中其九乌,皆死,堕羽翼。"①

上文可知,后羿"上射"或"仰射"太阳,而武乙是"卬而射之",动作一致,后羿射的是"焦禾稼,杀草木"的太阳,武乙制作的革囊也是以盛血仿照太阳,并且他将这种活动称为"射天",因此更加肯定是模仿射日的活动。那么武乙"射天"之中的"天"就指太阳了。

武乙射的"天"是革囊,"天神"则是一个人偶,它们是有区别的,前者是指太阳,后者是形体像人的神。这说明"天"在殷商并不指天上的神仙,而是指太阳。而"天神"则已经被想象成人形了。

但是,"帝"的人格化是虚指抑或实指,是一位天神抑或是众多天神,与殷人是否有血缘关系?这三个问题的解决,对理解"帝"的意义有很大关系。

首先,"帝"的人格是虚指抑或实指的问题。早在 20 世纪中期,徐旭生就曾谈到:

> "帝下带着专名的都是指的人神,他们虽然'神气'十足,而人格却非子虚。"②

这就是说传说时代中的"帝"都不是捏造出来的虚拟人物,而是曾经真实存在过的历史人物。笔者认为这种观点是可行的。人类历史的发展,会经历一个从神本位到人本位的过程。在人类童年时期,由于对周围环境缺乏正确认识,因此凡事皆会用神话思维和想象去解释它,此时虽然敬畏身边许多事物,但由于不能认识物我的区别,故不会有人格神的存在。随着人类思维的进步,能够逐渐认识人和身边事物的区别,知道物我的区别,此时会出现人格神。由于神话和传说是历史的曲折体现,因此存在于神话和传说中的"人神"多是历史中的人物,主要是部落或者氏族的首领

---

① 欧阳询:《艺文类聚》,卷一,《天部上》,清文渊阁四库全书本。
② 徐旭生:《中国古史的传说时代》,北京:科学出版社 1960 年版,第 76 页。

人物。再往后发展，部落或氏族发展成朝代，"帝"便指朝代中的"人王"。等到人类思维尤其是抽象思维再进一步发展，才会可能出现创造出来的神灵。这点在古代文献中有所反映。

《吕氏春秋》中有载关于殷汤伐夏桀的历史："遂其贤良顺民所喜远近归之故王天下。"① 高诱注："殷之王，古之帝也。"②

刘向《新序》中记载晋文公筮卜救周襄王的故事，占卜之人称周襄王时提到："周礼未故，今之王，古之帝也。"③

这两处都在谈殷周时期的"王"就是远古时候的"帝"。由于"周礼未故"，亦可知至少周代时，"帝"就已经指"王"了。

由此，亦可以解释了"帝"究竟是特指抑或泛指的问题。由于"帝"本来是指神话和上古历史中的部落首领人物，然后演变成称呼朝代中的人王。故而"帝"还没有发展出特指某一位首领或君主的意义。在殷商时代，从卜辞中可见，出现了"文武帝"这样的称呼，比如：

"丙戌卜，贞翌日丁亥王其又彳于文武帝正王受又又。 一"④

"［丙］□卜，贞翌日［丁］□王其又彳［于］文武帝灵正王受又又。"⑤

"□□卜，贞丁卯……文武帝……鼻姰……"⑥

"乙卯卜……王旬［亡畎］。祸于……［文］武帝……"⑦

李学勤认为"文武帝"即殷商末期的商王"文武丁"。⑧ 而祭祀"文武帝"的卜辞，基本是帝乙帝辛时期的卜辞。董作宾和陈梦家认为，帝乙时并未迁都，因此殷墟卜辞中存在帝乙帝辛时期的卜辞。笔者亦认同这种

① 吕不韦撰，高诱注：《吕氏春秋》，《简选》，四库丛刊景明刊本。
② 同上。
③ 刘向：《新序》，《卷九善谋第九》，四部丛刊景明翻宋本。
④ 胡厚宣主编，王宇信、杨升南总审校：《甲骨文合集释文》卷四，北京：中国社会科学出版社 1999 年版，编号 36168。
⑤ 同上，编号 36169。
⑥ 同上，编号 36175。
⑦ 同上，编号 36177。
⑧ 李学勤：《殷代地理简论》，北京：科学出版社 1959 年版，第 31—32 页。

观点。

董作宾在《殷历谱》中谈到：

"非有甲骨三十三版之复原，无从考帝辛征人方逐日之行程，凡此之类，其重要不下于新辞之发现，此吾人所当注意之一事也。……第三卷为祀谱研究编排之总说明，得新派祀典严密组织之系统，以见祖甲、帝乙、帝辛三世致祭其祖妣之真象，而殷人世系，亦由是得以明确之概念焉。"①

"第五期帝乙帝辛两世之卜辞，极易识别，其时多为王亲卜贞，贞人之书名甚少，卜祀之辞中，仅泳一人而已。字皆小如蝇头，文例、行欵，皆有定式，分段尤为整肃，皆一望而可辨者也。"②

"五期卜辞为帝乙帝辛两世之物，此甲骨学者所公认，惟如何区分帝乙帝辛之卜辞，则殊为难题。昔郭沫若氏以正人方各辞，繫于帝乙，谓殷墟无帝辛时物，即因困难于判别之故也。今据五期祀典中统系排比之铁证，并其它标准，可以明白划分帝乙帝辛两世之卜辞，即本编所以分列两谱之根据也。"③

由上可见，董作宾认为存在帝乙帝辛时期的卜辞，并且此期的卜辞多数是王亲自占卜的结果。

陈梦家也谈到：

"帝乙、帝辛的卜辞字体都是细小的，常有武祖乙、文武丁等的称谓，而其文例一致，所以一望可辨。"④

由此可见，陈梦家认为存在帝乙帝辛时期卜辞，并且此期祭祀文武丁。在《殷虚卜辞综述》中，陈梦家亦通过甲骨卜辞和历史文献诸如《左传》《竹书纪年》等的对比，推测出帝乙帝辛时代征讨人方的历程，本文

---

① 董作宾：《殷历谱》上册，台北：中央研究院历史语言研究所 1992 年版，自序，第 1 页。

② 董作宾：《殷历谱》上册，台北：中央研究院历史语言研究所 1992 年版，下编卷二《祀谱》，第 14 页。

③ 同上，第 15 页。

④ 陈梦家：《殷虚卜辞综述》，北京：中华书局 1988 年版，第 209 页。

探讨虽无关战争之事，但由此可见的确存在帝乙帝辛时期的卜辞。①

由于祭祀"文武帝"的卜辞，基本是帝乙帝辛时期的卜辞，那么可推知，到了殷商末期，帝乙帝辛的时候，对于"帝"的看法有了转变，他们认为"帝"可指自己的先祖，因此才在自己主祀的时候，对先祖的称谓加入"帝"这一字眼。虽是一字之添加，却能够代表了观念的改变。此时的"帝"指《史记·殷本纪》中第三十四位殷王"武乙"和第三十五位殷王"太丁"，可见"帝"并非专指一人。

而关于"帝"用来称呼殷商先王，郭沫若通过引用甲骨卜辞，来阐述"帝"是至上神的地位，以及在殷末转移到称呼人王：

"1.'帝佳癸其雨。'

2.'今二月帝不令雨。'

3.'帝令雨足年？帝令雨弗其足年？'

4.'帝其降堇？'

5.'伐呂方，帝受我又？'

6.'勿伐呂，帝不我其受又？'

7.'王封邑，帝若。'

8.'我其已疒，乍帝降若。我勿已疒，乍帝降不若。'

这几条是比较上文字完整而意义明白的记录，大抵都是武丁时的卜辞。这儿的'帝'自然是至上神无疑，凡是《诗》、《书》、彝铭中所称的'帝'都是指的天帝或上帝，卜辞中也有一例称'上帝'的，惜乎上下的文字残缺，整个的辞句不明，但由字迹上看来是帝乙时代的东西，大抵殷代对于至上神的称号，到晚年来在'帝'上是加了一个'上'字的。上下本是相对的文字，有了'上帝'一定有'下帝'，殷末的二王称'帝乙''帝辛'，卜辞有'文武帝'的称号，大约是帝乙对于其父文丁的追称，又有'帝甲'当是祖甲，可见帝的称号在殷

① 陈梦家：《殷虚卜辞综述》，北京：中华书局 1988 年版，第 301—311 页。

代末年由天地兼摄到人王上来。"①

由此可见，殷商末年，"帝"用来称呼殷王的祖先，并且不是专指，而是可以添加到不止一位的先王称谓中。

最后，是"帝"与"王"之间的关系问题。

"后""帝"常常同时出现，比如《诗经·鲁颂》："皇皇后帝，皇祖后稷。"② 这首诗篇是讲述与周代有关的历史，因此可知，"后帝"并称在周代已有。殷周不远，因此要先弄清楚"后"的意义，这样对于理解"帝"在殷商时代的意义大有帮助。理清了"帝"与"后"的意义，亦可帮助理解"王"与"帝"之间的关系。

通过一些反映殷商时期的历史古籍，可以看到"王""后"和"上帝"之间的关系。

《商书》中表示商汤说话时用"王曰"，并且商汤自称时用"朕"或"我"：

> "王曰：格尔众庶悉听朕言"③
>
> "王曰：嗟尔万方有众，明听予一人诰。"④
>
> "凡我造邦，无从匪彝，无即慆淫。"⑤

而称呼"夏桀"为"我后"：

> "今尔有众，汝曰：我后不恤我众，舍我穑事而割正夏？"⑥

孔安国说："我后，桀也。"⑦

夏桀为王，因此"王"与"后"同义，也说明在商代前期，"后"会

---

① 郭沫若：《先秦天道观之进展》，上海：商务印书馆 1936 年版，第 5—6 页。
② 毛亨传，郑玄笺，陆德明音义：《毛诗》，卷二十，四部丛刊景宋本。
③ （汉）孔安国撰：《尚书注疏》，附释音尚书注疏，卷第八，《商书·汤誓第一》，清嘉庆二十年南昌府学重刊宋本十三经注疏本。
④ 同上。
⑤ （汉）孔安国撰：《尚书注疏》，附释音尚书注疏，卷第八，《商书·汤诰第三》，清嘉庆二十年南昌府学重刊宋本十三经注疏本。
⑥ （汉）孔安国撰：《尚书注疏》，附释音尚书注疏，卷第八，《商书·汤誓第一》，清嘉庆二十年南昌府学重刊宋本十三经注疏本。
⑦ 同上。

用来指在世君王。由于此时商汤应尚未伐桀成功，桀仍为君主，而文中商汤被指称为"王"，桀被指称为"后"，可见，此时的"后"比"王"地位要高，但均可以指在世的君主。

《盘庚》①中出现诸如"先王""古我先王""古我先后""古我前后""我古后""先后""先神后"这样的说法，比如：

"先王有服，恪谨天命，兹犹不常宁。"

"古我先王，暨乃祖乃父，胥及逸勤，予敢动用非罚。"

"汝曷弗念我古后之闻？"

"呜呼！古我前后罔不惟民之承。"

"先后丕降与汝罪疾，曰：'曷不暨朕幼孙有比？'"

"予念我先神后之劳尔先，予丕克羞尔，用怀尔然。言我亦法汤大能进劳汝，以义怀汝心，而汝违我，是汝反先人。"

"古我先后，既劳乃祖乃父，汝共作我畜民。汝有戕则在乃心！我先后绥乃祖乃父，乃祖乃父乃断弃汝，不救乃死。"

由《盘庚》可见，文中出现"朕"、"我"均为王的自称，而"后"与"王"则为同义，均指商王。比如孔安国在"古我前后罔不惟民之承"这里，"古我前后"解释为"我先世贤君"，"古我先后"解释为"言我先王"，很明显"后"就是指"君王"。而表示逝去的王时，前面加上"先""前""神"等字眼，区分在世君王。

亦可见，"后"与"王"已有阶级性质，只限于王族使用，由"汝反先人"可见，臣民的祖先只能被称为"先人"。

《盘庚》中：

"肆上帝将复我高祖之德，乱越我家。"

可见"上帝"另有所指，并不指商王，而指"天"。孔安国说：

---

① 下文均引（汉）孔安国撰，（唐）陆德明音义：《尚书》，卷五，《盘庚》，四部丛刊景宋本。

"以徙故，天将复汤德，治理于我家"。①

再者，《商誓》中周武王提到"我闻古商先哲王成汤"② 时将"成汤"称作"王"，而文中"帝"或"上帝"亦另有所指。

关于"后"即"王"并且在殷商时指先王这一现象，在甲骨卜辞中亦可见：

"癸亥卜，𡧓，贞求年自上甲至于多后，九月。"③

"乙未卜，行，贞王宾奏自上甲衣于后，亡尤。在十二月。"④

"癸丑卜，行，贞翌甲寅后祖乙岁飨酒。兹用。"⑤

"□丑卜，其告在后祖丁，王受佑。"⑥

"甲辰卜，其侑升岁于后祖乙。一 兹用。"⑦

由上述卜辞可见，"后"用来指殷商先王。但笔者认为"王"与"后"仍有所区别，由"□丑卜，其告在后祖丁，王受佑"可见，"后"在卜辞中是指逝去的商王，而"王"则指在位的商王。

再者，《毛诗注疏》中提到：

"生民，尊祖也。后稷生于姜嫄，文武之功起于后稷，故推以配天焉。"⑧

《山海经传》中亦记载：

"有人珥两青蛇，乘两龙，名曰夏后开。""按夏后开即启，避汉景帝讳云。"⑨

① （汉）孔安国撰，《尚书注疏》，附释音尚书注疏，卷第九，《盘庚下第十一》，清嘉庆二十年南昌府学重刊宋本十三经注疏本。

② （晋）孔晁注：《逸周书》，汲冢周书，卷第五，《商誓解第四十三》，四部丛刊景明嘉靖二十二年本。

③ 王宇信，杨升南，聂玉海主编：《甲骨文精粹释读》，昆明：云南人民出版社 2004 年版，第 1512 页。

④ 同上，第 1555 页。

⑤ 同上，第 1558 页。

⑥ 同上，第 1575 页。

⑦ 同上，第 1596 页。

⑧ 毛亨传，郑玄笺，孔颖达疏：《毛诗注疏》，清嘉庆二十年南昌府学重刊宋本十三经注疏本。

⑨ 郭璞撰：《山海经传》，《大荒西经第十六》，四部丛刊景明成化本。

这里可见，夏后开即夏启，夏启是夏代的先王，此称"夏后开"，"后"即"王"之意无异议。

《山海经传》还有周代相关的记载：

> "有西周之国，姬姓，食谷。有人方耕名曰叔均。帝俊生后稷。稷降以百谷。"①

稷是周代祖先并无异议，因此以"后稷"称"稷"，亦可见"后"是指先王之意。

由此可见，夏代和周代均有称呼先王为"后"的记录，并结合反映殷商时期的历史文献和甲骨卜辞，证明三代时期这种称呼是存在的。因此"后"可以理解为"先王"。

上文可见，"帝后"并称，那么可知"帝后"皆指"逝去的先王"。但笔者认为"帝"是指"男性的祖先王"，而"后"则先指"女性的祖先"，再演化为指"男性的祖先王"。

于省吾主编的《甲骨文字诂林》中，"毓""后""育"虽有的分开不同条目，有的处在同一条目下②，但字形皆通，象妇人产子之形，故可知，"后"是指女性无疑。

甲骨文中"后"字写作"𣇃"，徐中舒认为：

> "母系氏族之首长乃一族之始祖母，以其蕃育子孙之功，故以'毓'尊称之。后世承此尊号，亦称君长为'毓'，典籍皆作'后'。"③

笔者认同这种说法。由于社会是从母系氏族过渡到父系氏族的，因此母系氏族时期对最高统治者的称呼保留到父系氏族时期，是说得通的。再者，姓氏"姬"、"姜"等字的字形都体现了保留母系氏族的特征，故流传于母亲氏族时期的称谓会保留下来亦是合理。

《春秋左传正义》中有相关诠释：

> "正义曰：帝王之号，当时所称。三代称王，自以德劣于前，谦

---

① 郭璞撰：《山海经传》，《大荒西经第十六》，四部丛刊景明成化本。
② 见于省吾主编：《甲骨文字诂林》，北京：中华书局1996年版，第174、175页，第479页。
③ 徐中舒：《甲骨文字典》，成都：四川辞书出版社1988年版，第1581页。

而不称为帝。其统天下，实与帝同。所谓今之王，古之帝也。后人之称先代，或以王言帝，或以帝言王。《史记》于夏、殷诸王，皆称为帝。此羿篡立为王，故以帝称焉。"[①]

这里较为详细地谈论到了从"帝"到"王"的变化。并且提到"帝"或"王"是"后人之称先代"，也就是说会用"帝"称呼祖先。这里可见，"帝"除了可以指现实中的王，还指王的先祖。

甲骨卜辞可见：

"贞大［甲］宾于帝。二　二"[②]

"贞下乙［宾］于帝。二"[③]

"贞大甲不宾于帝。二　二"[④]

"贞下乙不宾于帝。二　二"[⑤]

"贞咸宾于帝。二　二"[⑥]

"贞咸不宾于帝。二　二"[⑦]

上述几条卜辞可见，"帝"是一位可以让"咸"、"下乙"、"大甲"等先公先王以配祭的角色进行祭祀的人物，可见其地位比这些先公先王高。若根据甲骨文"帝"字字形并结合康殷的观点，可以确知"帝"是一位崇高人物，但它的确切意义在甲骨卜辞中实较难推敲出来。

同时"帝"又指一种祭礼，"禘"祭。

甲骨卜辞可见：

"□□卜，贞肇丁禘十牢……"[⑧]

---

① 左丘明撰，杜预注，孔颖达疏：《春秋左传正义》附释音春秋左传注疏，卷第二十九，清嘉庆二十年南昌府学重刊宋本十三经注疏本。
② 王宇信，杨升南，聂玉海主编：《甲骨文精粹释读》，昆明：云南人民出版社 2004 年版，第 1460 页。
③ 同上。
④ 同上。
⑤ 同上。
⑥ 同上。
⑦ 同上。
⑧ 同上，第 1442 页。

"丙申卜，弜于北禘帝。"①

"丙申其禘。"②

"癸［亥卜］，禘东。"③

"癸亥［卜］，禘［南］。"④

"癸亥卜，禘［西］。"⑤

"癸亥卜，禘［北］。"⑥

禘祭中的对象基本是自然神祇，很少涉及人物，但它并非祈求消灾解厄的祭礼，因此亦可算是一种性质较为平和的吉礼。

笔者认为，由前文所引述的古籍文献可见，"帝"的意义是在流动和变化的，但不变的是它至高无上的地位，而且是像"人"的形象或真实存在的人物，只是具体身份在不同时代有不同的意义，不过并未抽象成为一位统领全局的"至上神"。而从西周初年的文献《商誓解》⑦中可见：

"王曰：'嗟！尔众，予言若敢顾天命，予来致上帝之威命明罚，今惟新诰命。'"

"在商先哲王，明祀上帝。"

"上帝曰：必伐之。"

"今纣弃成汤之典，肆上帝命我小国曰：'革商国'。"

这里才可见大量出现"上帝"一词，而这是周武王伐纣之前的誓言书，因此可推知，"上帝"是一位有思想有语言有行为的人物形象，这是周人所造出来的，以制衡商代天命观的产物，并非商人意念中所有的。上文所引，在《盘庚》中亦出现了"上帝"，但它的形象并没有如此生动立

---

① 王宇信，杨升南，聂玉海主编：《甲骨文精粹释读》，昆明：云南人民出版社2004年版，第1661页。

② 同上。

③ 同上，第1662页。

④ 同上，第1662页。

⑤ 同上，第1662页。

⑥ 同上，第1662页。

⑦ 下文均引自孔晁注：《逸周书》，汲冢周书，卷第五，《商誓解第四十三》，四部丛刊景明嘉靖二十二年本。

体，而也只被孔安国释为"天"。而西周正因为是一个破解天命观，而某种程度可以说是确立"人定胜天"观念的时代，因此中国此后更加不具备产生抽象化的"至上神"的精神土壤，而是转向一种新的发展：即假借天帝之授意，实质发展以人为至尊的人文主义。天帝可谓扮演了"垂帘听政"的幕后傀儡，而真正牵线而行的是世间人王。这从后世称呼人王为"帝"中也可窥见一斑。可以说中国人并不造神，而是善于将人奉上神坛。

中国从三代开始，往后两千多年的封建历史，基本延续了这种风格，因此，中国就不具备产生真正具有"至上神"地位的唯一上帝，因为不同的人间帝王，有不同的治世宏念，他们所安排的上帝自然各有不同。而"帝"的称呼最后亦固化为人王的尊称，可见更是"目中无帝"。为了破解这种一王独尊天下的危险格局，中国人发展了崇拜祖先，并将它推向至尊的地位，以长辈之威，先人之灵来制衡活跃在现世人间的具有极大权力和极高地位的君王。

综上所述，笔者认为，"帝"的意义经历了一个变化过程，最后它的意义，在殷商末期到周初的礼化过程中被逐渐固化下来，变化不大。最开始"帝"是指氏族或部落的首领，然后变化成逝去的人王，尤其指直系的父系祖先。在殷商末年西周初年的传世文献中可见，在世人王称"王"或"后"，逝去的直系父系祖先称"帝"或在"王"和"后"前面加上"先""神""前"等字眼，而"天"则指"太阳"。在甲骨卜辞中可见，在世人王称"王"，而"后"则指逝去的人王，"帝"则有两种意思，一种是名词性的意义，指最高的人神，一种是祭礼，指"禘"祭，但都与"祖先"有关，是遍沾人间烟火的含义，并非抽象而虚空的神化概念。

三、"帝"与"禘"

上文谈论到，"帝"具有"人"的气质和品格，但的确"人"又并未完全等同于"帝"，这当中有一个变化的关系。首先"帝"是指"天"，然后再变化成"人"的先祖，最后人王认为自己是"帝"子，而将"帝"的名义冠在了自己的头上，世间人王也称为"帝"。

王国维在《释天》一文中从造字的角度，详细谈论了"天"与"人"的关系：

"古文天字，本象人形。殷虚卜辞或作𠀱，盂鼎、大丰敦作𠀱，其首独巨。案《说文》：天，颠也。《易》睽六三：'其人天且劓'。马融亦释'天'为'凿颠之刑'，是天本谓人颠顶，故象人形。卜辞、盂鼎之𠀱、𠀱二字所以独坟其首者，正特着其所象之处。古文字多有如此者。……𠀱字于𠀱上加一，正以识其在人之首，与上诸字（上、下、本、末、帝等①）同例，此盖古六书中之指事也。近儒说象形指事之别曰'形'，谓一事物贱众物，其说本于徐楚金，然楚金于指事本无定说。及与本末诸字，楚金均谓之指事。元杨桓诸人尚用其说，盖此数字正与上下二字同例，许君所谓视而可识，察而可见者，惟此类字足以当之。而数目干支等字，今所公认为指事者。许君往往谓之象形，不谓之指事。窃谓楚金此说颇胜于其又一说。今日古文大明，指事之解，恐复将归于此矣。故𠀱𠀱为象形字，𠀱为指事字，篆文之从一、大者为会意字。文字因其作法之不同而所属之六书亦异。知此可与言小学矣。"②

王国维虽然认为不同的字形可归入六书的不同造字方法，但他有一个核心观点值得注意，就是"古文天字，本象人形"这种说法，说明是"天本谓人颠顶，故象人形"，谈到了"天"的原本意义。王国维所谈论的字形均在殷商时期的卜辞或者西周时期的鼎上的，所以证明，他所解释"天"的意义，应是符合殷商时期的文字意义。郭沫若对此做了进一步的解释：

"在这儿却有一个值得注意的现象，便是卜辞称至上神为帝，为

① 笔者注。
② 王国维著：《观堂集林》卷六，香港：中华书局1973年版，第282—283页。

上帝，但决不会称之为天。天字本来是有的，如像大戊称为'天戊'，大邑商称为'天邑商'，都是把天当为了大字的同意语。天者颠也，在卜辞是作界，在周初的金文如大丰毁是作界，大盂鼎作界，都是画一个人形，特别显示着有巨大的头脑，那头脑便是颠，便是天。颠字是后起的。因为头脑在人体的最高处，故凡高处都称之为天，树头称为颠，山头称巅，日月星辰所运行着的最高的地方称天。天字被太空所独占了，又才有颠字出来，连山颠也都另外造出了一个巅字。天字在初本没有什么神秘的意思，连后人所说的'从一大'，都是臆说。卜辞既不称至上神为天，那么至上神称天的办法一定是后起的，至少当得在武丁以后。"①

从郭沫若的观点可知，"天"与"最高处"有密切关系，是人所仰视的一种关系。上文中曾引司马迁在《史记·殷本纪》关于武乙射天的记载，可知"天"指"太阳"，太阳是在人之头顶上最耀眼夺目的物质，可以作为人类头顶这片天空的代表，由此亦可证郭沫若所说的"故凡高处都称之为天"不假。

清代儒者金鹗认为"上帝"就是"皇天"的别称，而"皇天"则指"天"：

"郑注大宗伯'昊天上帝'，以为天皇大帝；注大司乐'以为天神'，主北辰；注月令'皇天'，以为北辰耀魄宝，本于春秋纬。谬也。古尚书说云，'元气广大曰昊天'，有曰'皇天'者。说文，皇，大也；天道至大，故称皇天。合而言之，昊天上帝，或言皇天上帝；分而言之，曰昊天，曰上帝，或曰皇天，或单言天，单言帝，一也，要不可以星象为天。北辰、天皇大帝，皆星名，未可以为天也。"②

丁山曾有关于"上帝"和"皇天"关系的讨论，他也赞同金鹗的观点：

---

① 郭沫若：《先秦天道观之进展》，上海：商务印书馆 1936 年版，第 6—7 页。
② （清）金鹗撰：《求古录礼记说》卷七，济南：山东友谊书社 1992 年版，第 414—415 页。

　　"此以'上帝'即'皇天',皇天即'昊天',自是不易之论。迄今两周金文绝未见'昊天'字样,凡诗、书、周礼所见的'昊天',当然是'皇天'的音讹。周人宠神其祖若考,曰'皇祖'、曰'皇考',杜伯盨所谓'用喜孝于皇神祖考',是其本谊;是故'皇天'犹书多方言'神天'。但蒍鼎、仲师父鼎、买殷诸器铭文,不曰'皇考'而曰'帝考',足证帝、皇两字,字异而其涵谊则一。凡诗、书、礼等传记所见的'上帝',当然即是'皇天'的别名。"①

　　丁山认为"上帝"与"皇天"是同义而不同说法,都指"天"。又指出"帝"和"皇"是同一个意义而书写不同。因此可以理解为"上帝"与人们头顶这片天空有紧密关系。他还继续论述,认为"天"是唯一的,而"天神"也是唯一的:

　　"天只是一个天,天神合该是一个;这个至高无上的天神,夏后氏曰天,殷商曰上帝,周人尚文,初乃混合天与上帝为一名曰'皇天上帝',音或讹为'昊天上帝'省称曰'皇天',或'昊天'。晚周以来所传说的'五帝',则演变自殷商的'帝五臣',其祀典自应下'昊天上帝'一等。周礼区别'五帝'与'昊天上帝'为二神,不尽荒唐,而实有其根据的。"②

　　而此处,笔者认为,纵观整个中国封建古代,并无出现唯一至上神,但就每个朝代而言,会出现唯一至上神。这是不同的天家皇族所指的"天"都有各自不同的定义,因此才有夏后氏的天,殷商的帝。每个姓氏的封建王朝,其实都遗存了殷商时期的这种"天""人"关系的观念,中国人其实是信奉一种"敬天"的观念。由于将"天"与"帝"结合,而"帝"与"王"又渐渐重合了,才有了"人王"是"天"的代表这种观念,因此才有"天子"的尊贵名分,"人王"才名正言顺地承袭了"天"的权威。"人"未敢越过"天"的雷池,却早已实握"天"的权威,假借"天"

---

① 丁山:《中国古代宗教与神话考》,上海:上海书店出版社 2011 年版,第 189 页。
② 同上,第 190 页。

的威名管治世人。

综上所述，"天"其实最初代表了人类对宇宙和自然的探索渴求。用"人"的头顶代表"天"，证明人处在仰视天空的状态，而这种仰视产生了敬畏之心，崇拜的心境由此而来。无论是艳日高挂的昼，抑或是星月满布的夜，古代中国人都对"天"有探求的愿望。由于古代中国很早就从渔猎游牧的生活方式转变成农耕为主的生活方式，风雨雷电对农业生产的收获有至关重要的影响，因此中国人便十分关注四时天气变化，以及日月星辰的运行。而太阳是农耕文明中最具有显著影响力的天体，而又是所有天体中最容易观察和感知到的，因而人们将它作为所有天体中的最高代表，它被殷人奉为最重视的崇拜物，是合理和可以理解的。迄今所知，殷人文化元素之中的"三足鸟"亦是"太阳"的代表，可知殷人确是对太阳有着崇拜和信仰的心意。

对"天"的探求和渴望，是每个民族的原始人们都具备的思维发展的必经历程。而中国人对太阳的重视和崇拜，除了代表对"天"的好奇和探索，更多的是源于要遵循农耕时序的实际需要。

而按时进行的祭礼，也有着表达历法时序的意义。比如殷商的周祭制度，就是较为严格遵守历法而进行的。从上甲开始，按照与先王名字相配的十个天干顺次周而复始地进行五种祭祀：祭、彡、䆆、乡、翌。陈梦家在《殷虚卜辞综述》中认为，这种周祭制度从祖甲时完备，基本延续到殷代末期帝乙、帝辛时代，而且祭祀规模很隆重，也很有规律性。

> "殷代祭祀复杂，但我们可提出有关的两类：一类是'周祭'，用三种主要祭祀（乡、羽、䆆）轮流的依先祖先妣的日干遍祀一周，三种祭祀遍祀一周谓之'一祀'。一类是'选祭'，在一次合祭中选祭若干先祖，多是直系或五世以内的先祖（包括旁系）。'周祭'盛行于祖甲、帝乙、帝辛时代，由此有系统的祭祀系统可以寻见所有入祀典的先王先妣的位次。选祭则自武丁以至殷亡，继续施行，由此可以寻见直系的世次和旁系的位次。"[1]

---

[1] 陈梦家：《殷虚卜辞综述》，北京：中华书局 1988 年版，第 373 页。

　　董作宾亦在《殷历谱》中提到这五种祭祀完成一次的时间约为一年，一般认为是殷代的历法。

　　因此笔者认为，祭祀也同时可以起到了一种提醒人们时序变化的作用。亦比如《礼记·王制》中所提到的四时之祭："春日礿，夏日禘，秋日尝，冬日烝。"不同的季节有各自不同的祭礼，这也体现了通过祭祀不同而区别时节的意义。由此可见，祭礼在古代，确有提醒时节的作用和意义。但陈梦家提出，祭祀周和农历年仍有所区别。他在《殷虚卜辞综述》中详细地谈论了两者的区别：

　　　　"'祭祀周'与'农历年'是有区分的，两者都以日辰为基础，但是'祀周'必始于甲日祭上甲，并不限定于何月何旬；'农历'的朔晦必须根据月象而定，所以初一不一定是甲日。'祭祀周'以旬为单位，每旬十日皆依天干甲乙丙丁为序，商王、妣以天干为庙号，即依世次及各王、妣庙号之天干顺序而祭。如第一旬甲日祭上甲、乙日祭报乙以至报丙、报丁、示壬、示癸六世，第二旬祭大乙、大丁，第三旬祭大甲、外丙。每旬之祭，我们称之为'小祀周'。当祖甲时，从上甲至祖庚行'羽日之祭'凡九旬而毕，此九旬即'羽日'之季，我们称之为'祀季'或'中祀周'。凡用'羽日''彡日''鲁日'三种祭法遍祀其先王与其法定配偶一周而毕，即称为'大祀周'。《尔雅·释天》'商曰祀'郭璞注云'取四时一终'，《尚书·尧典正义》引孙炎曰'祀取四时祭祀一讫也'。此两说皆有可取者。祖甲以后如帝乙的祀周必大于祖甲的，因帝乙时要祭祖甲至文丁的先王、妣，用旬较多。

　　　　'农历年'以月为单位，月亮凡二十九日或三十日一满，是为一太阴月。积十二个太阴月约为三十六旬，较一太阳年的长度为短。故若干时间后需加闰月（在祖甲及其前称十三月）以补足之。卜辞中有'今春''今秋'之语，虽不必一定为后世的四季，但因为农事而分的'季期'当可无疑。西周金文，因月象而有'月分'，以月满（望）为分界，既死霸是初一，初吉在上旬，既生霸是十二、三日，既望是月满（考古10：112—114）。春秋之末，以来若晋、越、田、秦等国金文，始有四季之称。

由上所述，祭祀周与农历年的分别大约如下：（1）祀周以旬、祀季、祀三者为单位，农历以月、岁为单位，（2）祀周的一祀在祖甲时短于乙辛时，农历的一年大约是十二太阴月，若干年中加闰月；（3）'祀季'是人为的一'祀'中三分之一，它和'祀'一样是愈后愈长；它所占据的若干旬是无固定位置的，不像农历中月分和季期与天象气候相应；（4）祀周始于旬首甲日祭上甲，农历的岁首月朔因天象而定，不必为甲日；（5）祀周见于殷代王室卜祭之辞，而农历当是殷代民间所用，因此卜辞中虽反映了民间的农历，而卜辞中所见记时之法并不一定就是民间记时之法。"①

陈梦家详细谈论了周祭祭祀周期和农历周期的区别，虽然他提出了民间农历与殷王祭祀的周期不尽相同，但笔者认为，无论何种历法，皆是表明殷人已经懂得了遵守时序，说明他们对时序的认识十分深入和全面，即使现在看来，这种历法也是很严谨和准确的。殷人把历法与祭祀祖先和农耕活动结合在一起，农耕活动关乎生存衣食的大事，需要严格遵守岁时法则，而祭祀祖先也遵守了一定的时序规则，就可反映出祭祀祖先在殷人眼中也同样是非常重要的事情。

祭祀有祭礼，在所有拜祭祖先的祭礼之中，有一项地位最高的，而一直以来也存在不小争议的，那就是"禘"。

关于"禘"的解释，历朝历代都很多，但无疑都认为它是地位最高的吉礼。根据前贤解经的积累，《汉语大字典》中对"禘"关于祭祀这一方面的定义作了详细的解释：

"《说文》：'禘，谛祭也。从示，帝声。《周礼》曰：五岁一禘。'吴楚《说文染指》：'禘为祭帝，即从示帝，为会意。'罗振玉《增订殷虚书契考释》：'卜辞中帝字亦用为禘祭之禘。'

《广韵》特计切，去霁定。支部

---

① 陈梦家：《殷虚卜辞综述》，北京：中华书局 1988 年版，第 385—386 页。

①祭名。《说文·示部》：'禘，谛祭也。'段玉裁注：'禘有三：有时禘，有殷禘，有大禘。'1. 大禘。郊祭祭天。《诗·商颂·长发序》：'长发，大禘也。'郑玄笺：'大禘，郊祭天也。'孔颖达疏：'禘者，祭天之名。'《礼记·大传》：'礼，不王不禘。王者禘其祖之所自出，以其祖配之。'孔颖达疏：'此禘谓郊祭天也。然郊天之祭，唯王者得行，故云不王不禘也。'又《祭法》：'有虞氏禘黄帝而郊喾。'孔颖达疏：'虞氏冬至祭昊天上帝于圜丘，大禘之时，以黄帝配祭。'2. 殷禘，宗庙五年一次的大祭，与'祫'并称为殷祭。殷祭，盛大之祭。和高祖以上的神主祭于太祖庙，高祖以下分祭于本庙。三年丧毕之次年一禘，以后三年祫，五年禘。《尔雅·释天》：'禘，大祭也。'郭璞注：'五年一大祭。'《论语·八佾》：'（孔）子曰：禘自既灌而往者，吾不欲观之矣。'《礼记·王制》：'祫禘。'郑玄注：'鲁礼，三年丧毕而祫于大祖。明年春禘于群庙。自尔之后，五年而再殷祭。一祫一禘。'3. 时禘。宗庙四时祭之一。每年夏季举行。《礼记·王制》：'天子诸侯宗庙之祭，春曰礿，夏曰禘，秋曰尝，冬曰烝。'孔颖达疏：'夏曰禘者，皇氏云，禘者，次第也。夏时物虽未成，宜依时次第而祭之。'"①

这里对"禘"有三种解读，分别是"大禘"、"殷禘"和"时禘"。殷墟卜辞中"禘"均写作"帝"，而"帝"有名词和动词两种解释。"帝"作为"禘"使用时，除了是祭名的名词意义，亦有"祭礼"的动词意义。

"禘"祭的卜辞可见，其对象多涉及自然神祇，而很少数为人物，由此可推断，该祭礼本来的祭祀对象应该是与控制自然有关的神灵力量。而到了后来，自然的神祇演化为与人王祖先有关联的对象，于是"禘"祭又变成了天子才可以有资格进行祭祀的仪式。其实质是由于古代中国人首先对"天"产生敬仰，尔后"天"与"祖先"的概念重合，于是这种对"天"的敬仰之情转移到了对"祖先"的敬仰上面，为他们所敬畏和信奉

---

①　汉语大字典编辑委员会：《汉语大字典》三卷本，成都：四川辞书出版社1996年版，卷二，第2405页。

的虚化的神力找到了载体，那就是自己的祖先。

殷人通过周祭制度，非常明显地可以见到已经将祖先祭祀通过常规进行的祭祀仪式固化了下来，并且与关乎时序的历法息息相关，而时序历法又是农耕文明中的重要元素，所以，这可以表明祖先崇拜已经成为殷商的主要崇拜和重要崇拜。

人类会由于对周围环境的未知和对自身力量的不认识而产生恐惧之心，因恐惧而敬畏，这是最初的宗教意识。及后，由于对自身力量的逐步认识，人类在集体生活的最初，首先对血缘关系会产生敏感度，于是会了解和认识这种人类社会生活中最基本的社会关系。当人们知道了血缘关系的存在并认识到它与自身的紧密失联时，于是在解读人类和自然关系的时候，便会将祖先与自然界的强大神力结合，建立起他们所知道的最紧密的关系（即血缘关系），比如殷人的"帝喾"或者周人的"天鼋"①，都是带有非人特征的自然界形象，但殷人或周人均认为它们是自己的始祖神。人们亦由于认定有了这样强大的血缘先祖，便给自己立足在天地之间找到了稳妥的心灵慰藉。笔者认为，这就是宗教寻根的意义。同时，这也是宗教的终极意义，即为人的灵魂和情感找到托付的依归，慰藉人的心灵。

由此，祭天之礼、祭祖之礼、祭时之礼的意义，才会同时出现在

---

① 笔者注。'我姬氏出自天鼋'出自清代董增龄《国语正义》卷三，《国语》（下），清光绪章氏训堂刻本。该书云："颛顼之所建也，帝喾受之。【解】建，立也。颛顼，帝喾所代也。帝喾，周之先祖，后稷之所出也。《礼·祭法》曰：周人禘喾而郊稷。颛顼，水德之王，立于北方。帝喾，木德，故受之于水。今周亦木德，当受殷之水。犹帝喾之受颛顼也。"此处可见几点。首先，说明了帝喾和后稷的承继关系，由此才有后稷的后人用祭祀尊贵先祖的"禘"礼祭帝喾。其次，体现了中国天道自然和人伦关系结合的思维方式。以五行的生灭来解释人间的兴衰、帝位的流转。中国人的自然观与人伦观很多时候都是有关联的，它们彼此迁移，彼此影响，慢慢形成了中国人哲学思维的内核。因此曾有学者通过古典文学谈论中国人，认为这是乐观的民族，因为总坚定地相信"生生不息"，即使悲剧也能够为其找到一个美满的结局，比如梁祝化蝶，因此并无西方文学中透露出的真正意义上的悲剧。笔者认为中国人的乐观，是源于农耕文明对性格的潜移默化，一岁一枯荣，春风吹又生，生命和时序都是按照一定的规则轮回并且繁衍，因此即使到了寸草不生的寒冬，也能坚定地相信春回大地总有时。这其实是中国人独到的发现，将农耕活动中的所见抽象为叙事论人的道理，并将这些道理抽象为更高的哲学思维，这就是中国人的哲学，属于农耕文明的哲学。中国人又善于用这套哲学论述其他，不断发展，于是这样的哲学思维便渗透在中国的历史长河和中国人的日常里，仿如天生。比如上述所引，以自然界的五行来解读朝族的更替。

"禘"祭这种祭礼中。这体现出从神性祖先到血缘祖先的演变过程。

遥远的古人类,最初并无婚姻的概念,他们最开始是处在杂婚时期,并不懂得血缘关系和辈分的区分。《吕氏春秋·恃君览》中描述了这种状态:

> "昔太古尝无君矣,其民聚生群处,知母不知父,无亲戚兄弟夫妻男女之别,无上下长幼之道,无进退揖让之礼……"①

到了血缘群婚制时期,人类两性关系史上才产生了第一个禁忌原则,有了对血缘关系和辈分关系的自觉性。血缘群婚制是群婚制的低级形式,它排除了父母与子女、祖父母与孙子女等直系血亲间的两性行为,规定两性行为只能在同一辈分之内的男女之间进行。卡尔·马克思在著作中对此进行了阐述:

> "在这里,婚姻集团是按照辈数来划分的:在家庭范围以内的所有祖父和祖母,都互为夫妻;他们的子女,即所有的父亲和母亲也是如此;同样,后者的子女,又构成第三个共同夫妻圈子;而他们的子女,即第一个集团的曾孙子和曾孙女们,又构成第四个圈子。这样,这一家庭形式中,仅仅排除了祖先和子孙之间、双亲和子女之间互为夫妻的权利和义务(现代的说法)。同胞兄弟姐妹、再从(表)兄弟姐妹和血缘更远一些的兄弟姐妹,都互为兄弟姐妹,正因为如此,也一概互为夫妻。"②

再进一步到了亚血缘群婚时期,又叫伙婚制、亚血缘家庭或普纳路亚家庭,是较血缘群婚制高级的群体婚姻家庭形态。从亚血缘群婚中衍生出人类第一个规范的社会组织形式,即母系氏族社会。在母系氏族社会中,人们拥有共同的女性祖先、按照母系确定其血缘关系。它仍是同辈分男女之间的集团婚,但从两性关系中排除了兄弟姐妹,包括同胞兄弟姐妹和血缘关系较远的兄弟姐妹之间的通婚。

---

① 吕不韦:《吕氏春秋》,第二十卷,《恃君览第八》,四部丛刊景明刊本。

② (德)卡尔·马克思(Karl Marx,1818−1883):《马克思恩格斯全集》,北京:人民出版社1958年版,第21卷,第31页。

随着伦理观念的进一步形成，人类进入"偶婚制"时期。经历了"多偶婚"到"单偶婚"（即一夫一妻制）两个时期。多偶婚从"一妻多夫"过渡到"一夫多妻"，表明了人类历史从母系氏族进入了父系氏族。最后人类社会会进入一夫一妻制的"单偶婚"时期。而在中国，到了夏商时期，已经进入了"一夫一妻制"时期了，从周祭的祭谱中亦可见，一般一位先王只有一位相配的先妣入祭。有时候会出现多于一位先妣，是属于续娶关系或继位商王追认生母的行为。而古代中国出现妻妾成群的现状，并非不是"一夫一妻制"，而是"一夫一妻多妾"的形式，即在一妻的前提下，拥有多个非合法的配偶。

由此可见，中国早在夏商时期，就已经进入了人类婚姻制度中的最高形式的阶段，说明殷人已经对血缘关系和辈分关系十分清晰和明确。因此他们对祖先有着追本溯源的强烈意识，意图归根究底寻找和确认自己的祖先，也就合情合理了。于是，才有了殷人对神性祖先和血缘祖先的追溯和确认。

甲骨卜辞中可见的先公高祖，由于他们兼备了氏族图腾或自然神祇的特性，因此是殷商民族具有神性意义的祖先，也即是这个民族的始祖神。《诗序》有"周人禘喾"的记载：

> "雝，禘太祖也。《祭法》：周人禘喾。又曰：天子七庙，三昭三穆，与太祖之庙而七。周之太祖，即后稷也，禘喾于后稷之庙，而以后稷配之。所谓'禘其祖之所自出，以其祖配之'者也。"①

可见，"禘"是一种用于祭祀太祖即始祖的祭礼，在宗庙举行，并需要配对相应的先祖。商周有同源的先祖帝喾，以周人禘祭喾的做法，可作为殷人禘祭的参照。商周同源，从司马迁的《史记》中即可见：

> "帝喾高辛者，黄帝之曾孙也。高辛父曰蟜极，蟜极父曰玄嚣，玄嚣父曰黄帝。自玄嚣与蟜极皆不得在位，至高辛即帝位。高辛于颛顼为族子。"②

---

① 《诗序》卷下，明津逮秘书本。
② 司马迁：《史记》，卷一，《五帝本纪》，清乾隆武英殿刻本。

"殷契，母曰简狄，有娀氏之女，为帝喾次妃。三人行浴，见玄鸟堕其卵，简狄取吞之，因孕生契。……封于商，赐姓子氏。"[①]

"周后稷，名弃。其母有邰氏女，曰姜原。姜原为帝喾元妃。姜原出野，见巨人迹，心忻然说，欲践之，践之而身动如孕者。居期而生子，以为不祥，弃之隘巷，马牛过者皆辟不践；徙置之林中，适会山林多人，迁之；而弃渠中冰上，飞鸟以其翼覆荐之。姜原以为神，遂收养长之。初欲弃之，因名曰弃。……封弃于邰，号曰后稷，别姓姬氏。后稷之兴，在陶唐、虞、夏之际，皆有令德。"[②]

上述几段引文可见人物关系，帝喾是商代先祖契和周朝先祖稷的父亲，故而商周有共同的民族始祖，也意味着这两个民族和文明是同源异流的关系。

而在《大雅·大明》中提到：

"挚仲氏任，自彼殷商，来嫁于周……大任有身，生此文王……文王嘉止，大邦有子。大邦有子，伣天之妹。"[③]

这是周人记录民族发展的史诗，由此可见，殷会将王族之女嫁到周，通婚频繁，血缘关系密切，周朝替代商朝而建立，可知周王朝有许多习俗亦应是延续了商朝的，尤其是婚姻制度。最早利用甲骨文探讨商代婚姻制度的学者胡厚宣亦表明了这种观点：

"凡殷人婚姻家族宗法生育之制度者，皆与周代相近似，而为周制之前身或渊源，周之制度，非迥大异于殷商，乃由殷商渐渐演化而来者也。"[④]

由于商周之间频繁通婚，婚姻制度会直接影响人们对血缘关系的认知，因此殷商在对血缘关系的认识上应该是颇为一致的，那么可以推断，

---

① 司马迁：《史记》，卷三，《殷本纪》，清乾隆武英殿刻本。
② 司马迁：《史记》，卷四，《周本纪》，清乾隆武英殿刻本。
③ 毛亨传，郑玄笺，陆德明音义：《毛诗》，四部丛刊景宋本。
④ 胡厚宣：《殷代婚姻家族宗法生育制度考》，载《甲骨学商史论丛》初集第1册，成都齐鲁大学《国学研究所专刊》之一，1944年3月。

由于对祖先后辈关系认同感具有一致性，因此周代祭祀祖先的许多形式和方法也是延续了商代的。

由上述《史记》引文可知，商民族的诞生源于卵生神话，周民族的诞生源于感生神话。无论何种，都带有神性的色彩，先祖的诞生都体现出人和自然界密切的血缘关系。

《诗经·大雅·生民》中记载了周人祖先的由来：

> "厥初生民，时维姜嫄，生民如何，克禋克祀，以弗无子。履帝武敏，歆。攸介攸止，载震载夙，载生载育，时维后稷。"①

这里就出现了"帝"，认为周族的始祖母姜嫄，踩了帝的大拇指，心有所感，于是诞下了后稷。由于"周人禘喾"，因此周民族先祖应从喾出，可推断姜嫄所踩到的"帝"即喾。

《史记·五帝本纪》中记载帝喾的事迹：

> "生而神灵，自言其名，普施利物，不于其身，聪以知远，明以察□，顺天之义，知民之急，仁而威，惠而信，修身而天下服，取地之财而节用之，抚教万民而利诲之，历日月而迎送之，明鬼神而敬事之，其色郁郁，其德嶷嶷，其动也时，其服也士，帝喾溉执中而徧天下，日月所照，风雨所至，莫不从服。"②

这里虽然描述的是一位自幼聪慧近乎完美的人，但他的具体功绩多与控制自然有关，能让日月风雨"莫不从服"，当然就是自然界最强厚的灵力。而后人将自然界的神奇力量与人间的部落首领联系在一起，就形成了帝喾这样的始祖神形象。周人的始祖母姜嫄是帝喾的妃子，《诗经·鲁诗·閟宫》描述了姜嫄是在神庙受孕的。

> "閟宫有侐，实实枚枚，赫赫姜嫄，其德不回，上帝是依，无灾无害，弥月不迟，是生后稷。"③

---

① 毛亨传、郑玄笺、孔颖达疏：《毛诗注疏》附释音毛诗注疏，卷第十七，清嘉庆二十年南昌府学重刊宋本十三经注疏本。

② 司马迁：《史记》，卷一，《五帝本纪》，清乾隆武英殿刻本。

③ 毛亨传，郑玄笺，陆德明音义：《毛诗》，卷二十，四部丛刊景宋本。

叶林生认为姜嫄的时代仍在母系氏族时期，而她是在祭祀氏族高母的过程在神殿中踩到了祭神的脚趾，才受孕的。

"元人蔡沈在注释《礼记·月令》中'天子祀于郊禖'一语时说：'郊禖，先禖之神也。'先禖何指？曰：先母也。禖，母在音韵学上同为莫声，可通。因此，古代各部族所祀之高禖之神，实为该部族之高母。……所谓先妣者，高母也，高禖也。……

我以为，释敏为拇近是，敏从攴，攴象手足之形；敏，古音作母，假借为拇。但释武为迹义不可通。前已论及，'迹'本是莫须有的，姜嫄生子也不关乎'迹'。依我浅见，武当释为母。……如果这个解释不误，那么，'履帝武敏'当作'履帝母敏'，即踩了神庙中帝母之脚趾。我们知道，姜嫄在郊禖庙中祀神求子，不小心踩了郊禖之神的脚趾，在当时的姜嫄看来，即以为'感'神了。这是合情合理的解释。"①

笔者认为，叶林生解释踩了神庙中郊禖之神的脚趾是对的，但应该是一位正在跳祭祀舞蹈的扮演者，或许这位郊禖之神就正是帝喾，因为远古时代，氏族的首领也是巫师。姜嫄与之交合，才可能因此诞下后稷，否则，仅仅是庙中神像，这是不合情理的。但总而言之，根据人类繁衍的自然规律，帝喾和姜嫄都是人类，而帝喾被神化成可让风雨日月臣服的神灵力量，是远古人类渴求建立与自然神力的血缘关系，希望自己能够获得同样的伟力。

因为帝喾能够"历日月而迎送之"，懂得观察自然寻得规律，并且教化和引导人们的生活，因此可能被部族的子民认为，他是帝之子，能够沟通天地，才得知这些规律，故而也认为氏族的首领与"天"有着紧密的亲缘关系。

远古的人类思维并未十分严密，对问题的思考亦肯定不是唯一的答案和解释，对于人和自然关系的解读，也会有不同角度的见解。但可以肯定的是，夏商周时期的人们已认识到自然界的神力，也知道了血缘关系是一

---

① 叶林生：《帝喾考》，载《甘肃社会科学》，1998年第4期。

种非常亲近的人类关系，因此渴望为自己与自然界寻到存在血缘关系的依据，于是在相关的古籍和神话中，我们便常常可见氏族的高祖，民族的始祖，都带有奇幻瑰异的神妙色彩，仿佛并不是完全出自人类社会。

因此，祭祀民族始祖的礼仪"禘"礼，就出现重叠了祭祀人间先王和自然神灵的意义。其实，无论是祭祀自然神灵，抑或是人间先王，都是人们的祭祖意识使然。"禘"祭往往用来祭祀高远而尊贵的对象，比如"天"，比如高祖"喾"，如《礼记》所说：

"不王不禘。王者，禘其祖之所自出，以其祖配之。"①

"禘"祭的祭祀对象是祖先（即相信与自己有血缘意义的对象），正因为人们相信这种神力能够通过血缘关系传递，所以世间人王垄断了这种祭祀的权力，因此"不王不禘"。只有天子才可以进行这种祭祀：

"禘，惟祭始祖与所自出二人。今据《大传》本文曰：'《礼》：不王不禘，王者禘其祖之所自出，以其祖配之。诸侯及其太祖，大夫士有大事，省于其君，于袷，及其高祖。'"②

孔颖达疏：

"大祖，始封君也。诸侯非王，不得郊天配祖于庙，及祭大祖耳。"③

由此可见，天子独享此特权。

"大事，寇戎之事也。"④

这种祭祀所涉及的也是关乎国家存亡的"大事"，可见其重要性。

综上所述，"禘"祭是最尊贵的祭礼，祭祀对象是最高的自然神祇或人王的先祖，无论是神性始祖，抑或是血缘祖先，都反映出人们对祖先的崇拜和敬畏。

---

① 郑玄注，孔颖达疏：《礼记疏》附释音礼记注疏，卷第三十四，清嘉庆二十年南昌府学重刊宋本十三经注疏本。
② （清）顾栋高撰：《毛诗类释》，卷六，《释祭祀》，清文渊阁四库全书本。
③ 郑玄注，孔颖达疏：《礼记疏》附释音礼记注疏，卷第三十四，清嘉庆二十年南昌府学重刊宋本十三经注疏本。
④ （清）郝懿行撰：《礼记笺》，大传第十六，清光绪八年东路厅署刻郝氏遗书本。

第五章　结　语

　　文化，是一个民族区别与其他民族的最重要因素。文字，是文化的主要载体。宗教，是文化的重要表达途径，也是文化最初始的表现形式。

　　殷商，是中华文化历史发展过程中非常重要的奠基时期。由于中国人自来有"崇古"的心态，因此夏商周三代常常为后世津津乐道，反复地以各种形式被烙印在中华文化之中。中国的文化，因此也带上了深深的殷商文化的色彩。

　　商代，是中国历史上第一个有同期历史文献记载的朝代，也是发现中国最早成体系文字的时代，这都归功于甲骨文的出土。因此，研究殷商的文化，就离不开甲骨文所记载的内容以及甲骨文本身所承载的文化讯息。而殷商的文化，又是以宗教文化为主，甲骨卜辞亦可见，多是记载宗教相关的内容。甲骨卜辞为研究殷商文化提供了丰富而真实的材料和依据。

　　通过本次研究，笔者试图勾勒出"中国宗教"的特征和定义。

　　由于传统的宗教学研究难以将中国宗教划入其界限内，因此中国宗教是否存在常有争议，而且很难说得清楚中国宗教是什么。传统的中国史学研究，也很难涉及宗教这一领域，因为中国史学主要是官修历史，宗教多被认为是迷信或者怪力乱神的东西，不能入流，因此常常被忽视或者排斥。而在哲学研究当中，对宗教的研究对象，多是高度发展有完整体系的宗教，因此没有权威宗教典籍的中国宗教，自然不被研究了。由此种种可见，中国宗教似乎难以找到自己的定位。

　　笔者发现，在人类学视野下，中国宗教可以找到自己的归宿，也能够被定义为"宗教"。因为人类学所研究的是一切的人类文化，可以包含和涉及的学科范围较宽广，民族学、社会学皆可被涵括在其中。"文化"之中，自然就包含了"宗教"。而人类学认为的"宗教"既包括了制度化宗教，如基督教、伊斯兰教等，也包括了分散性宗教，比如中国的宗教。前文亦有提到林惠祥引述了马雷特的观点，认为宗教的对象用"神圣的"来表达为上佳，而宗教的态度就是相信这种"神圣的事物"能影响于人，因而信仰者便会表现崇拜的感情思想以及有相应的祭祀行为。笔者十分赞同这种观点，它能够将中国宗教表达出来，把中国宗教抽离于原始巫术的范畴。

　　宗教与巫术的区别，笔者认为不在于是否已成体系，不在于存在的时空是晚或早，不在于武断地认为进步或落后的区别，不在于智慧或愚昧的区分，关键在于"意识"与"行为"、"连贯性"与"断续性"。

　　宗教是可以满足信仰者精神上的渴望，因其大多能够有"洗涤灵魂"或说"智慧提升"这样有助于精神层面提高的积极效果，笔者称追随它的人为"信仰者"。因为追随宗教的人，必然信奉之并且处在心灵仰视的状态，因此心中对它就会同时具有虔诚和敬畏。而且这种虔诚之心，会在信奉这种宗教的期间，一直保有。相对于这种"意识"或"精神"而言，宗教对于"行为"的要求倒不十分严格。比如一个基督徒不去做一次礼拜，他还是一个基督徒，因为他仍信仰耶稣。比如一个在中国文化圈的人，缺席一次祭祖仪式，他还是属于这个家族或宗族的人，因为他仍与祖先有情感的联结，而且他与祖先的血缘关系仍在。

　　巫术则不然。首先，巫术是通过行为来实现，虽然也能够满足了人的欲望，但大都是因为"有所求"才去使用巫术，而这种"有所求"往往带着负面的消极的意味，又必须通过巫术行为来发泄。因此巫术追求的并非精神层面的进步，而只是发泄情绪的途径。其次，巫术没有核心的思想理念，因此也就不要求追随它的人要在精神上遵守什么条例和规则，故而不具备宗教的条件。宗教要求信仰者始终如一地相信一些理念，但巫术则不需要，或者说它并没有。但巫术对行为有十分严格的要求，施行巫术的人可以带着各自不同的情绪和心思，但施行巫术的步骤必须步步遵守，否则就会失败。比如《本草纲目·虫部四》中记载解巫术所用的蛊虫的培养过程：

"取百虫入瓮中，经年开之，必有一虫尽食诸虫，此即名曰蛊。"①

由此可见，巫术对于施行过程中的每一个环节都要具体的行为要求，养蛊虫也要遵守一定的规则，满足一定的条件。

以上是笔者对宗教和巫术区别分析的拙见。由此，笔者认为，中国是存在宗教的，它是对精神层面有所要求，而非一味苛求行为规则的一致性。

笔者认为，中国宗教，应该具备以下几个要素。第一，它应是贯穿中国历史发展的始终，或者在历史上有较长时间的影响力，这是从时间角度考虑的。第二，它应是社会上下普遍接受的，无分天子庶民，无分高低贵贱。第三，它应是符合宗教的一些一般属性，在中国而言，"仪式"是主要的体现，因此人们应是遵循了一定的宗教仪式，这些仪式有可能会因为地区或时间而有所差异，但基本是一致的。第四，它应是有宗教崇拜对象的，但这些崇拜对象可能因为群体的不同而不同。

在本书的研究中，笔者通过对殷商时期的宗教进行分析，发现的确可以有一种被广义地称为"中国宗教"的存在。这种中国宗教从殷商时期就可以明显见到，并且通过殷商时期的祭祀仪式，将宗教意识固化了下来，这种信仰就流传到后世了。而且它在中国历史上从未间断过，不夸张地说，它传播到现在。历史上每个时期、每个阶层的中国人，都会遵守这个宗教内的信条，否则，就会被人们排斥。由于笔者前面已述，宗教在宗教意识和宗教行为两者之间，更倾向于重视宗教意识，这一条也十分符合中国宗教。它要求人们都保有同样的宗教意识，却不要求人们要有相同的信仰对象，或者一致的宗教行为。

---

① 李时珍：《本草纲目》，卷四十二，清文渊阁《四库全书》本。

　　本次研究中，笔者首先简述了中国在远古的史前时代的宗教痕迹，只有到了新石器时代的中晚期，才有较浓重的宗教意识，而且殷商的宗教与史前时期的原始宗教是有继承关系的，无论是对"血"所代表的意义的认同，抑或是骨卜的传承和发展。又可以看出，中国在远古时代就出现多个文明起源的中心。各个中心会彼此影响，相互制衡，虽然会出现较强势的中心，但亦不可不顾及周围较弱的中心，加上力量的此消彼长，分合转化，故而需要寻求一些核心的精神来维系这样庞杂而统一的中华民族。这种精神或者说信仰，需要得到最多人的认同，迎合最多民族的意念，所以它肯定不会是某个民族后来发展过程中形成的观念或者信仰，只能是较早前的、较原始的观念或信仰。

　　通过分析了殷商时期的祭祀可见，当时殷商属于统领地位，朝廷以内有大臣诸侯，朝廷以外有方国和异民族，殷商自然有自己所独有的信奉的东西，比如玄鸟、太阳，但殷人很少花费大量的祭品去祭祀玄鸟和太阳，反而会消耗大量的祭品去祭祀祖先。这大概是殷人一种很聪明的做法，他们将自己所信奉的转化为所有人能信奉的：高祖便可代表玄鸟或太阳这样的民族图腾或始祖灵物，祭祀高祖和先王，就是以一种将心比心的态度告诉所有的内廷大臣和外朝方国，血缘关系是每个人都有的，我可祭高祖先王，你也有你的先人可祭。于是，通过人类最坚实和长久的关系（血缘关系）所生发出来的信仰（祖先崇拜），来维系了王朝的稳定。

　　这种以祖先崇拜为核心的殷商时期的宗教精神，通过一系列的仪式固化了下来，比如最明显的是商代的周祭制度，将祭祖与历法结合，变成了一种常规的宗教行为。殷人重视祭祖，亦可从祭品的使用看出，商人在祭祖的时候，用牲的数量、祭品的质量都达到了其他同期祭祀对象无法可比的高度。可见殷人的确是非常重视祖先祭祀的。

　　而对"帝"的崇拜，又看出了殷商宗教的另一个潮流，即浓重的"追本溯源"的祖先崇拜意识。"帝"原指天空或者太阳，本来只是属于自然崇拜的对象，而在殷商晚期，渐渐与祖先重合在一起，殷商的先王开始被冠以"帝"的称谓，到了末代，连在世的人王也称为"帝"。"敬天"的思想古而有之，其实是源自于人对自然探索的思考，人们意识到大自然的神威，便以高高在上的"天"来做代表。尔后，又有了"人"的自我意识的觉醒，于是意识到"人"的力量，人掌握的知识多了，可以按照自己的意愿改造世界，可以懂得自然界的规律而做到趋吉避凶，仿如"天"一样有神奇的力量。由于在远古时代，部落或氏族里，能够做到上述所说的那个"人"，就是首领或王，因此人们便会认为这个"人王"与"帝"可能有什么关联。而从殷商祭祀祖先的对象可见，殷人对于血缘关系和婚姻关系已经十分了解，因此可推知，殷人知道血缘关系是人类关系中最稳固的，因为与生俱来。由此，殷人在思考"人王"与"帝"的关系时，就会把这种最牢固的血缘关系安在他们之间，于是"人王"就成了"帝子"，代替了"帝"的权威，神权便这样下移到人间了。

自此之后的封建王朝，"敬天祭祖"都是皇帝的必修课，还得虔诚和按时进行，否则动摇国本，甚至有江山不保之虞。

本书中已分析过，殷商时期已可见，祭天被王室垄断了，那么如何解决其他臣民不能享有祭天而有可能产生的怨怼或觊觎之情呢？殷商亦已见有对策，便是告诉臣民：你们现下是我的臣子，你们的祖先也是我的祖先的臣子，所以我祭祖的规格自然比你们祭祖要高，我祖先的享祭待遇自然比你们祖先的要好。这算是一种"精神催眠术"，让这种君臣之别世代相传下去，到了后来便发展出"君君臣臣父父子子"这一套规则来，将人伦的辈分之别用在政治等级的划分上。亦由此可见，中国宗教对国家建构也十分有影响力。此算举出一例，而中华文化其实处处透露出中国宗教的影响。

人王霸道地垄断了祭天的权利，只许州官放火不许百姓点灯的行为总不会长久，势必要寻到一个妥协的办法。于是，到了殷商之后，周代意识到这个问题需要改善，于是开始将这种祭天（实质是祭祖）的权利下放给臣民，此后，诸侯、大臣、平民都有了各自祭祖的权利和场所，当然了，这还是要按照一定的规制，宗庙、祠堂，皆不同。中国人讲求"衣锦还乡"、"光宗耀祖"，有了成就，就要回到家乡，因为乡里人都是同宗同族的，血脉相连；为了祖先而努力发奋，有了功名，就是连祖宗都跟着沾光了，这大概是中国人独有的发明，也是中国宗教对人文思想的影响。

结合本书的研究，可以为中国宗教下一个定义：中国宗教是以"慎终追远"的祖先崇拜和"追本溯源"的祖先崇拜意识为核心；以"先人"为崇拜对象，包括血缘祖先和社会群体中的鼻祖式人物；而崇拜对象并无数量限制，也并无崇拜冲突，因此属于多神信仰的范畴；由于祖先意识讲求"辈分"关系，因此总会在一个血缘关系中或者一个社会群体关系中出现"至上神"式的崇拜对象，比如一个家族的高祖，一个行业的始祖，等等；由于中国一直处在"家天下"的政治模式，政治上多依赖血缘关系以别亲疏，因此政治与宗教变得紧密，宗教仪式也成为维护统治的工具和手段，比如天子才可行祭天之礼，王室会设立天坛和宗庙等等，体现出宗教与社会建构和国家管理的密切关系；也有自己相关的节日，比如清明节和重阳节，是中国人皆认同的祭祀祖先的日子，人们会在这一天扫墓祭祖，进行追思的活动。

由于中国有多个文化起源中心，因此文明在很早的时候就表现出不同的特质，而在民族融合的过程中，这些各个民族原本自带的文化彼此交融和相互影响，而民族融合的过程出现得非常早，且贯穿了整个中华民族发展历史，因此这个融合的过程就旷日持久地发生着，各个民族都既在发展自己的文化的同时，也吸收其他民族的文化，于是整个中华民族的文化就变得极具吸纳性。但这种吸纳性又带来另一个特性，那就是很难维持某一种子文化的独尊性。宗教是文化的内核，所以中国就很难有一种子文化中的宗教长久地处在统领的地位。正因为缺乏了这种成长的土壤，因此中国并不能够出现一种处于统领地位的后起的制度化宗教，或者说是具有严密体系和完整理论的创生性宗教。

中国宗教继承自原始宗教，并且由于上述原因一直保持着，各个民族之间最好的妥协和共融，就是保持这种以敬天祭祖为主的宗教信仰，因此中华文化中最核心最能够获得民心和支持的方面，都是与此血缘和人伦有关的，比如一个"孝"字，古人以"不孝有三，无后为大"来提示生育的重要性，汉武帝设立"孝廉"的察举考试，取其"孝顺亲长，廉能正直"之意；李唐王朝认为自己是李聃的后裔、刘备声称自己是汉室的正统后裔，等等，历史上这样的例子多如繁星，也是为求得一个血缘关系上的"名正言顺"。中国人的文化，方方面面离不开血缘和人伦关系，这也造就了中国宗教离不开敬天忆祖，离不开祖先崇拜的范畴。中国这种以祖先崇拜和祖先崇拜意识为主的宗教，对中华文化影响不可谓不深远，不可谓不广泛，它因此也可被笼统地称一声"中国宗教"了。

因此，笔者认为，中国宗教，以祖先崇拜和祖先崇拜意识为核心信仰，以宗庙、天坛、宗祠、家庙、祭祀专门对象的庙宇等祖先祭祀的场所为宗教场所，以祭祀祖先（包括血缘祖先或群体鼻祖、始祖）为祭祀对象，以人伦道德为主要宗教信条，以清明、重阳或与祭祀对象有关的重要时间为宗教活动的日期。

中国宗教萌芽于人对天道自然和人伦关系有所觉醒的时期，大约是新石器时代晚期，始建于中国人具有了"敬天畏祖"的人文心理的时期，应是在商代，而通过殷商时期被通过祭祀仪式固化了下来，大量的各式祭品，品种珍贵的祭品，被用于祭祖上，到了后期甚至可以建立起常规化的祭祖制度（周祭制度），又将对大自然信仰和崇拜的最高代表"敬天"，与"祭祖"联系在一起，让"天"与"祖"重合，"祖"的地位大大提升。殷商时期可谓中国宗教的滥觞和固化期。

经过周代，进一步将神灵力量消解破除，而建立人文信仰，就更加让"祖"的地位有了上升到至尊地位的可能性。这种对于血缘关系的虔诚信仰和依赖，让中国人便缺乏了再另外制造一尊神灵的想象力。于是，即使在中国繁复的民间信仰之中，也罕见有造出来的不食人间烟火的神，而祭祀的对象，基本上都是带着浓厚的人间烟火，都是与"人"有着千丝万缕的关联的。

以上是笔者通过本次研究和本书写作而得到的主要结论。

本次研究以殷商时期的甲骨卜辞为主要分析对象，结合了甲骨学、殷商史、人类学等学科的理论和知识，希望可以勾勒出中国宗教的面貌，找出中国宗教的特征和为它下一个定义。但研究时间尚短，各学科的学习尚未十分深入，因此得出的结论和观点未免浅薄和偏颇，在笔者进行博士论文的写作中，会再进行深广的研究，期望得到更准确的见解。

参考文献

甲、文章

一、论文

[1] 曹坚：《谈上古祭祀用牲的礼仪》，载《安顺师专学报》（社会科学版），1995年第1期。

[2] 曹锦炎：《论卜辞中的"示"》，载《中国先秦史学会第一次年会论文》，成都，1987年。

[3] 常正光：《殷人祭"出入日"文化对后世的影响》，载《中原文物》，1990年第3期。

[4] 晁福林：《从精神考古看文明起源研究问题》，载《天津社会科学》，2005年第3期。

[5] 晁福林：《关于殷墟卜辞中的"示"和"宗"的探讨》，载《社会科学战线》，1983年第3期。

[6] 晁福林：《关于中国早期国家形成的一个理论思考》，载《历史研究》，2010年第6期。

[7] 晁福林：《论古史重构》，载《史学集刊》，2009年7月，第4期。

[8] 晁福林：《论图腾》，载《学习与探索》，1990年第8期。

[9] 晁福林：《论殷代神权》，载《中国社会科学》，1990年第1期。

[10] 晁福林：《略论古代中国民族精神的历史进程》，载《天津社会

科学》，2007 年第 5 期。

　　[11] 晁福林：《商代的巫与巫术》，载《学术月刊》，1996 年第 10 期。

　　[12] 晁福林：《商代社会性质研究》，载《史学理论研究》，1999 年第 1 期。

　　[13] 晁福林：《神之源：中国原始时代社会观念的萌生及其发展》，载《大连大学学报》，2006 年第 6 月，第 27 卷第 3 期。

　　[14] 晁福林：《试论春秋时期的祖先崇拜》，载《陕西师大学报》（哲学社会科学版），1995 年 6 月，第 24 卷第 2 期。

　　[15] 晁福林：《试论殷代的王权与神权》，载《社会科学战线》，1984 年第 4 期。

　　[16] 晁福林：《试论宗法制的几个问题》，载《学习与探索》，1999 年第 4 期。

　　[17] 晁福林：《试析上古时期的历史记忆与历史记载》，载《安徽史学》，2007 年第 6 期。

　　[18] 晁福林：《文明起源研究三题》，载《天津社会科学》，2006 年第 3 期。

　　[19] 晁福林：《我国文明时代初期社会发展道路及夏代社会性质研究》，载《史学理论研究》，1996 年第 3 期。

　　[20] 晁福林：《殷墟卜辞中的商王名号与商代王权》，载《历史研究》，1986 年第 5 期。

　　[21] 陈洪杏：《生命崇拜与"帝"崇拜——一种对商人形成中的宇宙意识的探寻》，载《殷都学刊》，2010 年第 1 期。

　　[22] 陈梦家：《古文字中之商周祭祀》，载《燕京学报》，第 19 期，1936 年。

　　[23] 陈梦家：《甲骨断代学丙篇——殷代卜人篇》，载《考古学报》，1955 年第六册。

　　[24] 陈梦家：《甲骨断代学甲篇》，载《燕京学报》，第 40 期，1951 年。

　　[25] 陈梦家：《甲骨断代与坑位——甲骨断代学丁篇》，载《中国考

古学报》，1951 年第 5 册。

[26] 陈梦家：《商代的神话与巫术》，载《燕京学报》，第 20 期，1937 年。

[27] 陈梦家：《商王庙号考——甲骨断代学乙篇》，载《考古学报》，1954 年第 8 册。

[28] 陈梦家：《祖庙与神主之起源》，载《燕京大学国文学会文学年报》，第 3 期，1937 年。

[29] 陈筱芳：《帝、天关系的演变》，载《西南师范大学学报》（人文社会科学版），2004 年 5 月，第 30 卷第 3 期。

[30] 陈筱芳：《帝字新解与帝之原型和演变》，载《西南民族大学学报》（人文社科版），2004 年 2 月，总 25 卷第 2 卷。

[31] 董作宾：《安阳侯家庄出土之甲骨文字》，载《中央研究院历史语言研究所田野考古报告》，1936 年。

[32] 董作宾：《汉城大学所藏大胛骨刻辞考释》，载《中央研究院历史语言研究所集刊》二十三本下册，1956 年。

[33] 董作宾：《甲骨文断代研究例》，载《中央研究院历史语言研究所集刊外编第 1 种，庆祝蔡元培先生六十五岁论文集》（上册），1933 年。

[34] 董作宾：《今日之甲骨学》，载《金匮论古综合刊》（第 1 期），1955 年。

[35] 董作宾：《民国十七年十月试掘安阳小屯报告书》，载《安阳发掘报告》第 1 期，1929 年。

[36] 董作宾：《香港大学所藏甲骨文字》，载《东方文化》，1957 年。

[37] 方述鑫：《试论帝乙、帝辛卜辞》，载《殷都学刊》，1992 年第 4 期。

[38] 冯桂容：《从殷墟卜辞和典籍看酒祭》，载《襄阳职业技术学院学报》，2013 年 7 月，第 12 卷第 4 期。

[39] 冯娟：《试释"帝"》，载《延安大学学报》（社会科学版），2010 年 2 月，第 32 卷第 1 期。

［40］高广仁：《大汶口文化的社会性质与年代》，载《光明日报》，1978 年 4 月 27 日。

［41］高明：《从甲骨文中所见王与帝的实质看商代社会》，载《古文字研究》第 16 辑。

［42］龚维英：《试论中国上古夷、夏畛域的消失》，载《人文杂志》，1987 年第 1 期。

［43］郭静云：《殷商的上帝信仰与"帝"字字形新解》，载《南方文物》，2010 年第 2 期。

［44］郭沫若：《古代文字之辩证的发展》，载《考古学报》，1972 年第 1 期。

［45］胡厚宣：《八十五年来甲骨文材料之再统计》，载《史学月刊》，1984 年第 5 期。

［46］胡厚宣：《大陆现藏之甲骨文字》，载《中央研究院历史语言研究所集刊》，第 67 本 4 分本，1996 年 12 月。

［47］胡厚宣：《释殷代求年于四方和四方风的祭祀》，载《复旦学报》，1956 年第 1 期。

［48］胡厚宣：《殷代婚姻家族宗法生育制度考》，载《甲骨学商史论丛》初集第 1 册，成都齐鲁大学《国学研究所专刊》之一，1944 年 3 月。

［49］黄国信、温春来、吴滔：《历史人类学与近代区域社会史研究》，载《近代史研究》，2006 年第 5 期。

［50］金景芳：《论宗法制度》，载《东北人民大学人文科学学报》，1956 年第 2 期。

［51］金祥恒：《卜辞中所见殷商宗庙及殷祭考》（上、中、下），载《大陆杂志》，第 20 卷第 8—10 期，1960 年 4—5 月。

［52］蓝居达：《历史人类学简论》，载《广西民族学院学报》（哲学社会科学版），2001 年 1 月，第 23 卷第 1 期。

［53］李光霁：《商朝政制中的神权、族权与王权》，载《历史教学》，1986 年第 2 期。

[54] 李向平：《周代的祖宗崇拜与王权的历史特征》，载《社会科学战线》，1991 年第 3 期。

[55] 李晓东、黄晓芬：《秦人鬼神观与殷周鬼神观比较》，载《人文杂志》，1989 年第 5 期。

[56] 李孝定：《李光前文物馆所藏甲骨文字简释》，载《文物汇刊第 2 号》，新加坡南洋大学李光前文物馆，1976 年 3 月。

[57] 李学勤：《周文王时期卜甲与商周文化关系》，载《人文杂志》，1988 年第 2 期。

[58] 连劭名：《甲骨刻辞中的血祭》，载《古文字研究》，1990 年第 16 辑。

[59] 刘家和：《宗法辨疑》，载《北京师范大学学报》，1987 年第 1 期。

[60] 柳腊梅：《浅析殷代晚期至春秋时期"禘祭"的变化》，载《黑龙江史志》，2009 年 19 期。

[61] 罗振玉：《铁云藏龟之余》，载《甲骨文研究资料汇编》（第一册）（北京：北京图书馆出版社，2008 年）。

[62] 彭兆荣：《边界的空隙：一个历史人类学的场域》，载《思想战线》，2004 年第 1 期第 30 卷。

[63] 裘锡圭：《汉字形成问题的初步探索》，载《中国语文》，1978 年第 3 期。

[64] 饶宗颐：《欧亚美所见甲骨录存》，载《南洋大学学报》（社会科学与人文科学版），1970 年第 4 期。

[65] 任式楠、吴耀利：《中国新石器时代考古学五十年》，载《考古》，1999 年第 9 期。

[66] 商承祚：《殷商无四时说》，载《清华周刊》，1932 年第 37 卷第 9 期。

[67] 石璋如：《殷墟地上建筑复原第七例——论乙一及乙三两个基址》，载《历史语言研究所集刊》，六十六本四分，1995 年 12 月。

[68] 史克祖：《追求历史学与其他社会科学的结合——区域社会史研究学者四人谈》，载《首都师范大学学报》，1999 年第 6 期。

[69] 宋镇豪：《甲骨文"出日"、"入日"考》，载《出土文献研究》（第 1 辑）（北京：文物出版社 1985 年版）。

[70] 唐兰：《从大汶口文化的陶器文字看我国最早文化的年代》，载《光明日报》，1977 年 12 月 25 日。

[71] 唐云明：《河北商代农业考古概述》，载《农业考古》，1982 年第 1 期。

[72] 田兆元：《论鬼神崇拜的起源与鬼神之分野》，载《历史教学问题》，1993 年第 1 期。

[73] 王晖：《帝乙帝辛卜辞断代研究》，载《陕西师范大学学报》（哲学社会科学版），2003 年 9 月，第 32 卷第 5 期。

[74] 王磊：《试论龙山文化时代的人殉和人祭》，载《东南文化》，1999 年第 4 期。

[75] 吴燕：《甲骨文"黍"字考》，载《东南大学学报》（哲学社会科学版），2009 年 6 月，第 11 卷增刊。

[76] 夏含夷：《芝加哥大学所藏商代甲骨》，载《中国图书文史论集——钱存训先生八十生日纪念》（台北：正中书局，1991 年）。

[77] 萧兵：《在广阔的背景上探索（兼谈〈楚辞〉与中华上古四大集群文化及太平洋文化因子的关系)》，载《文艺研究》，1985 年第 6 期。

[78] 萧凤霞、包弼德等：《区域·结构·秩序——历史学与人类学的对话》，载《文史哲》，2007 年第 5 期。

[79] 严文明：《中国史前文化的统一性与多样性》，载《文物》，1987 年第 3 期。

[80] 杨升南：《百年来的殷墟甲骨文研究》，载《人民日报》，1999 年 7 月 24 日。

[81] 杨升南：《从殷墟卜辞中的"示"、"宗"说到商代的宗法制度》，载《中国史研究》，1985 年第 3 期。

［82］杨雅丽：《〈礼记〉祭礼命名解读》，载《成都大学学报》（社科版），2013 年第 4 期。

［83］叶林生：《帝喾考》，载《甘肃社会科学》，1998 年第 4 期。

［84］叶林生：《姜嫄"履帝武敏"考》，载《复旦学报》（社会科学版），1998 年第 6 期。

［85］叶林生：《释"帝"》，载《烟台大学学报》（哲学社会科学版），2001 年 7 月，第 14 卷，第 3 期。

［86］于省吾：《关于古文字研究的若干问题》，载《文物》，1973 年第 2 期。

［87］詹鄞鑫：《禘礼辨——兼释卜辞"帝"礼与"宁"礼》，载《中国文字研究》，1999 年 00 期。

［88］张秉权：《殷代的祭祀与巫术》，载《历史语言研究所集刊》，第 49 本第 3 分。

［89］张法：《论中国文化从远古到先秦的塑形》，载《东吴学术》，2013 年第 1 期。

［90］张桂光：《殷周"帝"、"天"观念考索》，载《华南师范大学学报》（社会科学版），1984 年第 2 期。

［91］赵铨、钟少林、白荣金：《甲骨文字契刻初探》，载《考古》，1982 第 1 期。

［92］赵烨：《良渚文化人殉人祭现象试析》，载《南方文物》，2001 年第 1 期。

［93］郑继娥：《甲骨文中的"帝"——中国原始宗教的古文字考察之一》，载《宗教学研究》，2004 年第 1 期。

［94］锺柏生：《说"异"兼释"异"并见诸词》，载《中央研究院历史研究所集刊》，第 56 本第 3 分。

［95］朱凤瀚：《近百年来的殷墟甲骨文研究》，载《历史研究》，1997 第 1 期。

［96］朱凤瀚：《论殷墟卜辞中的"大示"及其相关问题》，载《古文

字研究》，1989 第 16 辑。

[97] 朱凤瀚：《商周时期的天神崇拜》，载《中国社会科学》，1993年第 4 期。

[98] 邹衡：《试论殷墟文化分期》，载《北京大学学报》，1964 年第4 期。

二、硕士或博士论文

[1] 常新枝：《殷商时期的宗教信仰》（郑州大学硕士论文，2005年）。

[2] 范州成：《从殷墟卜辞看血缘祖先崇拜的由来》（苏州大学硕士论文，2005 年）。

[3] 何飞燕：《周代金文与祖先神崇拜研究》（陕西师范大学硕士论文，2007 年）。

[4] 刘雪红：《论夏商时期河洛集团与苗蛮集团的文化交流与融合》（郑州大学硕士论文，2001 年）。

三、翻译论文

[1]（美）艾兰着，刘学顺译：《"帝"的甲骨字形》，载《湖南大学学报》（社会科学版），2007 年 9 月，第 21 卷第 5 期。

[2]（美）卡罗林·布莱特尔著，徐鲁亚译：《资料堆中的田野工作——历史人类学的方法与资料来源》，载《广西民族研究》，2001 年第3 期。

乙、书籍

一、中文书籍（今版、古版书籍）

[1] 贝冢茂树、伊藤道治：《甲骨文字研究》（京都同朋舍，1980年）。

[2] 贝冢茂树：《京都大学人文科学研究所藏甲骨文字》（日本京都大学人文科学研究所，1959 年）。

[3] 贝冢茂树：《京都大学人文科学研究所藏甲骨文字释文篇》（日本

京都大学人文科学研究所，1960 年）。

［4］毕长朴：《中国上古图腾制度探迹》（台北：朴学出版社，2009年）。

［5］卜工：《历史选择中国模式》（北京：科学出版社，2009 年）。

［6］卜工：《文明起源的中国模式》（北京：科学出版社，2007 年）。

［7］卜工：《中国模式解读早期中国》（北京：科学出版社，2011年）。

［8］卜商（前 507－不详）撰：《诗序》（明津逮秘书本）。

［9］曹焕章：《法国所藏甲骨录》（台北：台北市光启出版社，1985年）。

［10］曹锦炎、沈建华：《甲骨校释总集（二十卷）》（上海：上海辞书出版社，2007 年）。

［11］曹玮：《周原甲骨文（彩色照片）》（北京：世界图书出版公司北京公司，2002 年）。

［12］曾毅公：《甲骨辍存》（北京：北京图书馆出版社，2000 年）。

［13］曾毅公：《甲骨缀合编》（修文堂，1950 年）。

［14］常玉芝：《商代周祭制度》（北京：中国社会科学出版社，1987年）。

［15］常玉芝着：《商代宗教祭祀》（北京：中国社会科学出版社，2010 年）。

［16］陈邦怀：《甲骨文零拾》（天津：天津人民出版社，1959 年）。

［17］陈邦怀：《殷代社会史料征存》（天津：天津人民出版社，1959年）。

［18］陈邦怀：《殷契拾遗》（自写石印本，1927 年）。

［19］陈邦怀：《殷墟书契考释小笺》（略识字斋，1925 年）。

［20］陈来：《古代宗教与伦理——儒家思想的根源》（北京：三联书店，2009 年）。

［21］陈烈：《中国祭天文化》（北京：中国宗教文化出版社，2000

年)。

[22] 陈梦家：《殷虚卜辞综述》（北京：中华书局，1988 年）。

[23] 陈荣捷：《现代中国的宗教趋势》（台北：文殊出版社，1965年）。

[24] 陈世辉：《古文字学概要》（福州：福建人民出版社，2011 年）。

[25] 陈戍国：《中国礼制史先秦卷》（长沙：湖南教育出版社，2002年）。

[26] 陈炜湛、唐钰明：《古文字学纲要》（广州：中山大学出版社，2009 年）。

[27] 陈炜湛：《甲骨文简论》（上海：上海古籍出版社，1987 年）。

[28] 戴君仁：《中国文字构造论》（台北：世界书局，1976 年）。

[29] 岛邦男：《殷墟卜辞研究（全两册)》（上海：上海古籍出版社，2006 年）。

[30] 岛邦男：《殷墟卜辞综类》（日本：汲古书院，1971 年）。

[31] 地球出版社编辑部编辑：《原始中国》（共两册）（台北：地球出版社，1991 年）。

[32] 丁福保著：《说文解字诂林》（共七册）（昆明：云南人民出版社，2006 年）。

[33] 丁山：《古代神话与民族》（北京：商务印书馆，2005 年）。

[34] 丁山：《甲骨文所见氏族及其制度》（北京：科学出版社，1956年）。

[35] 丁山：《中国古代宗教与神话考》（上海：上海世纪出版股份有限公司，2011 年）。

[36] 东洋文库中国史研究委员会：《东洋文库所藏甲骨文字》（东京株式社会印刷，1979 年）。

[37] 董增龄：《国语正义》（清光绪章氏训堂刻本）。

[38] 董作宾、胡厚宣辑：《甲骨年表》（上海：商务印书馆，1937 年）。

[39] 董作宾：《甲骨学五十年》（台北：艺文印书馆，1955 年）。

［40］董作宾：《小屯·殷墟文字甲编》（中央研究院历史语言研究所，1948 年）。

［41］董作宾：《小屯·殷墟文字乙编》（北京：商务印书局，1948 年）。

［42］董作宾：《殷历谱（共八册）》（成都：巴蜀书社，2009 年）。

［43］董作宾：《殷历谱》（共两册）（中央研究院历史语言研究所专刊之二十三）（台北：中央研究院历史语言研究所，1992 年）。

［44］董作宾：《殷墟文字外编》（台北：艺文印书馆，1956 年）。

［45］方法敛：《金璋所藏甲骨卜辞》（美国纽约影印本，1939 年）。

［46］方法敛：《库方二氏藏甲骨卜辞》（上海：商务印书馆，1936 年）。

［47］方诗铭、王修龄校注：《古本竹书纪年辑证（修订本）》（上海：上海古籍出版社，2005 年）。

［48］费孝通：《乡土中国》（北京：中华书局，2013 年）。

［49］费孝通：《中华民族多元一体格局》（北京：中央民族学院出版社，1989 年）。

［50］傅才武：《中国人的信仰与崇拜》（武汉：湖北教育出版社，1999 年）。

［51］高嶋谦一：《殷墟文字丙编通检》（中央研究院历史语言研究所，1985 年）。

［52］高广仁、栾丰实：《大汶口文化》（北京：文物出版社，2004 年）。

［53］高明：《中国古文字学通论》（北京：北京大学出版社，2002 年）。

［54］高明编著：《古文字类编》（台北：台湾大通书局，1986 年）。

［55］龚维英：《原始崇拜纲要——中华图腾文化与生殖文化》（北京：中国民间文艺出版社，1989 年）。

［56］顾栋高（1679－1759）撰：《毛诗类释》（清文渊阁四库全书

本）。

[57] 顾廷龙：《古陶文香录》（上海：上海古籍出版社，2004 年）。

[58] 顾颉刚：《秦汉的方士与儒生》（上海：上海古籍出版社，1978 年）。

[59] 顾颉刚：《与钱玄同先生论古史书，古史辨》（上海：上海古籍出版社，1982 年）。

[60] 郭沫若：《卜辞通纂，郭沫若全集（考古编 第二卷）》（北京：科学出版社，2002 年）。

[61] 郭沫若：《卜辞中的古代社会，中国古代社会研究》（北京：群益出版社，1950 年）。

[62] 郭沫若：《古代铭刻汇考续编》（日本文求堂，1934 年）。

[63] 郭沫若：《甲骨文字研究，郭沫若全集》（北京：科学出版社，2002 年）。

[64] 郭沫若：《金文余释之余》（日本文求堂，1933 年）。

[65] 郭沫若：《两周金文辞大系图录考释》（上海：上海书店出版社，1999 年）。

[66] 郭沫若：《论古代文学，今昔集——东方文艺丛书》（东方书社，1942 年）。

[67] 郭沫若：《青铜器时代》（北京：人民出版社，1954 年）。

[68] 郭沫若：《先秦天道观之进展》（上海：商务印书馆，1936 年）。

[69] 郭沫若：《殷契粹编》（北京：科学出版社，1965 年）。

[70] 郭沫若主编、胡厚宣总编辑、中国社科院历史研究所编：《甲骨文合集（精十三册）》（北京：中华书局，1978 年）。

[71] 郭璞（276－324）撰：《山海经传》（四部丛刊景明成化本）。

[72] 郭若愚：《殷契拾掇》（上海：上海古籍出版社，2005 年）。

[73] 郭若愚：《殷墟文字缀合》（北京：科学出版社，1955 年）。

[74] 韩江苏、江林昌著：《〈殷本纪〉订补与商史人物征》（北京：中国社会科学出版社，2010 年）。

［75］汉语大字典编辑委员会：《汉语大字典》三卷本（成都：四川辞书出版社，1996 年）。

［76］郝懿行（1757－1825）撰：《礼记笺》（清光绪八年东路厅署刻郝氏遗书本）。

［77］何星亮：《图腾与中国文化》（南京：江苏人民出版社，2008 年）。

［78］何星亮：《中国自然神与自然崇拜》（上海：三联书店，1992 年）。

［79］侯外庐著：《中国古代社会史论》（北京：人民出版社，1955 年）。

［80］胡鸿保：《中国人类学史》（北京：中国人民大学出版社，2006 年）。

［81］胡厚宣、胡振宇：《殷商史》（上海：上海人民出版社，2003 年）。

［82］胡厚宣：《甲骨六录》（济南：齐鲁大学国学研究所，1945 年）。

［83］胡厚宣：《甲骨续存补编（精三册）》（天津：天津古籍出版社，1996 年）。

［84］胡厚宣：《甲骨学商史论丛初集》（石家庄：河北教育出版社，2002 年）。

［85］胡厚宣：《苏德美日所见甲骨集》（成都：四川辞书出版社，1988 年）。

［86］胡厚宣：《苏联国立爱米塔什博物馆所藏甲骨文字，甲骨文与殷商史（第二辑）》（上海：上海古籍出版社，1991 年）。

［87］胡厚宣：《五十年甲骨文发现的总结》（北京：商务印书馆，1951 年）。

［88］胡厚宣：《五十年甲骨学论著目》（北京：中华书局，1952 年）。

［89］胡厚宣：《战后京津新获甲骨集》（上海：群联出版社，1954 年）。

[90] 胡厚宣：《战后南北所见甲骨录》（北平：来熏阁书店，1951年）。

[91] 胡厚宣：《战后宁沪新获甲骨集》（北京：来熏阁书店，1951年）。

[92] 胡厚宣：《战后平津新获甲骨集》（成都：齐鲁大学国学研究所，1946年）。

[93] 胡厚宣编集：《苏、德、美、日所藏甲骨》（四川：四川辞书出版社，1998年）。

[94] 胡厚宣主编：《甲骨文合集材料来源表》（北京：中国社会科学出版社，1999年）。

[95] 胡厚宣主编：《甲骨文合集释文》（共四册）（北京：中国社会科学出版社，1999年）。

[96] 许进雄：《古事杂谈》（台北：商务印书馆，1991年）。

[97] 许进雄：《许进雄古文字论集》（北京：中华书局，2010年）。

[98] 许进雄：《怀特氏等所藏甲骨集》（加拿大皇家安大略博物馆，1979年）。

[99] 许进雄：《殷卜辞中五种祭祀的研究——许进雄古文字论集》（北京：中华书局，2010年）。

[100] 许进雄：《中国古代社会——文字与人类学的透视》（北京：中国人民大学出版社，2008年）。

[101] 许进雄编：《怀特氏收藏甲骨文集》（加拿大：皇家安大略博物馆，1979年）。

[102] 许慎：《说文解字（附检字）》（北京：中华书局，1963年）。

[103] 许慎著、段玉裁注：《说文解字注》（经韵楼藏版）（台北：天工书局，1987年）。

[104] 皇甫谧撰，陆吉点校：《二十五别史》（济南：齐鲁书社，2000年）。

[105] 黄濬：《邺中片羽二集》（北平尊古斋柯罗版，1935年）。

[106] 黄浚：《邺中片羽三集》（北京琉璃厂通古斋初版，1942 年）。

[107] 黄奇逸：《商周研究之批判——中国古文字的产生与发展》（成都：巴蜀书社，2008 年）。

[108] 黄淑娉、程德祺、庄孔韶、王培英：《中国原始社会史话》（北京：北京出版社，1992 年）。

[109] 黄天树：《殷墟王卜辞的分类与断代》（台北：文津出版社，1991 年）。

[110] 金鹗撰：《求古录礼说》（济南：山东友谊书社，1992 年）。

[111] 金泽：《宗教人类学导论》（北京：宗教文化出版社，2001 年）。

[112] 金祖同：《殷契遗珠》（中法文化出版委员会，1939 年）。

[113] 居阅时、瞿明安著：《中国象征文化》（上海：上海人民出版社，2001 年）。

[114] 康殷著：《文字源流浅说》（北京：国际文化出版公司，1992 年）。

[115] 孔安国撰，陆德明音义：《尚书》（四部丛刊景宋本）。

[116] 孔安国撰：《尚书注疏》附释音尚书注疏（清嘉庆二十年南昌府学重刊宋本十三经注疏本）。

[117] 孔晁注：《逸周书》（四部丛刊景明嘉靖二十二年本）。

[118] 雷汉卿：《〈说文〉“示部”字与神灵祭祀考》（成都：巴蜀书社，2000 年）。

[119] 雷焕章：《德瑞荷比所藏一些甲骨录》（台北：光启出版社，1997 年）。

[120] 李旦丘：《铁云藏龟零拾》（上海：中法文化出版委员会，1939 年）。

[121] 李旦丘：《殷契摭佚》（北京：来熏阁书店，1941 年）。

[122] 李景生：《汉字与上古文化》（北京：中国社会科学出版社，2009 年）。

[123] 李民、王健撰：《尚书译注》（上海：上海古籍出版社，2004年）。

[124] 李向平：《王权与神权》（沈阳：辽宁教育出版社，1991年）。

[125] 李向平：《祖先的神灵——缺乏神性的中国人文世界》（南宁：广西人民出版社，1989年）。

[126] 李孝定：《甲骨文字集释》（中央研究院历史语言研究所，1969年）。

[127] 李学勤、齐文心、艾兰：《瑞典斯德哥尔摩远东古物博物馆藏甲骨文字》（北京：中华书局，1999年）。

[128] 李学勤、齐文心、艾兰编：《英国所藏甲骨集》上编（上、下册）（北京：中华书局，1985年）。

[129] 李学勤：《古文字学初阶》（北京：中华书局，2006年）。

[130] 李学勤：《殷代地理简论》（北京：科学出版社，1959年）。

[131] 李学勤：《中国古代文明起源》（上海：上海科学技术文献出版社，2007年）。

[132] 李雪山：《商代分封制度研究》（北京：中国社会科学出版社，2004年）。

[133] 李亚农：《殷契摭佚续编》（上海：商务印书馆，1950年）。

[134] 李亦园：《宗教与神话论集》（台北：立绪文化事业有限公司，1998年）。

[135] 李泽厚：《人类学历史本体论》（天津：天津社会科学院出版社，2008年）。

[136] 林惠祥：《文化人类学》（北京：商务印书馆，2011年）。

[137] 林泰辅：《龟甲兽骨文字》（北京：富晋书社，1930年）。

[138] 林晓平：《中国人崇拜祖先的传统》（北京：北京科学技术出版社，1995年）。

[139] 林沄：《古文字研究简论》（长春：吉林大学出版社，1986年）。

[140] 刘安（前179－前122）：《淮南鸿烈解》（四部丛刊景钞北宋

本）。

[141] 刘鹗：《铁云藏龟》，《甲骨文研究资料汇编（第一册）》（北京：北京图书馆出版社，2008 年）。

[142] 刘奉光：《甲骨金石简帛文学源流》（长春：吉林人民出版社，2002 年）。

[143] 刘其伟编译：《文化人类学》（天津：百花文艺出版社，2012 年）。

[144] 刘向（前 77－前 6）：《新序》（四部丛刊景明翻宋本）。

[145] 刘星池：《甲骨文画帖字典》（济南：山东美术出版社，2003 年）。

[146] 刘兴隆：《新编甲骨文字典》（北京：中国国际文化出版公司，1993 年）。

[147] 刘一曼：《花园庄东地甲骨》（昆明：云南人民出版社，2003 年）。

[148] 刘源：《商周祭祖礼研究》（北京：商务印书馆，2004 年）。

[149] 刘钊、洪扬、张新俊：《新甲骨文编》（福州：福建人民出版社，2009 年）。

[150] 刘志伟：《百年话甲骨》（北京：海潮出版社，1999 年）。

[151] 刘子静、梅立德：《宗教象征》（上海：广学会，1940 年）。

[152] 罗振玉：《三代吉金文存（全三册）》（北京：中华书局，1983 年）。

[153] 罗振玉：《铁云藏龟之余》，《甲骨文研究资料汇编（第一册）》（北京：北京图书馆出版社，2008 年）。

[154] 罗振玉：《殷墟书契后编》（民国珂罗版，1916 年）。

[155] 罗振玉：《殷墟书契菁华》（北京：中国青年出版社，1994 年）。

[156] 罗振玉：《殷墟书契前编》（民国珂罗版，1913 年）。

[157] 罗振玉：《殷墟书契续编（全六册）》（珂罗版，1933 年）。

[158] 罗振玉：《增订殷墟书契考释》（北京：中华书局，2006 年）。

[159] 罗振玉录：《墟书契待问编》（上虞罗氏，1916年）。

[160] 吕不韦（前292—前235）撰，高诱注：《吕氏春秋》（四库丛刊景明刊本）。

[161] 马昌仪：《中国灵魂信仰》（上海：上海文艺出版社，1998年）。

[162] 马衡：《凡将斋金石丛稿》（北京：中华书局，1977年）。

[163] 马衡：《中国金石学概要》（北京：中华书局，1977年）。

[164] 马如森：《殷墟甲骨文实用字典》（上海：上海大学出版社，2008年）。

[165] 马如森：《殷墟甲骨文引论》（长春：东北师范大学出版社，1993年）。

[166] 毛亨传，郑玄（127—200）笺，陆德明（550—630）音义：《毛诗》（四部丛刊景宋本）。

[167] 毛亨传、郑玄笺、孔颖达疏、龚抗云、李传音、胡渐逵、肖永明、夏先培整理、刘家和审定：《毛诗正义》（十三经注疏整理本），（北京：北京大学出版社，2000年）。

[168] 毛亨传、郑玄笺、孔颖达疏：《毛诗注疏》附释音毛诗注疏（清嘉庆二十年南昌府学重刊宋本十三经注疏本）。

[169] 梅原末治：《河南安阳遗宝》（京都同朋舍，1940年）。

[170] 孟繁放：《西清古鉴疏（全九册)》（北京：北京工艺美术出版社，2011年）。

[171] 孟华：《汉字：汉语和华夏文明的内在形式》（北京：中国社会科学出版社，2004年）。

[172] 孟慧英：《中国原始信仰研究》（北京：中国社会科学出版社，2010年）。

[173] 孟世凯：《甲骨学小词典》（上海：上海辞书出版社，1987年）。

[174] 孟世凯著：《中国古代历史与文明——商史与商代文明》（上海：上海科学技术文献出版社，2007年）。

[175] 明义士：《柏根氏旧藏甲骨卜辞》（济南：齐鲁大学国学研究

所，1935年）。

［176］明义士：《殷墟卜辞》（上海：上海别发洋行，1917年）。

［177］明义士编、许进雄编辑出版：《殷墟卜辞后编》（台北：艺文印书馆，1972年）。

［178］牟钟鉴、张践：《中国宗教通史》（共两册）（北京：中国社会科学出版社，2007年）。

［179］牟钟鉴：《中国宗教与文化》（台北：唐山出版社，1995年）。

［180］欧阳询（557－641）：《艺文类聚》（清文渊阁四库全书本）。

［181］彭裕商：《殷墟卜辞断代》（北京：中国社会科学出版社，1994年）。

［182］秦照芬：《商周时期的祖先崇拜》（台北：兰台出版社，2003年）。

［183］裘锡圭：《文字学概要》（北京：商务印书馆，1988年）。

［184］屈万里：《殷墟文字甲编考释》（中央研究院历史语言研究所，1961年）。

［185］饶宗颐：《巴黎所见甲骨录》（香港：香港大学出版社，1956年）。

［186］饶宗颐：《海外甲骨遗录》（东方文化杂志社，1961年）。

［187］饶宗颐：《甲骨文通检》（已出先公先王先妣贞人、地名、天文气象、职官人物、田猎与祭祀等五册）（香港中文大学出版社，1989－1999年）。

［188］饶宗颐：《饶宗颐二十世纪学术文集 卷二 甲骨》（北京：中国人民大学出版社，2009年）。

［189］容庚：《善斋彝器图录》（北京：燕京大学出版社，1936年）。

［190］容庚：《殷契卜辞》（北京：中华书局，2011年）。

［191］商承祚：《福氏所藏甲骨文字》（金陵大学中国文化研究所，1933年）。

［192］商承祚：《甲骨文字研究》（天津：天津古籍出版社，2008年）。

［193］商承祚：《说文中之古文考》（上海：上海古籍出版社，1983

年)。

[194] 商承祚：《殷契佚存》（金陵大学文化研究所，1933 年）。

[195] 商承祚：《殷虚文字类编》（北京：文史哲出版社，1979 年）。

[196] 商承祚辑：《殷虚文字待问编》（北京：北京图书馆出版社，2000 年）。

[197] 商承祚著、商志䵍编：《商纣之检讨，商承祚文集》（广州：中山大学出版社，2004 年）。

[198] 沈建华、曹锦炎：《新编甲骨文字形总表》（香港：香港中文大学出版社，2001 年）。

[199] 沈念乐：《琉璃厂史画》（北京：文化艺术出版社，2001 年）。

[200] 石磊：《儒教天道观：第九辑》（北京：北京图书馆出版社，2010 年）。

[201] 水上静夫：《甲骨金文字典》（雄山阁，1995 年）。

[202] 司马迁（前 145－前 87）：《史记》（清乾隆武英殿刻本）。

[203] 松丸道雄、高嶋谦一：《甲骨文字字释综览》（东京大学出版会，1993 年）。

[204] 松丸道雄：《东京大学东洋文化研究所藏甲骨文字》（东京大学东洋文化研究所，1983 年）。

[205] 宋光宇编译：《人类学导论》（台北：桂冠图书股份有限公司，1983 年）。

[206] 宋兆麟等：《中国原始社会历》（北京：文物出版社，1983 年）。

[207] 宋镇豪主编，常耀华编纂：《百年甲骨学论著目（补订版）》（北京：语文出版社，1999 年）。

[208] 宋镇豪著：《夏商社会生活史》（北京：中国社会科学出版社，1994 年）。

[209] 孙海波：《诚斋殷墟文字》（北京：修文堂书店，1940 年）。

[210] 孙海波：《甲骨文编》（北京：中华书局，1965 年）。

[211] 孙淼著：《夏商史稿》（北京：文物出版社，1987 年）。

[212] 孙诒让：《契文举例》（济南：齐鲁书社，1993 年）。

[213] 汤余惠主编：《战国文字编》（福州：福建人民出版社，2001 年）。

[214] 唐兰：《古文字学导论》（济南：齐鲁书社，1981 年）。

[215] 唐兰：《天壤阁甲骨文存》（北京：辅仁大学出版社，1939 年）。

[216] 唐兰：《殷墟文字记》（北京：中华书局，1981 年）。

[217] 天理大学编：《天理大学附属参考馆甲骨文字》（东京：天理教道友社，1987 年）。

[218] 童恩正：《文化人类学》（上海：上海人民出版社，1989 年）。

[219] 汪宁生：《文化人类学调查——正确认识社会的方法》（北京：文物出版社，1996 年）。

[220] 王本兴：《甲骨文字典》（北京：北京工艺美术出版社，2010 年）。

[221] 王国维：《古史新证：王国维最后的讲义》（北京：清华大学，1996 年）。

[222] 王国维：《戬寿堂所藏殷墟文字》（台湾影印圣仓明治大学刊本，1917 年）。

[223] 王国维：《殷卜辞中所见先公先王考，王国维考古学文辑》（南京：凤凰出版社，2008 年）。

[224] 王国维著：《观堂集林》（香港：中华书局，1973 年）。

[225] 王晖：《商周文化比较研究》（北京：人民出版社，2000 年）。

[226] 王铭铭：《社会人类学与中国研究》（桂林：广西师范大学出版社，2005 年）。

[227] 王平，（德）顾彬著：《甲骨文与殷商人牲》（郑州：大象出版社，2007 年）。

[228] 王襄：《簠室殷契类纂》（河北第一博物院，1929 年）。

[229] 王襄：《簠室殷契征文》（天津博物院，1925 年）。

[230] 王祥龄：《中国古代崇祖敬天思想》（台北：台湾学生书局，

1992 年）。

[231] 王宇信，杨升南，聂玉海主编：《甲骨文精粹释读》（昆明：云南人民出版社，2004 年）.

[232] 王宇信、徐义华：《商周甲骨文》（北京：文物出版社，2006 年）。

[233] 王宇信、杨升南主编：《甲骨学一百年》（北京：社会科学文献出版社，1999 年）。

[234] 王宇信：《甲骨学通论（增订本）》（北京：中国社会科学出版社，1989 年）。

[235] 王宇信：《西周甲骨探论》（北京：中国社会科学出版社，1984 年）。

[236] 王宇信：《中国甲骨学》（上海：上海人民出版社，2009 年）。

[237] 吴大澂、丁佛言、强运开辑：《说文古籀补三种》（北京：中华书局，2011 年）。

[238] 吴大澂：《字说》（台北：艺文印书馆，1975 年）。

[239] 吴浩坤，潘悠：《中国甲骨学史》（上海：上海人民出版社，1985 年）。

[240] 吴俊德：《殷卜辞先王称谓综论》（台北：里仁书局，2010 年）。

[241] 吴俊德：《殷墟第四期祭祀卜辞研究》（台北：国立台湾大学文学院，2005 年）。

[242] 吴其昌：《殷墟书契解诂》（武汉：武汉大学出版社，2008 年）。

[243] 吴式芬：《攈古录金文（全九册）》（北京：中国书店出版社，2011 年）。

[244] 小林博：《古代汉字彙编》（木耳社，1977 年）。

[245] 小林石寿：《拓影展大甲骨文字字典》（木耳社，1987 年）。

[246] 小林石寿：《展大甲骨文字精华》（木耳社，1985 年）。

[247] 徐炳昶：《中国古史的传说时代》（北京：科学出版社，1960 年）。

[248] 徐凤先：《商末周祭祀谱合历研究》（北京：世界图书出版公司，2006 年）。

[249] 徐协贞撰：《殷契通释》（北京：北平文楷斋，1933 年）。

[250] 徐旭生：《中国古史的传说时代》（北京：科学出版社，1960年）。

[251] 徐中舒主编，四川大学古文字研究室集体编纂：《甲骨文字典》（成都：四川辞书出版社出版，2006 年）。

[252] 严一萍：《甲骨学（全二册）》（台北：艺文印书馆，1978 年）。

[253] 严一萍：《商周甲骨文总集（精十六册)》（台北：艺文印书馆，1984 年）。

[254] 严一萍：《殷商史记》（共三册）（台北：艺文印书馆，1991年）。

[255] 杨复竣：《中国祭祖史》（上海：上海大学出版社，2010 年）。

[256] 杨家骆主编：《文字学发凡》（国学名著珍本汇刊，语言文字学汇刊之一）（台北：鼎文书局，1972 年）。

[257] 杨树达：《卜辞求义》（上海：上海古籍出版社，1986 年）。

[258] 杨树达：《积微居甲文说》（上海：上海古籍出版社，1986 年）。

[259] 杨树达：《耐林廎甲文说》（上海：上海古籍出版社，2006 年）。

[260] 姚孝遂、肖丁：《殷墟甲骨刻辞类纂》（北京：中华书局，1989年）。

[261] 姚孝遂、肖丁：《殷墟甲骨刻辞摹释总集》（北京：中华书局，1988 年）。

[262] 叶玉森：《铁云藏龟拾遗附考释》（丹徒叶玉森五凤砚斋，1925年）。

[263] 叶玉森：《殷契钩沉》（北平：富晋书社，1929 年）。

[264] 叶玉森：《殷墟书契前编集释》（上海：大东书局，1934 年）。

[265] 伊藤道治：《中国古代王朝的形成》（北京：中华书局，2002年）。

[266] 永田英正：《京都大学人文科学研究所藏甲骨文字索引》（京都大学人文科学研究所，1968 年）。

[267] 于省吾：《商周金文录遗》（北京：中华书局，2009 年）。

[268] 于省吾：《双剑誃古器物图录》（北京：中华书局，2009 年）。

[269] 于省吾：《双剑誃殷契骈枝、双剑誃殷契骈枝续编、双剑誃殷契骈枝三编》，《于省吾著作集》（北京：中华书局，2009 年）。

[270] 于省吾：《甲骨文字诂林》（共四册）（北京：中华书局，1996 年）。

[271] 于省吾：《甲骨文字释林》（北京：中华书局，1979 年）。

[272] 詹鄞鑫：《神灵与祭祀——中国传统宗教综论》（南京：江苏古籍出版社，2000 年）。

[273] 张秉权：《小屯·殷墟文字丙编》（中央研究院历史语言研究所，1959 年）。

[274] 张铭远：《黄色文明——中国文化的功能与模式》（上海：上海文艺出版社，1990 年）。

[275] 张渭莲：《商文明的形成》（北京：文物出版社，2008 年）。

[276] 张学海：《龙山文化》（北京：文物出版社，2006 年）。

[277] 张亚辉著：《历史与神圣性——历史人类学散论集》（北京：世界图书出版公司，2009 年）。

[278] 张彦修：《婚姻、家族、氏族与文明——〈家庭、私有制和国家的起源〉研究》（北京：中国社会科学出版社，2007 年）。

[279] 张玉金：《甲骨文语法学》（上海：学林出版社，2001 年）。

[280] 张忠培、严文明：《中国远古时代》（上海：上海人民出版社，2010 年）。

[281] 赵诚：《甲骨文与商代文化》（沈阳：辽宁人民出版社，2000 年）。

[282] 赵容俊：《殷商甲骨卜辞所见之巫术》（增订本）（北京：中华书局，2011 年）。

[283] 赵世瑜：《小历史与大历史——区域社会史的理念方法与实践》（北京：三联书店出版社，2006 年）。

[284] 郑继娥：《甲骨文祭祀卜辞语言研究》（成都：巴蜀书社，2007 年）。

[285] 郑玄注，孔颖达疏：《礼记疏》附释音礼记注疏（嘉庆二十年南昌府学重刊宋本十三经注疏本）。

[286] 中岛竦撰：《书契渊源》（日本：东京文求堂，1936 年）。

[287] 中国大百科全书总编辑委员会：《宗教百科全书》（北京：中国大百科全书出版社，1998 年）。

[288] 中国科学院考古研究所编辑：《考古学专刊，乙种第十四号，甲骨文编》（北京：中华书局，1965 年）。

[289] 中国社会科学院考古研究所编：《小屯南地甲骨（精五册）》（北京：中华书局，1980 年）。

[290] 中国社会科学院考古研究所编：《小屯南地甲骨》上册第一、二分册（北京：中华书局，1980 年）。

[291] 中国社会科学院考古研究所编：《殷墟发掘报告（1958～1961)》（北京：文物出版社，1987）。

[292] 中国社会科学院考古研究所编著：《中国考古学——夏商卷》（北京：中国社会科学出版社，2003 年）。

[293] 中国社会科学院考古研究所编著：《中国考古学——新石器时代卷》（北京：中国社会科学出版社，2010 年）。

[294] 中国社科院历史研究所编：《甲骨文合集补编（精七册)》（北京：语文出版社，1999 年）。

[295] 周法高：《金文诂林》（香港：香港中文大学出版社，1974 年）。

[296] 周鸿翔：《美国所藏甲骨录》（加利福尼亚大学，1976 年）。

[297] 周晓红编：《人类学跨文化比较研究与方法》（昆明：云南大学出版社，2009 年）。

[298] 朱芳圃：《甲骨学文字编》（台北：商务印书馆，1983 年）。

[299] 朱歧祥：《甲骨文字学》（台北：里仁书局，2002 年）。

[300] 朱歧祥编：《甲骨四堂论文选集》（台北：台湾学生书局，1990 年）。

[301] 朱天顺：《中国古代宗教初探》（上海：上海人民出版社，1982 年）。

[302] 朱彦民：《商族的起源、迁徙与发展》（北京：商务印书馆，2007 年）。

[303] 庄孔韶主编：《人类学概论》（北京：中国人民大学出版社，2006 年）。

[304] 庄孔韶主编：《人类学通论》（太原：山西教育出版社，2003 年）。

[305] 邹晓丽、李彤、冯丽萍：《甲骨文字述要》（长沙：岳麓书社，1999 年）。

[306] 左丘明（前 502－前 422）撰，杜预（222－285）注，孔颖达（574－648）疏：《春秋左传正义》附释音春秋左传注疏（清嘉庆二十年南昌府学重刊宋本十三经注疏本）。

二、翻译书籍

[1]（德）恩格斯（Friedrich Von Engels）著，张仲实译：《家族、财产私有制及国家的起源》（上海：三联书店，1950 年）。

[2]（德）费尔巴哈（Ludwig Andreas Feuerbach）著，荣震华等译：《费尔巴哈哲学著作选集》（北京：三联书店，1962 年）。

[3]（德）马克思（Karl Marx）、（德）恩格斯（Friedrich Von Engels）著，中共中央马恩列斯著作编译局译：《马克思恩格斯全集》（北京：人民出版社，1958 年）。

[4]（法）爱弥尔·涂尔干（Émile Durkheim）、（法）马塞尔·莫斯（Marcel Mauss）著，汲喆译，渠东校：《原始分类》（上海：上海人民出版社，2000 年）。

[5]（法）爱弥尔·涂尔干（Émile Durkheim）著，渠东、汲喆译：

《宗教生活的基本形式》（上海：上海人民出版社，1999年）。

[6]（法）费尔南·布罗代尔（Fernand Braudel）著，施康强、顾良译：《15-18世纪的物质文明经济和资本主义（共三卷）》（上海：三联书店，1996年）。

[7]（法）费尔南·布罗代尔（Fernand Braudel）著：《腓力普二世时代的地中海与地中海世界》（北京：中国社会科学出版社，1999年）。

[8]（法）费尔南·布罗代尔（Fernand Braudel）著：《历史和社会科学：长时段，资本主义论丛》（北京：中央编译出版社，1997年）。

[9]（法）格拉耐（Granet，Marcel）著，张铭远译：《中国古代的祭礼与歌谣》（上海：上海文艺出版社，1989年）。

[10]（法）克洛德·列维·斯特劳斯（Claude Lévi-Strauss）著，于秀英译：《种族与历史、种族与文化》（北京：中国人民大学出版社），2006年。

[11]（法）克洛德·列维·斯特劳斯（Claude Lévi-Strauss）着，周昌忠等译：《野性的思维——列维斯特劳斯文集》（北京：中国人民大学出版社，2006年）。

[12]（法）列维·布留尔（Lvy-Bruhl, Lucien）著，丁由译：《原始思维》（北京：商务印书馆，1981年）。

[13]（加）玛丽莲·西佛曼（Marilyn Silvermnn）、P. H. 格里福（P. H. Gulliver）著，贾士蘅译：《走进历史田野：历史人类学的爱尔兰史个案研究》（台北：麦田出版股份有限公司，1999年）。

[14]（美）L. A. 怀特（Leslie Alvin White）著，黄克克、黄玲伊译，黄世积校：《文化的科学——人类与文明研究》（济南：山东人民出版社，1988年）。

[15]（美）爱德华·泰勒（Edward Teller）著，连树声译、谢继胜、尹虎斌、姜德顺校：《原始文化》（上海：上海文艺出版社，1992年）。

[16]（美）刘易斯·亨利·摩尔根（Lewis Henry Morgan）著，杨东莼、马雍、马巨译：《古代社会》（北京：商务印书馆，1992年）。

[17]（美）马斯洛（Abraham Maslow）著，许金声等译：《动机与

人格》（北京：华夏出版社，1987年）。

[18]（美）杨庆堃著，范丽珠等译：《中国社会中的宗教：宗教的现代社会功能及其历史因素之研究》（上海：上海人民出版社，2007年）。

[19]（瑞士）孔汉思（Hans Kung）、（加）秦家懿（JuliaChing）著，吴华译：《中国宗教与西方神学》（台北：联经出版事业公司，1989年）。

[20]（意）安东尼奥·阿马萨里著，刘儒庭、王天清等译，胡振宇审校：《中国古代文明——从商朝甲骨刻辞看中国史前史》（北京：社会科学文献出版社，1990年）。

[21]（英）A.R. 拉德克利夫·布朗（Alfred Reginald Radcliffe-Brown）著，夏建中译：《社会人类方法》（济南：山东人民出版社，1988年）。

[22]（英）A.R. 拉德克利夫·布朗（Alfred Reginald Radcliffe-Brown）著，潘蛟等译：《原始社会的结构与功能》（北京：中央民族大学出版社，1999年）

[23]（英）安东尼·吉登斯（Anthony Giddens，Baron Giddens）著，李康等译：《社会的构成》（上海：三联书店，1998年）。

[24]（英）布赖恩·莫里斯（Brain Morris）著，周国黎译：《宗教人类学》（北京：今日中国出版社，1992年）。

[25]（英）弗雷泽（James George Frazer）著，赵昍译：《金枝》（西安：陕西师范大学出版总社有限公司，2010年）。

三、外文书籍

[1] Alfred Radcliffe-Brown, *The Social Anthropology of Radcliffe-Brown* (London：Routledge, 1977).

[2] Alfred Radcliffe-Brown, *Structure and Function in Primitive Society：Essays and Addresses* (London：Cohen and West, 1952).

[3] Bronislaw Malinowski, *Science, Religion and Reality* (New York：The Macmillan company, 1925).

[4] Ching Kun Yang, *Religion in Chinese Society* (Illinois：Wave-

land Press, 1991).

[5] Edward Palmer Thompson, *The Poverty of Theory* (London: Merlin Press, 1978).

[6] Edward Burnett Tylor, *Primitive Culture 2 Volume Set: Researches Into the Development of Mythology, Philosophy, Religion, Art, and Custom* (Cambridge: Cambridge University Press, 2011).

[7] Freedman, Maurice, in Arthur Wolf (ed.), *religion and ritual in China society* (Stanford: Stanford University Press, 1974).

[8] Hars, Kung, & Ching, J., *Christianity and Chinese Religions* (New York: Doubleday Books, 1989).

[9] Maurice Freedman, *Lineage Organization in Southeastern China* (London: University of London The Athlone Press, 1958).

[10] Michael J. Puett, *To become a god: Cosmology, Sacrifice, and Selfdivinazation in Early China* (Cambridge & London: Harvard University Asia Center for the Harvard-Yenching Institute, 2002).

[11] Ohnuki-Tierney, E. (ed.), *Culture Through Time: Anthropological Approaches* (Stanford: Stanford University Press, 1990).

[12] Sahlins. M., *Islands of History* (Chicago: The University of Chicago Press, 1985).

[13] Silverman, M. & Gulliver, P. H., in Adam Kuper (ed.), *Historical Anthropology and Ethnographic Tradition: A Personal, Historical and Intellectual Account. In Approaching the Past: Historical Anthropology through Irish Case Studies* (New York: Columbia University Press, 1992).

附录一：《甲骨文精粹释读》^① 卜辞归纳整理

【人牲】卜辞

（1）贞侑羌［十］	11（5）	P1447^②
（2）戊子卜，宾，贞叀今夕用三百羌于丁用……	14	P1449
（3）丙子卜，殼，贞来羌率用。六	15（1）	P1449
（4）丙子卜，殼，贞来羌勿用。五 二告	15（2）	P1449
（5）贞今来［率］用。	15（3）	P1449
（6）来羌率用，侑于妣己。二 三	15（4）	P1449
（7）贞御自唐、大甲、大丁、祖乙百羌百宰。三 二告	17（1）	P1451
（8）壬寅卜，争，贞晢妣庚艮。	19（1）	P1451
（9）贞垂。	19（2）	P1451
（10）癸丑卜，殼，贞五百仆用。旬壬戌侑用仆百。三月。	20（3）	P1452
（11）□丑卜，殼，贞五［百仆］□。	20（4）	P1452
（12）□子卜，殼，贞五百仆□。	20（6）	P1452
（13）贞五百仆。允用。	20（7）	P1452

---

① 王宇信、杨昇南、聂玉海主编：《甲骨文精粹释读》，昆明：云南人民出版社，2004 年。

② 第一个数字为卜辞编号，括号中为卜辞所在条目顺序，P 后数字为书中页码。

(14) 贞侑于黄尹二羌。　　　　　　　　　　22 (6) P1453

(15) 𢦏仆。　　　　　　　　　　　　　　　　22 (7) P1454

(16) 贞今庚辰夕用献小臣卅，小妾卅于妇。九月。　23 (1) P1454

(17) 贞侑于妣甲垂、𠬝、卯宰。　　　　　　　25 (5) P1455

(18) 贞侑于父乙亞牛，晋三十，伐三十宰。三　　32 P1457

(19) 我侑于河女。　　　　　　　　　　　　　38 (4) P1459

(20) 贞爿。兹用。　　　　　　　　　　　　　46 (6) P1462

(21) 丙申卜，贞翌丁酉用子央岁于丁。　　　　68 (1) P1469

(22) 乙巳卜，宾，贞翌丁未酒，𣆠岁于丁，尊侑珏。二 二告

　　　　　　　　　　　　　　　　　　　　84 (1) P1472

(23) 贞翌丁未勿酒岁。二　　　　　　　　　　84 (2) P1472

(24) 壬辰卜，亘，贞侑晋巫，呼取氏。一 二　　115 P1480

(25) 贞 [翌] 庚申我伐，易日。庚申明雾。王来途首。雨小 一 二

三 四 五 六　　　　　　　　　　　　　129 (1) P1483

(26) 己卯媚子寅入，宜羌十。　　　　　　　211 正 (6) P1516

(27) 丙申卜，殸，贞来乙巳酒下乙。王固曰：酒隹有希其有酘。乙
巳酒，明雨。伐，既雨。咸伐，亦雨。𢻫卯，鸟星。　225 (3) P1521

(28) 庚戌卜，扶，夕侑般庚伐，卯牛。　　　　308 P1540

(29) 乙丑卜，王，侑三奚于父乙，三月延雨。　310 (3) P1540

(30) 乙亥，扶，用巫今興母庚。允事。三　　　319 (1) P1542

(31) 丙戌卜，扶，令伐蔡戟母。　　　　　　319 (6) P1543

(32) 戊寅卜，御子□于妇鼠，𡚽。六月　　　322 P1544

(33) ……卯民奠王𨸶𩰬。一　　　　　　　329 (1) P1546

(34) 丁卯，民奠王𨸶。十月 一 三　　　　　329 (2) P1546

(35) 贞民。十月。二　　　　　　　　　　　329 (4) P1546

(36) 奠民 [克] 邑。　　　　　　　　　　　329 (6) P1546

(37) 癸未卜，御庚妣伐卅，㠱卅，卅牢，𠬝三，三𣥐。 358 P1553

(38) 丁卯卜，旅，贞王宾小乙岁眔父丁，亡伐羌五。360 (1) P1554

（39）庚午卜，旅，贞王宾妣庚岁罕兄庚，亡尤。　　　360（2）P1554

（40）庚辰卜，大，贞来丁亥寇帚，侑枫岁羌三十，卯十牛。十二月

　　　　　　　　　　　　　　　　　　　　　　　363　P1554

（41）丁酉卜，贞王宾父丁岁三牢罕报丁岁……　　　366　P1555

（42）辛巳卜，行，贞王宾辛丑伐羌二，卯二牢，亡尤。

　　　　　　　　　　　　　　　　　　　　　371（3）P1557

（43）其酌十牢又羌　　　　　　　　　　　411（1）P1572

（44）二十牢又羌　　　　　　　　　　　　411（2）P1572

（45）三十牢又羌　　　　　　　　　　　　411（3）P1572

（46）乙巳卜，何，贞亚旁以羌其御用。　　　412（3）P1572

（47）……习龟卜，有来辐，其用于……　　　413　P1572

（48）乙亥卜，执其用。大吉　　　　　　　415（1）P1573

（49）其用自中宗祖乙，王受有佑。　　　　415（2）P1573

（50）其大乙用执，王受有佑。　　　　　　415（3）P1573

（51）高用，王受有佑。　　　　　　　　　415（4）P1573

（52）辛丑卜，王其侑升伐大乙，叀旧荔用，十五人，吉。

　　　　　　　　　　　　　　　　　　　　417　P1573

（53）壬戌卜，王其寻二方伯。大吉。　　　419（1）P1579

（54）王寻其二方伯于师屖。　　　　　　　441（2）P1579

（55）叀旦饮。　　　　　　　　　　　　　459（3）P1584

（56）于入自日酒饮。　　　　　　　　　　459（4）P1584

（57）王宾有饮。　　　　　　　　　　　　476（3）P1588

（58）丁卯，贞畐羌用自上甲至于父丁。　　484（1）P1590

（59）丁卯，贞畐以羌于父丁。　　　　　　484（2）P1590

（60）辛亥卜，犬延以羌用于大甲。　　　　487（5）P1592

（61）辛酉其若，亦幾伐。　　　　　　　　488（1）P1592

（62）壬戌，贞王逆卓以羌。一　　　　　　488（2）P1592

（63）王于滴逆以羌。一　　　　　　　　　488（3）P1592

（64）王于宗门逆羌。   488（5）P1592

（65）甲午，贞乙未酒高祖亥……大乙羌五牛三，祖乙［羌］……小
乙羌三牛二，父丁羌五牛三，亡卷。兹……   490   P1593

（66）戊辰卜，侑㞢妣己一女，妣庚一女。   491（6）P1593

（67）庚寅，贞酒升伐自上甲六示三羌三牛，六示二羌二牛，小示一
羌一牛。二   492   P1594

（68）己亥卜，侑羌祀。三   513（2）P1600

（69）庚辰卜，侑人🦴其东飨。一   520（5）P1603

（70）庚辰卜，侑晋人南。   520（7）P1603

（71）庚辰卜，侑晋人其南。一   520（8）P1603

（72）饮大丁。三   536（5）P1610

（73）□亥卜，□大宗侑升伐三羌，□十小宰，自上甲。

                                     539（2）P1611

（74）己卯卜贞，王宾祖乙奭妣己姬婢二人，彭二人，卯二牢，亡尤。

                                     558（1）P1618

（75）甲申卜贞，王宾祖辛奭妣甲姬婢二人，人彭，卯二牢，亡尤。

                                     558（2）P1618

（76）丁亥卜，在黍𣂪，贞韦师寏妹侑寁，王其令寁，不每，克叶王
令。   583（1）P1626

（77）韦师寏弜饮，亡寁。王其呼寁，示京阜，侑用，若。

                                     583（2）P1626

（78）癸卯，贞射盅以羌，其用重乙。   612（2）P1634

（79）甲辰，贞射盅以羌，其用自上甲，幾至于…… 612（3）P1634

（80）丁巳卜，三羌三牢于大乙。   624（2）P1638

（81）丁巳卜，五羌五牢于大乙。   624（3）P1638

（82）庚申卜，重乙丑酒三羌三牢。   624（6）P1638

（83）庚申卜，于来乙亥酒三羌三牢。   624（7）P1638

（84）我以方矢于宗。   624（8）P1638

（85）弜矢。 624（9）P1638

（86）辛酉卜，犬延以羌用自上甲。 625（7）P1639

（87）戊戌卜，侑十牢伐五，大乙。三 629（8）P1641

（88）丁亥，贞王其汰方𢦏，呼御事。三 635（9）P1644

（89）壬辰卜，其宁疾于四方，三羌侑九犬。三 三 635（10）P1644

（90）癸酉，贞卓以［伐］……北土。二 二 二 636（1）P1644

（91）□□，贞卓以伐于北土。 636（2）P1644

（92）伐其七十羌。一 638（1）P1644

（93）乙亥卜，贞竹来，以召方，于大乙𡥆。一 640（15）P1646

（94）丁丑卜，余𥝋徝𢦏。 642 P1647

（95）大乙伐十羌。三 645（5）P1648

（96）大乙伐十羌又五。三 645（6）P1648

（97）大乙伐三十羌。三 645（7）P1648

（98）辛巳，贞犬侯以羌，其用自。 645（9）P1649

（99）……于宗门寻王羌。 645 P1649

（100）辛卯卜，侑于伊尹一羌一牢。一 658（2）P1653

（101）癸卯卜，㱿，贞［旬亡祸］。王固曰：有 ……［大］骤风，
之夕……羌五。三 21（3）P1453

（102）贞燚闻有从雨。 33（1）P1457

【动物祭品】卜辞

（1）□□卜，贞肇丁禘十牢…… 3（2）P1442

（2）辛卯卜，㗊，贞呼多羌逐麋获。 10（3）P1447

（3）贞御自唐、大甲、大丁、祖乙百羌百宰。三 二告 17（1）P1451

（4）贞御田牛三百。三 四 17（2）P1451

（5）贞侑豕于父甲。 19（3）P1451

（6）贞奠于土三小宰，卯一牛，沉十牛。 19（4）P1451

（7）丙辰卜，争，贞师侑𣂪。 19（5）P1451

（8）贞侑于妣甲垂、𡥚、卯宰。 25（5）P1455

（9）贞告执于南室，三宰。 28（1）P1456

（10）贞侑于父乙𡥚牛，晋三十，伐三十宰。三 32 P1457

（11）裒于河、王亥、上甲十牛，卯十宰。五月。 34（4）P1458

（12）甲寅卜，𣪊，贞侑于唐一牛，其侑曰…… 36 P1458

（13）酒五十牛于河。 38（3）P1459

（14）来辛亥裒于王亥二十牛。 38（5）P1459

（15）𢆉三羊三豕，今秋…… 四 五 二告 38（6）P1459

（16）甲辰卜，𣪊，贞翌乙巳侑于父乙宰，用。二 三 40（11）P1460

（17）甲戌卜，贞翌乙亥侑于祖乙三牛，𠦜见夷牛。十三月

41（4）P1460

（18）庚辰卜，𣪊，贞侑于丁五宰。 45 P1462

（19）败牛。 46（7）P1462

（20）贞勿侑犬于多介父。 51（1）P1464

（21）癸巳卜，争，贞侑白𧖚于妣癸，不［左］。王固曰：吉。勿左。

55 P1465

（22）己卯卜，𣪊，贞勿𪘁妇好御…… 58 P1466

（23）翌辛卯裒三牛。一 二 一 二 三 三 二告 63（4）P1468

（24）乙亥卜，争，贞生七月王勿卒入𣪊。二 103（1）P1477

（25）……贞……即多……尹……侑……一牛……沈……

117（3）P1480

（26）己未卜，贞翌庚申告亚其入于……丁一牛。 120 P1481

（27）贞𠛱𡙸于祖乙。 121（2）P1481

（28）贞王取唐禳。 121（4）P1481

（29）勿侑于多介父犬。 127（2）P1483

（30）□□卜，亘，贞勿。五月。 133（正）（5）P1487

（31）庚子卜，𣪊，贞𠣪舌方于好𪘁。一 二 135（1）P1488

（32）贞侑于祖乙五宰。二 137（6）P1489

(33) □卯卜，彀，贞犬延其有祉。　　　　　152（1）P1494

(34) □□［卜］，彀，贞犬延其亡祉。　　　　152（2）P1494

(35) 戊戌卜，内，戠牛。一 二 一 二　　　158（6）P1497

(36) 戊戌卜，内，呼雀戠牛。一　　　　　158（7）P1497

(37) 戊戌卜，内，呼雀戠于出日于入日宰。一 一　158（8）P1497

(38) 五牛。　　　　　　　　　　　　　160（3）P1498

(39) 贞勿乎取牛。　　　　　　　　　　177（1）P1504

(40) ……登羊三百…… 三 四　　　　　178（2）P1505

(41) 贞氏牛五牛。　　　　　　　　　　182（1）P1506

(42) 贞侑于母庚二牛。　　　　　　　　182（2）P1506

(43) 乙卯卜，亘，贞勿易（赐）牛。　　　185（1）P1507

(44) 贞易（赐）牛。　　　　　　　　　185（2）P1507

(45) 贞易（赐）牛。　　　　　　　　　185（3）P1507

(46) 乙卯卜，宾，贞𪔂𪖨日。十三月。三　194（1）P1510

(47) 丁酉卜，㞷，贞大示五牛。九月。　　199（1）P1511

(48) □□［卜］，㞷，贞大示三宰。九月。　199（2）P1511

(49) □□［卜］，□，贞大示十牛。九月。　199（3）P1511

(50) 贞取牛。一 二 三　　　　　　200（正）（7）P1512

(51) 壬午卜，宾，贞隻（获）虎。　　　　204（2）P1514

(52) ……今夕其雨，隻（获）象。　　　　205（1）P1514

(53) 丁卯……狩，正……𤓰隻（获）……鹿一百六十二……百十四，豕十，旨一。　　　　　　　　　　　　　　206（1）P1514

(54) 王渔。　　　　　　　　　　　　　207 P1514

(55) 癸卯卜，𡧛……隻（获）鱼其……三万，不……　208 P1514

(56) 壬申卜，彀，贞圃𤓰麋。丙子隫。允𤓰二百又九十。

　　　　　　　　　　　　　　　　　209（2）P1515

(57) 多子逐𡲥隻（获）。二告 二告 不玄冥。　210 P1515

（58）……坒。允坒，隻（获）兕六，豕七十又六，兕百又九十又九。

213（1）P1517

（59）允隻（获）鹿四百五十一。 214（4）P1518

（60）殻牛亡□。 214（7）P1518

（61）癸未卜，宾，贞取唐褄。七〔月〕。 221（1）P1520

（62）贞御于母十宰。 224（3）P1521

（63）贞牛于祖辛。一 231（3）P1523

（64）牛于祖辛。 231（4）P1523

（65）贞袞于东母三〔豕〕。 269（2）P1531

（66）袞于夒，宰。十月。 273（2）P1532

（67）辛亥卜，殻，贞侑于蔑，召二犬，晋五牛。二 276 P1533

（68）贞元示三牛二示三牛。 277（1）P1533

（69）贞升岁日，酒三牛。 277（2）P1533

（70）贞侑犬于娥卯麂。 278 P1533

（71）甲辰卜，殻，贞来辛亥袞于王亥三十牛。十二月。五

279 P1533

（72）卯甶羊小示。 280（1）P1534

（73）大示卯一牛。二 280（2）P1534

（74）己卯卜，翌庚辰侑于大庚至于中丁一宰。 283 P1534

（75）贞沈十牛。 285（2）P1535

（76）贞沉十羊十豭。 286 P1535

（77）辛巳卜，窄，贞陷三犬，袞五犬、五豭、卯四牛。一月

288（2）P1535

（78）庚申卜，宾，贞甶鼹。二 三 四 304（1）P1539

（79）庚申卜，宾，贞勿甶鼹。一 二 三 二告 304（2）P1539

（80）庚戌卜，扶，夕侑殻庚伐，卯牛。 308 P1540

（81）庚寅卜，扶，二牛示壬。二 312（正）（1）P1540

（82）辛卯卜，扶，示壬二牛。一 312（正）（2）P1541

（83）丙申卜，扶，征龘马大丁用。三　　　　312（正）（3）P1541

（84）庚寅卜，扶，示壬员（鼎）三牛。　　　312（反）（1）P1541

（85）庚寅，扶，示壬岁一牛。　　　　　　　312（反）（2）P1541

（86）丙午卜，酒大□卯三牛，正。　　　　　314（1）P1541

（87）辛亥卜，王，贞父甲御晋百宰。　　　　316（1）P1542

（88）辛亥卜，王，勿侑晋宰。　　　　　　　316（2）P1542

（89）甲子卜……二牛祖□。　　　　　　　　317（3）P1542

（90）乙卯卜，师，一羊父乙不。一　　　　　318（1）P1542

（91）乙丑卜，□，豚父□。一　　　　　　　318（3）P1542

（92）丙子卜，扶，兄丁二牛。　　　　　　　319（2）P1543

（93）丙戌卜，扶，宰兄丁。　　　　　　　　319（4）P1543

（94）丙戌卜，扶，一牛兄丁。　　　　　　　319（5）P1543

（95）壬辰卜，侑母癸卢豕。　　　　　　　　320（反）（1）P1543

（96）癸巳卜，侑母甲卢豕。　　　　　　　　320（反）（2）P1543

（97）甲午卜，侑母乙卢豕。　　　　　　　　320（反）（3）P1543

（98）乙未卜，侑乙母卢豕。　　　　　　　　320（反）（4）P1543

（99）甲申卜，御妇鼠妣己二牡二牝。十二月。　324（1）P1544

（100）一牛一羊御妇鼠妣己。　　　　　　　324（2）P1545

（101）一牛御妇鼠妣己。　　　　　　　　　324（3）P1545

（102）壬寅卜，扶，司羊不。　　　　　　　327（1）P1545

（103）丁未卜，扶，侑咸戊牛。　　　　　　327（3）P1545

（104）庚戌卜，徣，叀翌日步，射兕于◎。一　343　P1549

（105）……亢……鹿七十……豕四十一……麋百。　345　P1549

（106）壬寅卜，御母庚宰。一　　　　　　　351（1）P1550

（107）壬寅卜，丁伐羲。二　　　　　　　　351（2）P1550

（108）……伐羲。　　　　　　　　　　　　351（3）P1550

（109）辛巳卜，贞梦亚雧旼，余勿若。二　　352（2）P1551

（110）癸巳卜，御妣辛豕五。一 二 三　　　357（2）P1552

（111）癸巳卜，牢五之用。一 二　　　　　　357（3）P1552

（112）癸巳卜，侑岁于祖戊牢三。一 二　　　357（4）P1552

（113）癸巳［卜］，侑岁［于］祖□牛□。一 二 三　357（5）P1552

（114）甲午卜，允，御于入乙至父戊牛一。一 二 三 四 五 六

　　　　　　　　　　　　　　　　　　　　357（7）P1552

（115）乙未卜，御于妣癸重豺。　　　　　　357（12）P1553

（116）乙未卜，御于妣辛重羊。　　　　　　357（13）P1553

（117）乙未卜，重牝。二　　　　　　　　　357（12）P1553

（118）癸未卜，御庚妣伐卅，鬯卅，卅牢，叚三，三。　358 P1553

（119）庚辰卜，大，贞来丁亥寝禀，侑枫岁羌三十，卯十牛。十二
月。　　　　　　　　　　　　　　　　　363 P1554

（120）丙戌卜，大，贞告执于河，袤……沉三［牛］。　364 P1554

（121）丁酉卜，贞王宾父丁岁三牢眔报丁岁……　366 P1555

（122）贞翌辛丑其侑祖辛宰。　　　　　　　370（6）P1557

（123）贞翌辛丑岁勿牛。　　　　　　　　　370（7）P1557

（124）贞二宰。　　　　　　　　　　　　　370（9）P1557

（125）庚辰卜，□，贞王□盘庚升……卯二宰……　371（1）P1557

（126）辛巳卜，行，贞王宾辛丑伐羌二，卯二宰，亡尤。

　　　　　　　　　　　　　　　　　　　371（3）P1557

（127）癸丑卜，行，贞翌甲寅后祖乙岁二宰。　372（3）P1558

（128）贞三宰。兹用。　　　　　　　　　　372（4）P1558

（129）癸酉卜，行，贞王父丁岁一牛眔兄己一牛，兄庚……亡尤。

　　　　　　　　　　　　　　　　　　　381（1）P1562

（130）癸亥卜，行，［贞］王宾妣庚□二宰叔，［亡］尤。

　　　　　　　　　　　　　　　　　　　381（3）P1562

（131）丙申卜，行，贞父丁岁物。在五月。　382（1）P1562

（132）贞弜勿（牛）。　　　　　　　　　　382（2）P1562

（133）贞三牢。　　　　　　　　　　　　　382（5）P1562

（134）更子卜，行，贞其侑于妣庚牡。　　　385（4）P1563

（135）贞牝。　　　385（5）P1563

（136）庚……柰侑于妣庚五宰。　　　388（2）P1564

（137）丁卯卜，行，贞王宾祖丁岁罘父丁岁二宰，亡尤。在二月。

　　　392（1）P1566

（138）□□卜，行，贞王宾大戊岁二牛，亡尤。在二月。

　　　392（3）P1566

（139）丙寅卜，㞢，贞卜竹曰：其侑于丁宰。王曰：弜祷，翌丁卯止

率若。　　　394（2）P1566

（140）己巳卜，兄，贞尊告血室其紫。　　　398（1）P1568

（141）其酓十牢又羌。　　　411（1）P1572

（142）二十牢又羌。　　　411（2）P1572

（143）三十牢又羌。　　　411（3）P1572

（144）庚寅卜，何，贞其宰。　　　412（1）P1572

（145）辛未卜，其侑岁于妣壬一羊。　　　420（1）P1574

（146）叀小宰。　　　420（2）P1574

（147）癸酉卜，祔母己，叀豚。　　　426（1）P1576

（148）叀小宰。吉。　　　426（2）P1576

（149）己未卜，其侑岁罘兄庚牢。　　　430（1）P1577

（150）己未卜，其侑岁于兄己一牛。　　　430（2）P1577

（151）登奠叀豚。　　　442（5）P1580

（152）叀羊。　　　442（6）P1580

（153）叀小宰。　　　442（7）P1580

（154）六牛。　　　444（2）P1580

（155）贞叀豕逐，亡灾弗每。　　　445（1）P1581

（156）贞叀右鹿㞷。　　　445（2）P1581

（157）王其……奰……右麋。　　　446（1）P1581

（158）叀右豚射，㞷。　　　446（2）P1581

（159）王畜马在兹宫……母戊，王受〔佑〕。　　　449（1）P1582

（160）大食其亦用九牛。　　　464（1）P1585

（161）䣪鳌，雨。兹用。　　　467（4）P1586

（162）䣪，辛酒，典，若。一　　　467（5）P1586

（163）重旧禘三牢用，王受佑。弘吉。　　　473　P1587

（164）贞求年亏，岜，于小山燹豚。　　　474（1）P1588

（165）丽罘岜重小宰，有大雨。　　　474（2）P1588

（166）韡风重豚，有大雨。　　　474（3）P1588

（167）弜用莫羊，亡雨。　　　476（1）P1588

（168）重白羊用于之，有大雨。　　　476（2）P1588

（169）其用旧勞，廿牛，受年。　　　477（1）P1588

（170）卅牛，受年。　　　477（2）P1588

（171）作御牧与姒己盧豕姒癸巍姒丁巍姒乙豕。　　　483（1）P1590

（172）御众于祖丁牛，御祖癸豕，祖乙巍，祖戊豕，姒癸盧豕。

　　　483（2）P1590

（173）作御疾父乙豕，姒壬豚，兄乙豕，兄甲豚，父庚豕。

　　　483（3）P1590

（174）辛未，贞求年于高祖夒五十牛。一　　　484（3）P1591

（175）辛未，贞求年于河，夒三牢，沉三牛，宜牢。一

　　　484（6）P1591

（176）己亥，贞庚子酒宜与豪，羌三十牢。　　　486　P1591

（177）甲辰，贞其大御王，自血（盟）用白豕九。　　　489（2）P1592

（178）丁未，贞其大御王，自上甲血用白豕九。二示燹牛。在父丁宗卜。

　　　489（3）P1592

（179）甲午，贞乙未酒高祖亥……大乙羌五牛三，祖乙〔羌〕……小乙羌三牛二，父丁羌五牛三，亡卷。兹……　　　490　P1593

（180）庚寅，贞酒升伐自上甲六示三羌三牛，六示二羌二牛，小示一羌一牛。二　　　492　P1594

（181）癸卯，贞其侑于高祖夒六牛。　　　　　　494（1）P1594

（182）□□，［贞］其侑于高祖夒九牛。　　　　494（2）P1594

（183）甲子酒，王大御于大甲夒六小宰，卯九牛。　495（1）P1594

（184）癸丑，贞甲寅酒，大御自上甲夒六小宰。　　495（2）P1594

（185）庚申，贞今来甲子酒，王大御于大甲，夒六小宰，卯九牛，不

遘雨。　三　　　　　　　　　　　　　　　　495（4）P1594

（186）□未卜，求自上甲、大乙、大丁、大甲、大庚、［大戊］、中

丁、祖乙、祖辛、祖丁、十示率牡。　　　　　497（1）P1595

（187）癸卯卜，羌甲岁一牛。　　　　　　　　　497（2）P1596

（188）□□卜，其侑岁于大戊二牢。　　　　　　498（7）P1596

（189）五牢。兹用　　　　　　　　　　　　　　499（2）P1596

（190）丙午卜，父丁福夕岁一牢。　　　　　　　499（3）P1596

（191）牢。兹用　　　　　　　　　　　　　　　499（4）P1596

（192）甲寅卜，其侑岁于高祖乙一牢。　　　　　499（5）P1596

（193）三牢。　　　　　　　　　　　　　　　　499（6）P1596

（194）丁巳卜，侑夒于父丁百犬，百豕，卯百牛。　501　P1597

（195）丁卯，贞王其再（称）珏聚，夒三宰，卯三大牢于……

　　　　　　　　　　　　　　　　　　　　　502（1）P1597

（196）癸巳，贞御于父丁其五十小宰。　　　　　503（5）P1597

（197）□□，贞御于父丁其百小宰。　　　　　　503（6）P1597

（198）□卯……升……伊卯一牛。　　　　　　　511（3）P1600

（199）己亥卜，告于父丁三牛。三　　　　　　　514（2）P1600

（200）五牛。　　　　　　　　　　　　　　　　514（3）P1601

（201）其侑牛。一　　　　　　　　　　　　　　520（12）P1603

（202）丙寅，贞米三小宰，卯牛……于……　三　527（1）P1605

（203）丙寅，贞侑升岁于伊尹二牢。三　　　　　527（2）P1605

（204）癸酉卜，侑米于六云五巘，卯五羊。三　　527（16）P1606

（205）癸酉卜，侑夒于六云五巘，卯羊六。三　　527（17）P1606

（206）辛巳卜在𡔖，今日王逐兕，𦥑。允𦥑七兕。528（反）（2）P1606

（207）乙亥，贞其侑伊尹二牛。 532（7）P1609

（208）乙巳，贞酒其𠭰小乙。兹用。日有戠，夕告于上甲九牛。一 533（1）P1609

（209）庚辰，贞日有戠，其告于父丁，用牛九，在𣡕。一 534（3）P1609

（210）癸卯，贞……豭九，下示幾［盟］…… 535（1）P1609

（211）甲辰，贞其大御王，自上甲盟用白豭九，下示幾盟…… 535（2）P1609

（212）乙未……岁祖□三十牢，夕……兹用，羞申岁𠭰雨，不延雨。一 536（4）P1610

（213）乙［未］……小宰五牛。 537（1）P1611

（214）□亥卜，□大宗侑升伐三羌，□十小宰，自上甲。 539（2）P1611

（215）癸卯卜，贞酒求，乙巳自上甲二十示一牛，二示羊，社尞，四戈彘，牢，四巫彘。三 541（1）P1612

（216）癸亥卜，于南宁风豖。一 542（2）P1612

（217）甲申卜，贞酒求自上甲十示又二，牛。小示幾羊。二 544（1）P1613

（218）河沈二牛。 546（1）P1613

（219）河尞卯二牛。 546（2）P1613

（220）河尞卯三牛。 546（3）P1613

（221）岳尞卯二牛。 546（4）P1614

（222）□尞□□牛。 546（5）P1614

（223）己亥卜……上甲率……尞土豖……祖……𢆶豖……河豖，岳……岳…… 547 P1614

（224）丁丑，贞侑升岁于大戊三牢。兹用 548（3）P1614

（225）戊子，贞其尞于洹泉三宰，宜宰。三 548（4）P1614

（226）戊子，贞贞其袞于洹泉大三牢，宜牢。三　　　　548（5）P1614

（227）弜复戠。　　　　　　　　　　　　　　　　　549（2）P1614

（228）癸巳卜，力于伊尹牛五。二　　　　　　　　550（5）P1615

（229）乙未卜，侑升岁于父乙三牛。二　兹用　　　550（6）P1615

（230）戊戌卜，隹燊凤，雨。　　　　　　　　　　551（1）P1615

（231）己卯卜贞，王宾祖乙奭妣己姬婢二人，㱿二人，卯二牢，亡尤。　　　　　　　　　　　　　　　　　　　　558（1）P1618

（232）甲申卜贞，王宾祖辛奭妣甲姬婢二人，人㱿，卯二牢，亡尤。
　　　　　　　　　　　　　　　　　　　　558（2）P1619

（233）庚申卜贞，康祖丁祊，其牢。三　　　　　564　P1621

（234）甲寅卜贞，武祖乙宗，其牢。兹用。　　　566（1）P1621

（235）甲辰卜，武祖乙其牢。　　　　　　　　　567（3）P1622

（236）甲午卜，武祖乙其牢。　　　　　　　　　568　P1622

（237）甲子卜，贞武乙祕祊，其牢。兹用。　　　569（1）P1622

（238）丙寅……康……其［牢］。兹［用］。　　571（1）P1622

（239）壬申卜，贞王田喜，往来亡灾。获白鹿一，狐一。
　　　　　　　　　　　　　　　　　　　　586（2）P1627

（240）□□□，贞王田于鸡，往来亡灾。［王固曰］：弘吉。兹御获狐八十又六　　　　　　　　　　　　　587　P1627

（241）戊午卜，在潢贞，王其皇大兕，叀稱罘鷗亡灾。宰。
　　　　　　　　　　　　　　　　　　　　588（1）P1627

（242）叀稱罘鶩子亡灾。　　　　　　　　　　　588（2）P1627

（243）叀左马罘焦亡灾。　　　　　　　　　　　588（3）P1627

（244）叀鷚罘小鷗亡灾。　　　　　　　　　　　588（4）P1627

（245）戊子王卜贞，田噩，往来亡灾。王固曰：弘吉。兹御获狐一。
　　　　　　　　　　　　　　　　　　　　589（2）P1628

（246）丁未，贞卓以牛，其用自上甲，幾大示。　612（4）P1634

(247) 己酉，贞卓以牛，……自上甲五牢，幾大示五牢。

612（5）P1634

(248) 己酉，贞卓以牛，其用自上甲，三牢幾。二　612（6）P1634

(249) 己酉，贞卓以牛，其用自上甲，幾大示重牛。二612（7）P1634

(250) □寅卜，王其射氒白狐，湄日亡戈。　　617　P1636

(251) 王其侑于父甲公兄壬，重麁，王受佑。　618（5）P1636

(252) 重羊。　　618（6）P1636

(253) ……牢。　　618（7）P1636

(254) 丁巳卜，三羌三牢于大乙。　624（2）P1638

(255) 丁巳卜，五羌五牢于大乙。　624（3）P1638

(256) 庚申卜，重乙丑酒三羌三牢。　624（6）P1638

(257) 庚申卜，于来乙亥酒三羌三牢。　624（7）P1638

(258) 甲辰侑祖乙一牛。　625（5）P1639

(259) 其侑祖乙大牢。　625（6）P1639

(260) 重三羊用，有雨。大吉。　626（1）P1639

(261) 重小牢，有雨。吉。　626（2）P1639

(262) 辛酉，贞癸亥侑父［丁］岁五牢。不用　628（2）P1640

(263) 戊戌卜，侑十牢伐五，大乙。三　629（8）P1641

(264) 戊戌卜，侑十牢。三　629（9）P1641

(265) 己亥卜，侑伐牢五，大乙。　629（10）P1641

(266) 己亥卜，侑十牢。三　629（11）P1641

(267) 己亥卜，先侑大乙二十牢。　629（12）P1641

(268) 己亥卜，先侑大甲十牢。三　629（13）P1641

(269) 己亥卜，侑十牢祖乙。　629（14）P1641

(270) 壬午卜，其畐秋于上甲，卯牛。一　三　630（1）P1642

(271) 其告秋于上甲，牛。三　630（2）P1642

(272) ……入商。左卜固曰：弜入商。甲申秋，夕至，宁，用三大牢。

632（1）P1642

（273）壬辰卜，其宁疾于四方，三羌侑九犬。三 三 635（10）P1644

（274）己亥，贞卯于大示其十牢，下示五牢，小示三牢。一 一

638（2）P1645

（275）庚子，贞伐卯于大示五牢，二示三牢。 638（3）P1645

（276）辛巳卜，贞来辛卯酒河十牛，卯十牢。王叀夐十牛，卯十牢。

640（1）P1645

（277）辛未卜，贞乙亥侑岁于大乙三牢。三 645（3）P1648

（278）辛未，贞乙亥于大乙五牢，侑伐。 645（4）P1648

（279）丙戌卜，二祖丁岁一牛。 648（1）P1650

（280）二牢。 648（2）P1650

（281）三牢。二 兹用 648（3）P1650

（282）……后祖乙岁叀牡。一 一 648（4）P1650

（283）……大御王，自上甲血用白豝九，下示幾牛。在大乙宗卜。

651（2）P1651

（284）自上甲血用白豝九。在大甲宗卜。 651（3）P1651

（285）贞其大御王，自上甲血用白豝九，下示幾牛。在祖乙宗卜。

651（4）P1652

（286）丁未卜，象射鹿既，其呼…… 652（1）P1652

（287）午（卯、御）母庚牢。三 653（2）P1652

（288）辛卯卜，侑于伊尹一羌一牢。一 658（2）P1653

（289）癸丑，贞多宁其延，侑升岁于父乙牢又一牛。 659（1）P1654

（290）其三牛。 659（2）P1654

（291）贞三元示五牛，蚕示三牛。 669（1）P1657

（292）丁亥卜，求黄尹夐二豕二羊，卯六牛。五月。一

670（1）P1657

（293）六牛卯四豕，夐黄尹。一 670（2）P1657

（294）……六牛……黄…… 二 二 670（5）P1657

（295）登大甲牛三百。 673 P1658

（296）丁未卜，王曰贞，父丁棘岁其弘三宰。兹用。　　676（1）P1658

（297）贞告执于南室，三宰。　　678（6）P1659

（298）癸未卜，父甲杏物牛。兹用　　681（3）P1660

（299）物。　　681（4）P1660

（300）辛酉王田于鸡录，获大棘虎。在十月佳王三祀，彡日。

692　P1663

【植物及其相关的祭品】卜辞

（1）癸亥卜，争，贞我黍，受有年。一月　一　三　　25（3）P1455

（2）贞勿盖黍，受有年。二　　25（4）P1455

（3）己酉卜，亘，贞易（赐）禾。二告　三　四　　186（1）P1508

（4）勿易（赐）。二　三　四　　186（2）P1508

（5）贞呼黍于北，受年。　　188（1）P1508

（6）贞……受黍年。　　192（1）P1509

（7）贞我不其受黍年。五　不玄冥　　193（1）P1509

（8）……［黍年］。　　193（2）P1509

（9）贞不受黍［年］。　　198（1）P1511

（10）贞我受黍年。　　198（2）P1511

（11）贞我不其受稻年。　　198（3）P1511

（12）贞我受稻年。　　198（4）P1511

（13）丁巳卜，殻，贞黍田年鲁。四月。一　四　六

200（正）（1）P1512

（14）乙弗保黍年。一　二　　200（正）（2）P1512

（15）贞乙保黍年。一　二　三　四　五　　200（正）（3）P1512

（16）癸未卜，御庚妣伐卅，卣卅，卅宰，艮三，三。　　358　P1553

（17）甲子，贞大邑受禾。一　　491（1）P1593

（18）不受禾。一　　491（2）P1593

（19）□卯，贞□禾于……　　509（5）P1599

（20）戊寅，贞来岁大邑受禾。在六月卜。　　　　　520（1）P1602

（21）不受禾。一　　　　　520（2）P1602

（22）癸亥，贞王令多尹皇田于西，受禾。　　　　521（2）P1603

（23）癸亥，贞多尹弜受禾。　　　　521（3）P1603

（24）癸亥，贞其求禾自上甲。　　　　521（4）P1603

（25）戊辰，贞求禾自上甲，其耏。　　　　521（5）P1603

（26）不受［禾］。二　　　　524（2）P1604

（27）癸卯，贞东受禾。　　　　526（1）P1605

（28）北方受禾。　　　　526（2）P1605

（29）西方受禾　　　　526（3）P1605

（30）不受禾。　　　　526（4）P1605

（31）壬申，贞求禾于夒。三　　　　527（14）P1606

（32）癸丑卜贞，今岁受禾，弘吉。在八月隹王八祀。　　599　P1631

（33）于岳求禾。　　　　639（2）P1645

（34）于高祖亥求禾。　　　　639（3）P1645

（35）庚戌，贞其求禾于上甲。三　　　　641（2）P1647

（36）庚戌，贞其求禾于示壬。三　　　　641（3）P1647

（37）癸酉，贞受禾。　　　　641（8）P1647

【十四位先公高祖】卜辞

（1）甲午卜，㱿，贞呼𡧰先御燎于河。四四　　　　13（4）P1448

（2）翌乙酉侑伐五示：上甲、咸、大丁、大甲、祖乙。

　　　　15（8）P1449

（3）丁丑卜，宾，贞由河曰斩。　　　　34（3）P1458

（4）耏于河、王亥、上甲十牛，卯十宰。五月　　　　34（4）P1458

（5）贞王于昚酒于上甲，入。　　　　35（5）P1458

（6）酒五十牛于河。　　　　38（3）P1459

（7）来辛亥耏于王亥二十牛。　　　　38（5）P1459

（8）丁巳卜，宾，贞燎于岳。　　　　　　　　　46（1）P1462

（9）贞侑报于河。　　　　　　　　　　　　　53（2）P1464

（10）贞勿使人于岳。　　　　　　　　　　　107（1）P1478

（11）使人于岳。　　　　　　　　　　　　　107（2）P1478

（12）贞使人于岳。　　　　　　　　　　　　107（3）P1478

（13）壬午卜，亘，贞告舌方于上甲。　136（正）（1）P1488

（14）……于上甲。　　　　　　　　136（正）（2）P1488

（15）……舌方于示壬。　　　　　　136（正）（3）P1488

（16）……报乙。　　　　　　　　　136（反）（2）P1489

（17）贞于岳。三　　　　　　　　　　　　　137（7）P1489

（18）贞告舌方于上甲。　　　　　　　　　　140（2）P1490

（19）贞侑于河。　　　　　　　　　　　　　173（6）P1503

（20）己巳卜，亘，贞燎于𤉲。　　　　　　　175（1）P1503

（21）贞往于河有雨。　　　　　　　　　　　175（7）P1504

（22）戊午卜，宾，贞酒求年于岳、河、夒。三　194（2）P1510

（23）贞求年于岳。　　　　　　　　　　　　196（1）P1510

（24）于河求年。　　　　　　　　　　　　　196（2）P1510

（25）乙巳卜，㞢，贞其有祟，勿于上甲燎。九月　199（4）P1511

（26）癸亥卜，㞢，贞求年自上甲至于多后。九月　199（5）P1511

（27）甲子卜，㞢，贞求年自上甲。九月　　　　199（6）P1511

（28）贞于王亥求年。　　　　　　　　　　　201（2）P1513

（29）河。　　　　　　　　　　　　　　　　201（3）P1513

（30）贞求年于岳。　　　　　　　　　　　　202（3）P1513

（31）丙戌卜，㞢，贞燎于岳。二　　　　　　216（2）P1519

（32）侑于上甲。　　　　　　　　　　　　　225（5）P1521

（33）于河侑。二　　　　　　　　　　　　　271（1）P1532

（34）贞勿侑于河。　　　　　　　　　　　　271（2）P1532

（35）勿燎于土。　　　　　　　　　　　　　272（1）P1532

(36) 贞叀于土。 272（2）P1532

(37) 贞王舌岳。 272（3）P1532

(38) 叀于夒，宰。十月。 273（2）P1532

(39) 己巳卜，贞叀于夒。 274（1）P1532

(40) 贞叀于夒。 275（1）P1533

(41) 甲辰卜，㱿，贞来辛亥叀于王亥三十牛。十二月。五

279　P1533

(42) 贞夒凷我。 298（2）P1538

(43) 庚寅卜，扶，二牛示壬。二 312（正）（1）P1540

(44) 辛卯卜，扶，示壬二牛。一 312（正）（2）P1540

(45) 庚寅卜，扶，示壬员（鼎）三牛。 312（反）（1）P1541

(46) 庚寅，扶，示壬岁一牛。 312（反）（2）P1541

(47) 丙戌卜，大，贞告执于河、夒……沉三［牛］。 364　P1554

(48) 乙未卜，行，贞王宾奏自上甲衣于后，亡尤。在十二月。

365（3）P1555

(49) ……祸……甲申……上甲…… 367（3）P1555

(50) 癸丑卜，王，贞旬亡祸。在四月甲寅酒翌自上甲。

368（2）P1555

(51) 己酉卜，兄，贞求年于高祖。四月 391（5）P1565

(52) 癸丑卜，上甲岁伊宾。吉 414（1）P1573

(53) 其求年于夒五……五，王受佑。 444（1）P1580

(54) 于岳宗酒，有雨。 472（2）P1587

(55) 于㦵宗酒，有雨。 472（3）P1587

(56) 叀高祖夒祝用，王受佑。 475（2）P1588

(57) 其求年于河，叀今辛亥酒，受年。 477（3）P1589

(58) 丁卯，贞酓羌其用自上甲至于父丁。 484（1）P1590

(59) 辛未，贞求年于高祖夒五十牛。一 484（3）P1591

(60) 辛未，贞其求年于高祖。一 484（4）P1591

178

(61) 辛未，贞求年于岳。一　　　　　　　　484（5）P1591

(62) 辛未，贞求年于河，袤三牢，沉三牛，宜牢。一484（6）P1591

(63) 辛未，贞于河求年。　　　　　　　　　484（7）P1591

(64) 辛未，贞求年高祖河，于辛巳酒袤。　　484（8）P1591

(65) 丁未，贞其大御王，自上甲血用白豕九。二示幾牛。在父丁宗
卜。　　　　　　　　　　　　　　　　　　489（3）P1592

(66) 甲午，贞乙未酒高祖亥……大乙羌五牛三，祖乙［羌］……小
乙羌三牛二，父丁羌五牛三，亡卷。兹……　　490　P1593

(67) 庚寅，贞酒升伐自上甲六示三羌三牛，六示二羌二牛，小示一
羌一牛。二　　　　　　　　　　　　　　　492　P1594

(68) 癸卯，贞其侑于高祖袤六牛。　　　　　494（1）P1594

(69) □□，［贞］其侑于高祖袤九牛。　　　494（2）P1594

(70) 癸丑，贞甲寅酒，大御自上甲袤六小宰。495（2）P1594

(71) 上甲不遘雨。大乙不遘雨。大丁遘雨。兹用。　495（3）P1594

(72) 乙未酒𢇸品上甲十，报乙□，报丙三，报丁三，示壬三，示癸
三，大乙十，大丁十，大甲十，大庚七，小甲三……三，祖乙……

　　　　　　　　　　　　　　　　　　　496　P1595

(73) □未卜，求自上甲、大乙、大丁、大甲、大庚、［大戊］、中丁、
祖乙、祖辛、祖丁、十示率牡。　　　　　　497（1）P1595

(74) ……雨，自上甲、大乙、大甲、大庚……　497（2）P1595

(75) 于𡿺御。　　　　　　　　　　　　　　503（3）P1597

(76) ［甲］子，贞□卯告自上甲。　　　　　510（2）P1599

(77) 癸亥，贞其求禾自上甲。　　　　　　　521（4）P1603

(78) 戊辰，贞求禾自上甲，其袤。　　　　　521（6）P1603

(79) 丙寅，贞重丁卯酒于𡿺。　　　　　　　527（3）P1605

(80) 丙寅，贞于庚午酒于𡿺。　　　　　　　527（4）P1605

(81) 丁卯，贞于庚午酒米于𡿺。三　　　　　527（5）P1605

(82) 己巳，贞庚午酒米于𡿺。三　　　　　　527（8）P1605

（83）庚午，米于岳，有从在雨。三　　　　　527（11）P1605

（84）米于岳，亡从在雨。三　　　　　　　527（12）P1606

（85）壬申，贞求禾于夔。三　　　　　　　527（14）P1606

（86）壬申，贞求年于河。三　　　　　　　527（15）P1606

（87）癸酉，贞于上甲。　　　　　　　　　532（1）P1608

（88）乙巳，贞酒其名小乙。兹用。日有戠，夕告于上甲九牛。一

　　　　　　　　　　　　　　　　　　　　533（1）P1609

（89）庚辰，贞日戠。其告于河。一　　　　534（2）P1609

（90）甲辰，贞其大御王，自上甲盟用白豭九，下示幾盟……

　　　　　　　　　　　　　　　　　　　　535（2）P1609

（91）贞辛亥酒肜自上甲，在大宗彝。　　　538（1）P1611

（92）□亥卜，□大宗侑升伐三羌，□十小宰，自上甲。

　　　　　　　　　　　　　　　　　　　　539（2）P1611

（93）癸卯卜，贞酒求，乙巳自上甲二十示一牛，二示羊，社褒，四

戈崑，牢，四巫崑。三　　　　　　　　　　541（1）P1612

（94）甲申卜，贞酒求自上甲十示又二，牛。小示幾羊。二

　　　　　　　　　　　　　　　　　　　　544（1）P1613

（95）弜酒河，褒，其复。　　　　　　　　544（3）P1613

（96）河沈二牛。　　　　　　　　　　　　546（1）P1613

（97）河褒卯二牛。　　　　　　　　　　　546（2）P1613

（98）河褒卯三牛。　　　　　　　　　　　546（3）P1614

（99）岳褒卯二牛。　　　　　　　　　　　546（4）P1614

（100）己亥卜……上甲率……褒土豕……祖……🐛豕……河豕，岳

……岳……　　　　　　　　　　　　　　547 P1614

（101）癸巳卜，侑于河。　　　　　　　　550（1）P1615

（102）癸巳卜，侑于河。二　不用　　　　550（2）P1615

（103）癸巳卜，侑于🐛。二　兹用　　　　550（3）P1615

（104）癸巳卜，侑于王亥。二　　　　　　550（4）P1615

(105) 癸丑卜彳贞，王旬亡祸。在正月甲寅饗上甲。　　557（2）P1618

(106) 癸丑王卜贞，旬亡祸。在九月甲寅翌上甲。　　559（3）P1619

(107) 癸未［王卜］贞，旬亡祸。王固［曰：吉］。在十二月［甲申］□上甲，工典……
　　　　　　　　　　　　　　　　　　　　　560（1）P1619

(108) 癸巳王卜贞，旬亡祸。王固曰：吉。在十月又二甲午昚上甲，祭大甲。
　　　　　　　　　　　　　　　　　　　　　560（2）P1619

(109) 甲戌翌上甲，乙亥翌报乙，丙子翌报丙，［丁丑］翌报丁，人物翌示壬，癸未翌示癸……翌大丁，甲午翌［大甲］……翌大庚……

　　　　　　　　　　　　　　　　　　　　　562（1）P1620

(110) 癸未王卜贞，酒肜日自上甲至于多后衣，亡𢎛自祸。在四月，隹王二祀。　　　　　　　　　　　　　　　　592　P1629

(111) ……王二十祀，肜日上甲。　　　　　597　P1630

(112) 甲辰，贞射𩰊以羌，其用自上甲，幾至于……　612（3）P1634

(113) 丁未，贞㐫以牛，其用自上甲，幾大示。　612（4）P1634

(114) 己酉，贞㐫以牛……自上甲五牢，幾大示五牢。

　　　　　　　　　　　　　　　　　　　　　612（5）P1634

(115) 己酉，贞㐫以牛，其用自上甲，三牢幾。二　612（6）P1634

(116) 己酉，贞㐫以牛，其用自上甲，幾大示重牛。一

　　　　　　　　　　　　　　　　　　　　　612（7）P1634

(117) 甲申卜，于大示告方来。　　　　　623（5）P1638

(118) 辛酉卜，犬延以羌用自上甲。　　　625（7）P1639

(119) 辛未，求于大示。三　　　　　　627（1）P1639

(120) 壬申卜，求于大示。三　　　　　627（4）P1639

(121) 癸酉求于大示。　　　　　　　　627（6）P1640

(122) 乙酉卜，侑伐自上甲柄。三　　　629（2）P1640

(123) 乙酉卜，侑伐自上甲，柄示，重乙未。三　629（3）P1641

(124) 乙酉卜，侑伐自上甲，柄示，重乙巳。　629（4）P1641

(125) 壬午卜，其畐秋于上甲，卯牛。一　三　630（1）P1642

（126）其告秋于上甲，牛。三　　　　　　　　　　630（2）P1642

（127）辛未，贞求禾于高粱河。三　三　　　　　　631　P1642

（128）癸巳于岳。　　　　　　　　　　　　　　　633（2）P1643

（129）己亥，贞卯于大示其十牢，下示五牢，小示三牢。一　一

　　　　　　　　　　　　　　　　　　　　　　　638（2）P1645

（130）庚子，贞伐卯于大示五牢，二示三牢。　　638（3）P1645

（131）于岳求禾。　　　　　　　　　　　　　　639（2）P1645

（132）于高祖亥求禾。　　　　　　　　　　　　639（3）P1645

（133）庚午，贞河耇云。　　　　　　　　　　　639（4）P1645

（134）隹岳耇云。　　　　　　　　　　　　　　639（5）P1645

（135）隹高祖亥［耇］云。　　　　　　　　　　639（6）P1645

（136）辛巳卜，贞来辛卯酒河十牛，卯十牢。王𡧊窀十牛，卯十牢。

上甲窀十牛，卯十牢。一　　　　　　　　　　　640（1）P1645

（137）辛巳卜，贞王𡧊上甲，即宗于河。一　　　640（2）P1646

（138）辛巳卜，王宾河窀。一　　　　　　　　　640（3）P1646

（139）辛巳卜，贞王宾河窀。一　一　　　　　　640（4）P1646

（140）甲午卜，贞其侑岁自上甲。一　　　　　　640（9）P1646

（141）庚戌，贞其求禾于上甲。三　　　　　　　641（2）P1647

（142）庚戌，贞其求禾于示壬。三　　　　　　　641（3）P1647

（143）甲寅，贞伊岁，遘报丁日。三　三　　　　641（4）P1647

（144）庚辰，贞其陟高祖上甲，兹。王固：兹。一　649（1）P1650

（145）丙辰，贞其酒大御自上甲，其告于父丁。　651（1）P1651

（146）……大御王，自上甲血用白豭九，下示畿牛。在大乙宗卜。

　　　　　　　　　　　　　　　　　　　　　　　651（2）P1651

（147）自上甲血用白豭九。在大甲宗卜。　　　　651（3）P1652

（148）贞其大御王，自上甲血用白豭九，下示畿牛。在祖乙宗卜。

　　　　　　　　　　　　　　　　　　　　　　　651（4）P1652

(149) □卯，贞大御，自上甲其告于祖乙。在父丁宗卜。

651（5）P1652

(150) ……酒，大御，自上甲其告于大乙。在父丁宗卜。

651（6）P1652

(151) 河［夒］五。二 656（1）P1653

(152) 河夒十。 656（2）P1653

(153) 河夒十五。 656（3）P1653

(154) 丁丑，贞重辛巳酒河。二 二 656（4）P1653

(155) 丁辛卯酒。一 二 656（5）P1653

(156) 岳夒彳酒。二 656（6）P1653

(157) □子，贞岳罙河…… 656（7）P1653

(158) 己卯卜，求雨于上甲。 660（2）P1654

(159) 于丁丑祝（兄）羹事。 682（1）P1660

(160) 丙申卜，重兹戋用于河。 682（2）P1660

(161) ［重］雚戋……河。 682（3）P1660

(162) 丁酉卜，㞢，贞大示五牛。九月。 199（1）P1511

(163) □□［卜］，㞢，贞大示三宰。九月。 199（2）P1511

(164) □□［卜］，贞大示十牛。九月。 199（3）P1511

(165) 贞元示三牛二示三牛。 277（1）P1533

(166) 大示卯一牛。二 280（2）P1534

(167) 三报二示卯，王叔于之，若。有正 416（1）P1573

【先王】卜辞

(1) 贞祖辛不我㞢。 2（1）P1442

(2) 贞祖辛㞢我。 2（2）P1442

(3) 翌乙酉侑伐自咸。 15（7）P1449

(4) 翌乙酉侑伐五示：上甲、咸、大丁、大甲、祖乙。 15（8）P1449

(5) 贞咸允佐王。二 四 15（9）P1449

（6）贞咸弗佐王。一 二 三 四   15（10）P1449

（7）贞祖乙孽王。一 二   15（11）P1449

（8）贞祖乙弗孽王。一 二   15（12）P1449

（9）贞祖乙孽王。四 五   15（13）P1450

（10）贞祖乙弗其孽。四 二告   15（14）P1450

（11）贞御自唐、大甲、大丁、祖乙百羌百宰。三 二告   17（1）P1451

（12）贞侑豕于父甲。   19（3）P1451

（13）贞祝（兄）于祖辛。   25（9）P1455

（14）祝（兄）于祖辛。二   25（10）P1455

（15）甲午卜，㱿，贞侑于羌甲。   30（1）P1457

（16）贞侑于父乙垔牛，晋三十，伐三十宰。三   32 P1457

（17）甲寅卜，㱿，贞侑于唐一牛，其侑曰……   36 P1458

（18）壬子卜，㱿，贞来辛酉侑于祖辛。一   37（1）P1459

（19）乙丑卜，㱿，贞勿蠚侑于唐。十月。二   37（2）P1459

（20）侑成、大丁、大甲、大庚、大戊、中丁、祖乙。 38（1）P1459

（21）贞翌□卯于大丁。   38（2）P1459

（22）贞侑于祖乙。   39（1）P1459

（23）贞于大甲告。   39（2）P1459

（24）甲辰卜，㱿，贞下乙宾于［咸］。二 二 小告   40（1）P1460

（25）贞下乙不宾于咸。   40（2）P1460

（26）贞大［甲］宾于帝。二 二   40（3）P1460

（27）贞下乙［宾］于帝。二   40（4）P1460

（28）贞大甲不宾于帝。二 二   40（5）P1460

（29）贞下乙不宾于帝。二 二   40（6）P1460

（30）贞咸宾于帝。二 二   40（7）P1460

（31）贞大甲宾于咸。二 二   40（8）P1460

（32）贞咸不宾于帝。二 二   40（9）P1460

（33）贞大甲不宾于咸。二 二   40（10）P1460

(34) 甲辰卜，殼，贞翌乙巳侑于父乙宰，用。二 三 40 (11) P1460

(35) 甲戌卜，贞翌乙亥侑于祖乙三牛，辜见夷牛。十三月

41 (4) P1461

(36) 允隹祖乙。 42 (4) P1461

(37) 贞侑下乙。 43 (2) P1461

(38) 侑于南庚。 44 (1) P1461

(39) 勿侑于南庚。 44 (2) P1461

(40) 贞其侑曰南庚。 44 (3) P1461

(41) 勿侑于祖辛。 44 (4) P1461

(42) 侑于祖辛。 44 (5) P1461

(43) 庚辰卜，殼，贞侑于丁五宰。 45 P1462

(44) 贞侑于祖丁。 45 (3) P1462

(45) 贞隹祖庚耂。二 二 47 (1) P1462

(46) 贞隹父庚耂王。二 三 47 (2) P1462

(47) 贞 [侑] 于 [父] 甲。 48 (1) P1462

(48) 贞侑于父庚。 48 (2) P1462

(49) 贞勿侑于父甲。 48 (3) P1462

(50) 勿侑于父庚。 48 (4) P1462

(51) 贞隹祖乙取妇。一 49 (1) P1463

(52) 隹祖乙。 49 (2) P1463

(53) 贞隹大甲取妇。 49 (3) P1463

(54) 贞隹大甲。 49 (4) P1463

(55) 贞隹唐取妇好。 49 (5) P1463

(56) [贞] 隹 [唐] 取 [妇]。 49 (6) P1463

(57) 不隹多介耂王。 50 (6) P1464

(58) 父辛不耂。 50 (7) P1464

(59) 贞勿侑犬于多介父。 51 (1) P1564

(60) 乙未卜，啬，贞父乙耂王。 52 (1) P1464

(61) 乙丑卜，宾，贞御于大甲。 54（1）P1465

(62) 贞于兄丁御。 59（7）P1466

(63) 贞唐弗其爵竹妾。 61（1）P1467

(64) 丙戌卜，争，贞父乙术多子。一 二 三 二告 四 五 六

63（3）P1468

(65) 贞勿［呼］子渔于侑祖［乙］。 67（1）P1468

(66) 贞呼子渔于侑祖乙。 67（2）P1469

(67) 丙申卜，贞翌丁酉用子央岁于丁。 68（1）P1469

(68) 乙巳卜，宾，贞翌丁未酒，辜岁于丁，尊侑珏。二 二告

84（1）P1472

(69) 贞剢凼于祖乙。 121（2）P1481

(70) 贞王取唐襪。 121（4）P1481

(71) 戊寅卜，争，贞于羌甲。小告 127（1）P1483

(72) 勿侑于多介父犬。 127（2）P1483

(73) 贞［翌］庚申我伐，易日。庚申明雾。王来途首。雨小。一 二
三 四 五 六 129（1）P1483

(74) 贞于大甲告舌方出。 134（2）P1488

(75) 贞侑于祖乙五宰。二 137（6）P1489

(76) 贞翌甲午勿侑于祖［乙］。 138（1）P1489

(77) 贞翌甲午侑于祖乙。 138（2）P1489

(78) 贞翌甲午侑于祖乙。 138（3）P1489

(79) 贞于唐告。 140（1）P1490

(80) 贞于大甲。 142（1）P1490

(81) 勿告于大甲。 144（5）P1491

(82) 告于大甲。 144（6）P1492

(83) 勿告于唐。 144（7）P1492

(84) 贞告于唐。 144（8）P1492

(85) 贞令辜伐动土，告于祖乙于丁。八月 155 P1495

(86) 贞翌乙丑侑于祖乙。 175（6）P1504

(87) 乙酉卜，宾，贞翌丁亥求于丁。十一月。一 176（1）P1504

(88) 贞于祖丁侑。 182（3）P1506

(89) 庚子卜，𠧗，贞令凡𦮃侑父□。 189（2）P1508

(90) 勿侑于祖丁。 202（4）P1513

(91) 癸酉卜，𣪊，贞旬亡祸。王二曰：亡。王固曰：𤇷！有祟有梦。五日丁丑，王宾中丁，祀。陷在庭阜。十月 211（正）（1）P1515

(92) 癸酉卜，𣪊，贞旬亡祸。王二曰：亡。王〔固〕曰：𤇷。有祟有梦。五日〔丁丑王〕宾中丁，祀。陷在庭〔阜〕。 212（正）（1）P1515

(93) 戊寅卜，宾，贞御于父乙。一 216（1）P1519

(94) 癸未卜，宾，贞取唐禨。七〔月〕。 221（1）P1520

(95) 丁亥卜，𣪊，贞〔翌〕庚寅〔侑〕于大庚。 225（1）P1521

(96) 贞翌〔辛〕卯侑于祖辛。 225（2）P1521

(97) 丙申卜，𣪊，贞来乙巳酒下乙。王固曰：酒隹有𡆥其有𤇷。乙巳酒，明雨。伐，既雨。咸伐，亦雨。𠬝卯，鸟星。 225（3）P1521

(98) 丙午卜，争，贞来甲午酒大甲。 225（4）P1521

(99) 贞牛于祖辛。一 231（3）P1523

(100) 牛于祖辛。 231（4）P1523

(101) 贞御疾身于父乙。 248 P1527

(102) 贞勿于父乙告疾身。小告 249 P1527

(103) 贞求于九示。 281（1）P1534

(104) 乙丑……求自大乙至于丁祖九示。 282 P1534

(105) 己卯卜，翌庚辰侑于大庚至于中丁一宰。 283 P1534

(106) 辛卯卜，𣪊，贞我祀家，若。 284 P1534

(107) 庚戌卜，扶，夕侑般庚伐，卯牛。 308 P1540

(108) 癸亥卜，王侑大甲。 310（1）P1540

(109) 乙丑卜，王，侑三奚于父乙，三月延雨。 310（3）P1540

(110) 丙申卜，扶，征𤜵马大丁用。三 312（正）（3）P1541

（111）丙午卜，酒大□卯三牛，正。 　　　　314（1）P1541

（112）丁卯卜，延晋倗大戊，戊辰。 　　　　314（2）P1541

（113）癸亥卜，往卫，兄（祝）于祖辛。 　　315（1）P1541

（114）……于祖丁。二 　　　　　　　　　315（3）P1541

（115）辛亥卜，王，贞父甲御晋百宰。 　　316（1）P1542

（116）辛酉卜，王，祝（兄）于妣己酒取祖丁。一　二

　　　　　　　　　　　　　　　　　　　　 317（1）P1542

（117）甲子卜……二牛祖□。 　　　　　　317（3）P1542

（118）辛巳［卜］，王，侑祖……一 　　　317（4）P1542

（119）乙卯卜，师，一羊父乙不。一 　　　318（1）P1542

（120）乙丑卜，□，豚父□。一 　　　　　318（3）P1542

（121）丙子卜，扶，兄丁二牛。 　　　　　319（2）P1543

（122）壬午卜，扶，酒阳甲。 　　　　　　319（3）P1543

（123）丙戌卜，扶，宰兄丁。 　　　　　　319（4）P1543

（124）丙戌卜，扶，一牛兄丁。 　　　　　319（5）P1543

（125）□□卜，……九，自大乙至丁祖。二 　325（1）P1545

（126）壬寅卜，丁伐齼。二 　　　　　　　351（2）P1550

（127）癸巳卜，侑岁于祖戊牢三。一　二 　357（4）P1552

（128）癸巳［卜］，侑岁［于］祖□牛□。一　二　三　357（5）P1552

（129）癸……来……岁……祖…… 　　　　357（6）P1552

（130）甲午卜，兊，御于入乙至父戊牛一。一　二　三　四　五　六

　　　　　　　　　　　　　　　　　　　　 357（7）P1552

（131）甲午卜，御于入乙。一　二 　　　　357（8）P1553

（132）甲午卜，御父乙。一　二 　　　　　357（10）P1553

（133）乙卯卜，旅，贞王宾小丁岁罙父乙，亡伐羌五。

　　　　　　　　　　　　　　　　　　　　 360（1）P1554

（134）庚午卜，旅，贞王宾妣庚岁罙兄庚，亡尤。 360（2）P1554

（135）于入乙御。四　四 　　　　　　　　361　P1554

(136) 癸巳卜，隹父乙咎。 362 (1) P1554

(137) 隹父辛咎。 362 (2) P1554

(138) 隹父庚咎。 362 (3) P1554

(139) 隹父甲咎。 362 (4) P1554

(140) 丁酉卜，贞王宾父乙三牢罘报丁岁…… 366 P1555

(141) 癸酉……贞旬亡……在三月……眷小乙……父乙……

367 (1) P1555

(142) 癸亥卜，王，贞旬亡祸。乙丑翌日于大乙。在五月。

368 (3) P1556

(143) 乙酉卜，尹，贞王宾祖乙肜亡［尤］。 369 (1) P1556

(144) 丁酉卜，尹，贞王宾祖丁肜，亡尤。在二月。 369 (2) P1556

(145) 乙巳卜，尹，贞王宾大乙肜，亡尤。在十二月。

369 (3) P1556

(146) 丁未卜，尹，贞王宾大丁肜，亡尤。 369 (4) P1556

(147) 甲寅卜，尹，贞王宾大甲肜，亡尤。 369 (5) P1556

(148) 丁巳卜，尹，贞王宾父乙肜，亡尤。在三月。 369 (6) P1556

(149) 庚申卜，尹，贞王宾大庚，亡尤。 369 (7) P1556

(150) 丁丑卜，尹，贞王宾中丁肜，亡尤。 369 (8) P1556

(151) ［辛］卯卜，尹，贞王宾祖辛肜，亡尤。 369 (9) P1556

(152) 庚子卜，行曰，贞翌辛丑日其侑升岁于祖辛。 370 (5) P1557

(153) 贞翌辛丑其侑祖辛宰。 370 (6) P1557

(154) 庚辰卜，□，贞王□盘庚升……卯二宰…… 371 (1) P1557

(155) 癸丑卜，行，贞翌甲寅后祖乙岁飨酒。兹用。 372 (1) P1558

(156) 癸丑卜，行，贞翌甲寅后祖乙岁二宰。 372 (3) P1558

(157) 戊午卜，行，贞王宾雍己肜夕，亡祸。 373 (3) P1558

(158) 甲戌卜，行，贞翌乙亥祭于祖乙，亡耂。在八月。

374 (1) P1558

（159）丙戌卜，行，贞翌丁亥祭于祖丁，亡巷。在九月。

374（2）P1558

（160）己丑卜，大，贞于五示告：丁，祖乙，祖丁，羌甲，祖辛。

375 P1559

（161）庚申卜，□，贞王宾南庚祭，亡祸。一　　376（1）P1559

（162）丙戌卜，行，贞王宾父丁夕岁，亡尤。　　377（3）P1559

（163）丙申卜，即，贞翌丁酉虫中丁岁先。一　　378（1）P1560

（164）贞虫父丁。二　　　　　　　　　　　378（2）P1560

（165）乙亥卜，行，贞王宾小乙肜，亡尤。在十一月。379（1）P1560

（166）丁丑卜，行，贞王宾小乙肜，亡尤。　　　379（3）P1560

（167）己卯卜，行，贞王宾兄己肜，亡尤。　　　379（4）P1560

（168）□□卜，行，［贞王］宾兄庚□，［亡］尤。379（6）P1560

（169）戊戌卜，尹，贞王宾兄己肜夕，亡祸。一　二

380（正）（1）P1560

（170）戊午卜，尹，贞王宾父丁肜龠，亡祸。　380（正）（3）P1560

（171）丙申卜，行，贞父乙岁物。在五月。　　　382（1）P1562

（172）□子卜，行，贞庚祕岁，王其叙。　　　　382（2）P1562

（173）庚辰卜，大，贞来丁亥其奈丁于大室，𝄞祊（丁）西即。

388（1）P1562

（174）丁卯卜，行，贞王宾祖丁岁眔父丁岁二宰，亡尤。在二月。

392（1）P1566

（175）□□卜，行，贞王宾大戊岁二牛，亡尤。在二月。

392（3）P1566

（176）丙寅卜，□，贞于祖□祝（兄）其甬，若。八月。

394（1）P1566

（177）丙寅卜，夨，贞卜竹曰：其侑于丁宰。王曰：弜祷，翌丁卯止率若。八月　　　　　　　　　　　　394（2）P1566

（178）□□［卜］，大，贞于来丁亥侑报于［丁］……402（2）P1569

(179) 壬申卜，出，贞丁宗益，亡勹。　　　　408（2）P1570

(180) 贞其……父己……　　　　　　　　　　410（4）P1570

(181) 其用自中宗祖乙，王受有佑。　　　　　415（2）P1573

(182) 自大乙用执，王受有佑。　　　　　　　415（3）P1573

(183) 辛丑卜，王其侑升伐大乙，重旧荔用，十五人，吉。

　　　　　　　　　　　　　　　　　　　　417　P1573

(184) 𡨄大乙名。　　　　　　　　　　　　　418（1）P1574

(185) 若酓祖乙名，王受佑。　　　　　　　　418（2）P1574

(186) 乙卯卜，何，贞侑升于唐，亡𡧡。十二月。　419　P1574

(187) 乙亥卜，王先鳌外丙岁，遁申。兹用。　420（3）P1574

(188) ……外丙岁……王宾。　　　　　　　　420（4）P1574

(189) 甲申卜，何，贞翌乙酉其登祖乙飨。　　421（2）P1574

(190) 甲申卜，何，贞翌乙酉小乙登其罙。　　421（3）P1575

(191) 乙酉卜，𦥯，贞其侑中乙。驭〔鳌〕。　422（1）P1575

(192) □丑卜，其告在后祖丁，王受佑。　　　423（1）P1575

(193) 重祖丁虞奏。　　　　　　　　　　　　424（4）P1575

(194) 戊戌卜，祖丁史其延妣辛、妣癸、妣壬。　425　P1576

(195) 裯其至父甲。吉。　　　　　　　　　　426（6）P1576

(196) 己未卜，其侑岁罙兄庚牢。　　　　　　430（1）P1577

(197) 己未卜，其侑岁于兄己一牛。　　　　　430（2）P1577

(198) 其𣚊兄辛，重侑车，用。有正。　　　　433　P1577

(199) 名祖乙祝，重祖丁用，王受佑。　　　　475（1）P1588

(200) 御众于祖丁牛，御祖癸豕，祖乙彘，祖戊豕，妣癸盧豕。

　　　　　　　　　　　　　　　　　　　　483（2）P1590

(201) 作御疾父乙豕，妣壬豚，兄乙豕，妣乙豕，兄甲豕，兄甲豚，
父庚豕。　　　　　　　　　　　　　　　483（3）P1590

(202) 丁卯，贞亩羌其用自上甲至于父丁。　　484（1）P1590

(203) 丁卯，贞亩以羌于父丁。　　　　　　　484（2）P1590

（204）辛亥卜，犬延以羌用于大甲。　　　　487（5）P1592

（205）甲辰，贞其大御王，自血（盟）用白豕九。　489（2）P1592

（206）甲午，贞乙未酒高祖亥……大乙羌五牛三，祖乙［羌］……小乙羌三牛二，父丁羌五牛三，亡卷。兹……　　490　P1593

（207）庚寅，贞酒升伐自上甲六示三羌三牛，六示二羌二牛，小示一羌一牛。二　　　　492　P1594

（208）甲午，贞王侑伐于父丁。兹用　二　　493（1）P1594

（209）上甲不遘雨。大乙不遘雨。大丁遘雨。兹用。　495（3）P1594

（210）庚申，贞今来甲子酒，王大御于大甲，夐六小宰，卯九牛，卜遘雨。三　　　　495（4）P1594

（211）乙未酒弳品上甲十，报乙□，报丙三，报丁三，示壬三，示癸三，大乙十，大丁十，大甲十，大庚七，小甲三……三，祖乙……

　　　　　　　　　　　　　　　　　　496　P1595

（212）□未卜，求自上甲、大乙、大丁、大甲、大庚、［大戊］、中丁、祖乙、祖辛、祖丁、十示率牡。　　497（1）P1595

（213）……雨，自上甲、大乙、大甲、大庚……　497（2）P1595

（214）……大□，大丁，大甲，大戊，□庚，□丁，祖辛，祖丁率示……

　　　　　　　　　　　　　　　　　　497（3）P1595

（215）癸卯卜，羌甲岁一牛。　　　　498（2）P1596

（216）甲辰卜，其侑升岁于后祖乙。一　兹用　498（4）P1596

（217）于高祖乙侑升岁。一　　　　498（5）P1596

（218）□□卜，其侑岁于大戊二牢。　498（7）P1596

（219）丙午卜，父丁福夕岁一牢。　　499（3）P1596

（220）甲寅卜，其侑岁于高祖乙一牢。　499（5）P1596

（221）丙午卜，中丁岁竝酒。　　　500（1）P1596

（222）丁巳卜，侑夐于父丁百犬，百豕，卯百牛。　501　P1597

（223）……用侑父乙。兹用　　　　502（2）P1597

（224）于小丁御。　　　　　　　503（2）P1597

（225）癸巳，贞御于父丁其五十小宰。　　　　503（5）P1597

（226）□□，贞御于父丁其百小宰。　　　　503（6）P1597

（227）丁未，贞王其令望乘归，其告于〔祖乙〕。　　511（1）P1599

（228）己亥卜，告于父丁三牛。三　　　　514（2）P1600

（229）庚辰，贞日有戠，其告于父丁，用牛九，在燊。一

　　　　　　　　534（3）P1609

（230）癸卯，贞……豭九，下示畿〔盟〕……　　535（1）P1609

（231）甲辰，贞其大御王，自上甲盟用白豭九，下示畿盟……

　　　　　　　　535（2）P1609

（232）乙未……岁祖□三十牢，夕……兹用，羞申岁叔雨，不延雨。

一　　　　　　　　536（4）P1610

（233）饮大丁。三　　　　536（5）P1610

（234）己亥卜，在小宗侑升岁自大乙……　　539（1）P1611

（235）甲申卜，贞酒求自上甲十示又二，牛。小示畿羊。二

　　　　　　　　544（1）P1613

（236）乙酉，贞求于丁。　　　　544（4）P1613

（237）己巳，贞王米囧其登于祖乙。　　548（2）P1614

（238）丁丑，贞侑升岁于大戊三牢。兹用　　548（3）P1614

（239）癸巳卜，侑于王亥。二　　　　550（4）P1615

（240）乙未卜，侑升岁于父乙三牛。二　兹用　　550（6）P1615

（241）□未，贞其报于父丁。　　　　552（7）P1616

（242）癸酉卜贞，王旬亡祸。在十二月甲戌裒大甲。一

　　　　　　　　557（1）P1618

（243）癸巳王卜贞，旬亡祸。王固曰：吉。在十月又二甲午臱上甲，

祭大甲。　　　　　　　560（2）P1619

（244）癸卯王卜贞，旬亡祸。王固曰：吉。在十月又二甲辰臱大甲，

祭小甲。　　　　　　　560（3）P1619

（245）癸丑王卜贞，旬亡祸。王固曰：吉。在正月甲寅臱大甲，裒小

甲。 560（4）P1619

（246）［癸亥］王卜贞，［旬亡］祸。王固［曰：吉］。在正月□□□羌甲，眢□□。 560（5）P1620

（247）丁卯卜贞，王宾康祖丁裒，亡尤。 561 P1620

（248）甲戌翌上甲，乙亥翌报乙，丙子翌报丙，［丁丑］翌报丁，人物翌示壬，癸未翌示癸……翌大丁，甲午翌［大甲］……翌大庚……

562（1）P1620

（249）癸酉王卜贞，旬亡祸。王固曰：大吉。在九月甲戌翌戋甲。

563（2）P1620

（250）癸未王卜贞，旬亡祸。王固曰：大吉。在九月甲申翌羌甲。

563（3）P1620

（251）癸巳王卜贞，旬亡祸。王固曰：大吉。在九月甲午翌阳甲。

563（4）P1620

（252）丙申卜贞，康祖丁祊，其牢。三 564 P1621

（253）癸丑卜，繇，贞王［旬］无祸。在四月甲寅乡日戋甲，日劀祖乙褛。 565（1）P1621

（254）癸亥卜，繇，贞王旬亡祸。在五月甲子乡日羌甲。

565（2）P1621

（255）甲寅卜贞，武祖乙宗，其牢。兹用。 566（1）P1621

（256）甲辰卜，武祖乙其牢。 567（3）P1622

（257）甲午卜，武祖乙其牢。 568 P1622

（258）甲子卜，贞武乙祕祊，其牢。兹用。 569（1）P1622

（259）癸酉卜贞，翌日乙亥王其侑升于武乙祕，正，王受有佑。

570（1）P1622

（260）侑升于祕祖乙，正，王受又。 570（2）P1622

（261）丙戌卜，贞翌日丁亥王其侑升于文武帝，正，王受有佑。一

572（1）P1622

（262）戊戌王薅田……文武丁祕……王来征…… 582 P1625

（263）……彝在中丁宗。在三月。 606 P1633

（264）于祖丁，且寻。 615（4）P1635

（265）其侑公父，即日。 616（1）P1636

（266）己卯卜，王宾父己岁叔，王受有佑。 618（3）P1636

（267）王其侑于父甲公兄壬，重龠，王受佑。 618（5）P1636

（268）［癸酉］，［贞今］日［岁于］□丁。 619（3）P1636

（269）其召小乙簝宗。 622（2）P1637

（270）丁巳卜，三羌三牢于大乙。 624（2）P1638

（271）丁巳卜，五羌五牢于大乙。 624（3）P1638

（272）甲辰侑祖乙一牛。 625（5）P1639

（273）其侑祖乙大牢。 625（6）P1639

（274）于父丁求。三 627（2）P1639

（275）于父丁求。三 627（5）P1640

（276）辛酉，贞于来丁卯侑父丁岁□□。 628（1）P1640

（277）辛酉，贞癸亥侑父［丁］岁五牢。不用 628（2）P1640

（278）壬午卜，彗侑伐父乙。三 629（1）P1640

（279）戊戌卜，侑十牢伐五，大乙。三 629（8）P1641

（280）己亥卜，侑伐牢五，大乙。 629（10）P1641

（281）己亥卜，先侑大乙二十牢。 629（12）P1641

（282）己亥卜，先侑大甲十牢。三 629（13）P1641

（283）己亥卜，侑十牢祖乙。 629（14）P1641

（284）己亥，贞卯于大示其十牢，下示五牢，小示三牢。一 一

638（2）P1645

（285）癸卯，贞重悚先于大甲父丁。 638（5）P1645

（286）甲寅，贞伊岁，遘报丁日。三 三 641（4）P1647

（287）甲寅，贞伊岁，遘大丁日。三 641（5）P1647

（288）□辰卜，翌日其酒其兄（祝）自中宗祖丁、祖甲……

643（1）P1647

（289）……父辛。　　　　　　　　　　　　　　643（2）P1648

（290）丁卯，贞侑岁于大乙。三　　　　　　　645（1）P1648

（291）丁卯，贞乙亥侑岁于大乙。三　　　　　645（2）P1648

（292）辛未卜，贞乙亥侑岁于大乙三牢。三　645（3）P1648

（293）辛未，贞乙亥于大乙五牢，侑伐。　　645（4）P1648

（294）大乙伐十羌。三　　　　　　　　　　　645（5）P1648

（295）大乙伐十羌又五。三　　　　　　　　　645（6）P1648

（296）大乙伐三十羌。三　　　　　　　　　　645（7）P1648

（297）甲辰卜，在₿牧延启，兆兄丁。　　　　646（9）P1649

（298）丙戌卜，二祖丁岁一牛。　　　　　　　648（1）P1650

（299）……后祖乙岁叀牡。一　一　　　　　　648（4）P1650

（300）丙辰，贞其酒大御自上甲，其告于父丁。　651（1）P1651

（301）……大御王，自上甲血用白豭九，下示幾牛。在大乙宗卜。

　　　　　　　　　　　　　　　　　　　　　　651（2）P1651

（302）贞其大御王，自上甲血用白豭九，下示幾牛。在祖乙宗卜。

　　　　　　　　　　　　　　　　　　　　　　651（4）P1652

（303）□卯，贞大御，自上甲其告于祖乙。在父丁宗卜。

　　　　　　　　　　　　　　　　　　　　　　651（5）P1652

（304）……酒，大御，自上甲其告于大乙。在父丁宗卜。

　　　　　　　　　　　　　　　　　　　　　　651（6）P1652

（305）翌日于祖乙，其祔于武乙宗，王受有佑。弘吉　657（1）P1653

（306）癸丑，贞多宁其延，侑升岁于父丁牢又一牛。　659（1）P1654

（307）癸丑，贞王侑岁于祖乙。　　　　　　　659（3）P1654

（308）贞御于羌甲，鬯，曶。一　　　　　　661（正）（1）P1654

（309）侑于羌甲。　　　　　　　　　　　　　671（2）P1657

（310）贞王其入，勿祝（兄）于下乙。七　　672（2）P1657

（311）登大甲牛三百。　　　　　　　　　　　　673　P1658

（312）丁未卜，王曰贞，父丁枣岁其弘三宰。兹用。　676（1）P1658

（313）壬申卜，出，贞丁宗户𣥐，亡匄。　　　　　677（2）P1659

（314）辛未卜，中己岁，其𣥐日。　　　　　　　681（1）P1660

（315）弜𣥐日，其侑岁于中己。兹用　　　　　　681（2）P1660

（316）癸未卜，父甲杏物牛。兹用　　　　　　　681（3）P1660

（317）丙申……祖乙。　　　　　　　　　　　　684（4）P1661

【先妣】卜辞

（1）来羌率用，侑于妣己。二　三　　　　　　　15（4）P1449

（2）贞我永，勿侑于妣己。二　三　　　　　　　15（6）P1449

（3）壬寅卜，争，贞晋妣庚𠬝。　　　　　　　　19（1）P1449

（4）贞侑于妣甲垂、𠬝、卯宰。　　　　　　　　25（5）P1455

（5）贞侑于高妣己。　　　　　　　　　　　　　46（2）P1462

（6）贞隹祖乙取妇。一　　　　　　　　　　　　49（1）P1463

（7）贞隹大甲取妇。　　　　　　　　　　　　　49（3）P1463

（8）贞隹唐取妇好。　　　　　　　　　　　　　49（5）P1463

（9）［贞］隹［唐］取［妇］。　　　　　　　　　49（6）P1463

（10）贞夕侑于妣甲。　　　　　　　　　　　　　50（1）P1463

（11）勿侑于高妣庚。　　　　　　　　　　　　　53（1）P1464

（12）戊寅卜，宾，贞御妇好于母庚。　　　　　　54（2）P1465

（13）癸巳卜，争，贞侑白彘于妣癸，不［左］。王固曰：吉。勿左

　　　　　　　　　　　　　　　　　　　　　　55　P1465

（14）乙卯卜，永，贞隹母丙卷。一　二　不玄冥　三　四　五　六　七

　　　　　　　　　　　　　　　　　　　　　　56（1）P1465

（15）贞不隹母丙卷。一　二　三　四　五　二告　六　　56（2）P1465

（16）贞母丙允有蛊。一　二　不玄冥　三　四　五　六　七　二告　八

　　　　　　　　　　　　　　　　　　　　　　56（3）P1465

（17）贞母丙亡蛊。一　二　三　［四］　五　六　七　八　56（4）P1465

（18）贞勿御于母庚。　　　　　　　　　　　　　57（1）P1465

（19）御于母庚。   57（2）P1466

（20）贞御于母庚。   57（4）P1466

（21）己卯卜，㱿，贞勿燎妇好御……   58 P1466

（22）贞于母己御。   59（3）P1466

（23）贞勿于母己御。   59（4）P1466

（24）贞于母己御。   59（5）P1466

（25）［贞］于［母］癸御。   59（6）P1466

（26）□□卜，宾，贞于来己亥酒高妣己祼妣庚。三月 60（1）P1466

（27）□□卜，□，贞于来己亥酒高妣己祼妣庚。 60（2）P1467

（28）贞勿御妇嬟于母庚。二 三 二告   64（3）P1468

（29）不隹妣己。一［二告］ 二   129（9）P1484

（30）贞于妣己侑。   133（反）（2）P1487

（31）庚子卜，㱿，贞勹舌方于好俎。一 二   135（1）P1488

（32）贞侑于母庚二牛。   182（2）P1506

（33）侑于妣庚。   198（8）P1511

（34）侑于妣。   198（9）P1511

（35）御王圉于妣癸。   200（正）（5）P1512

（36）于妣癸。   200（正）（6）P1512

（37）贞御于侑妣。一 二 二告   213（3）P1517

（38）贞御于母十宰。   224（3）P1521

（39）贞疾趾于妣庚御。   251（1）P1527

（40）贞于西母酒裋。   266（1）P1531

（41）贞夐于东母三［豕］。   269（2）P1531

（42）贞侑犬于娥卯羴。   278 P1533

（43）辛酉卜，王，祝（兄）于妣己酒取祖丁。一 二 317（1）P1542

（44）辛酉卜，王，勿兄（祝）于妣己。一 二 317（2）P1542

（45）戊子卜，师，侑母壬。一   317（5）P1542

（46）辛卯卜，勹，侑母壬。一   317（6）P1542

(47) 乙亥，扶，用巫今興母庚。允事。三　　　319（1）P1542

(48) 壬辰卜，侑母癸卢豕。　　　320（反）（1）P1543

(49) 癸巳卜，侑母甲卢豕。　　　320（反）（2）P1543

(50) 甲午卜，侑母乙卢豕。　　　320（反）（3）P1544

(51) 乙未卜，侑母乙卢豕。　　　320（反）（4）P1544

(52) 甲申卜，王于妣己御占嬺。十月。　　　321 P1544

(53) 戊寅卜，御子□于妇鼠，㞢。六月。　　　322 P1544

(54) 甲申卜，御妇鼠妣己二牡二牝（牡、牝合文）。十二月
　　　324（1）P1544

(55) 一牛一样御妇鼠妣己。　　　324（2）P1545

(56) 一牛御妇鼠妣己。　　　324（3）P1545

(57) 于唐其妣㞢。一 二　　　329（3）P1546

(58) 乙亥卜，生四月妹有事。一　　　333（1）P1547

(59) 壬寅卜，御母庚宰。一　　　351（1）P1550

(60) 丁卯卜，后妣㗊。　　　351（4）P1551

(61) 癸巳卜，御妣辛豕五。一 二 三　　　357（2）P1552

(62) 甲午卜，兄，御于妣至妣辛。　　　357（9）P1553

(63) 乙未卜，御于妣乙。一 二　　　357（11）P1553

(64) 乙未卜，御于妣癸重𥙊。　　　357（12）P1553

(65) 乙未卜，御于妣辛重羊。　　　357（13）P1553

(66) 癸未卜，御庚妣伐卅，㞢卅，卅牢，㐱三，三。　　358 P1553

(67) 庚午卜，旅，贞王宾妣庚岁罘兄庚，亡尤。　　360（2）P1554

(68) 癸亥卜，行，［贞］王宾妣庚□二宰叔，［亡］尤。
　　　381（3）P1562

(69) ……保于母辛宭，宭酒……　　　383（1）P1563

(70) 己丑卜，尹，贞王宾祖丁奭妣己，亡尤。　　384（1）P1563

(71) 庚戌卜，尹，贞王宾小乙奭妣庚，亡［尤］。　　384（2）P1563

(72) 癸酉卜，尹，贞王宾父丁奭妣癸㗊，亡［尤］。384（3）P1563

（73）庚子卜，行，贞其侑于妣庚牡。　　　　　　　385（4）P1563

（74）庚……柰侑于妣庚五宰。　　　　　　　　　　388（2）P1564

（75）甲申卜，出，贞翌……子昼其侑于妣辛冟岁，其……

　　　　　　　　　　　　　　　　　　　　　　　　391（2）P1565

（76）癸亥卜，□，贞其兄（祝）于妣，重福。用。四410（3）P1571

（77）辛未卜，其侑岁于妣壬一羊。　　　　　　　　420（1）P1574

（78）戊戌卜，祖丁史其延妣辛、妣癸、妣壬。　　　　425　P1576

（79）癸酉卜，裚母己，重豚。　　　　　　　　　　426（1）P1576

（80）甲午卜，裚其至妣己祖乙奭，有正。吉　　　　427（1）P1576

（81）其裚妣甲祖辛奭，有正。　　　　　　　　　　427（2）P1576

（82）戊戌卜，其延示于妣己。　　　　　　　　　　428（1）P1576

（83）戊戌卜，其示于妣己王宾，弜延。　　　　　　428（2）P1577

（84）叙小母……　　　　　　　　　　　　　　　429（1）P1577

（85）王畜马在兹宫……母戊，王受〔佑〕。　　　　449（1）P1582

（86）己未卜，其昼父庚奭，福于宗。兹用　　　　　469（1）P1587

（87）作御牧于妣己卢豕妣癸麑妣丁麑妣乙豕。　　　483（1）P1590

（88）御众于祖丁牛，御祖癸豕，祖乙麑，祖戊豕，妣癸卢豕。

　　　　　　　　　　　　　　　　　　　　　　　　483（2）P1590

（89）作御疾父乙豕，妣壬豚，兄乙豕，妣乙豕，兄甲豚，父庚豕。

　　　　　　　　　　　　　　　　　　　　　　　　483（3）P1590

（90）庚戌卜，作嘯庚裼。　　　　　　　　　　　　487（1）P1591

（91）戊辰卜，侑𠬝妣己一女，妣庚一女。　　　　　491（6）P1593

（92）戊辰，贞妇好亡祸。二　　　　　　　　　　　504　P1597

（93）□亥妇妍后……　　　　　　　　　　　　　505（2）P1598

（94）己卯卜贞，王宾祖乙奭妣己姬婢二人，豉二人，卯二牢，亡尤。

　　　　　　　　　　　　　　　　　　　　　　　　558（1）P1618

（95）甲申卜贞，王宾祖辛奭妣甲姬婢二人，人豉，卯二牢，亡尤。

　　　　　　　　　　　　　　　　　　　　　　　　558（2）P1618

（96）丙寅卜，贞王宾大乙奭妣丙，翌日，亡尤。　　574（1）P1623

（97）重妣庚召。　　622（3）P1637

（98）□辰母庚至小子午（卯、御）　二　　653（1）P1652

（99）午（卯、御）母庚牢。　三　　653（2）P1652

（100）□□卜，争，贞求王生于妣庚于妣丙。二月　　662（2）P1655

附录二："帝"相关卜辞整理

帝、帝字总共出现了630次，隶定为"帝"字，通过整理甲骨文献及结合香港中文大学汉达文库，将曾出现过帝、帝字的释文和甲骨文字条汇编如下：

1. 王□曰：帝隹兹邑龙，不若。　　　　《甲骨文合集》00094 反（1）

2. 壬寅卜，宁，贞若兹不雨，帝隹兹邑龙，不若。二月。

　　　　　　　　　　　　　　　　《甲骨文合集》00094 正　（3）

3. 隹帝臣令。　　　　　　　　　　《甲骨文合集》00217　（2）

4. 贞勿方帝。一　　　　　　　　　《甲骨文合集》00264 正　（2）

5. 〔贞〕帝〔于〕□。　　　　　　　《甲骨文合集》00368　（3）

6. 勿帝于□。二　三　　　　　　　《甲骨文合集》00368　（4）

7. 帝于……　　　　　　　　　　　《甲骨文合集》00371 反　（1）

8. ……方帝三羌。三　四　　　　　　《甲骨文合集》00405

9. 贞方帝一羌、二犬，卯一牛。一　《甲骨文合集》00418 正　（9）

10. 贞勿方帝。一　二告　　　　　　《甲骨文合集》00418 正　（10）

11. 方帝。　　　　　　　　　　　　《甲骨文合集》00456 反　（3）

12. 勿方帝。　　　　　　　　　　　《甲骨文合集》00456 反　（4）

13. 甲辰卜宁，贞帝〔于〕……（"帝"字倒刻）

　　　　　　　　　　　　　　　　《甲骨文合集》00475　（1）

14. 方帝羌，卯牛。一　二　《甲骨文合集》00478 正　（1）

15. 勿方帝。一 二　　　　　　　《甲骨文合集》00478 正（2）

16. 勿方帝。一 二 三 二告　　　《甲骨文合集》00505 正　（9）

17. 方帝。一 二 二告 三　　　　《甲骨文合集》00505 正　（10）

18. ……翌癸卯帝不令风，夕□。一　《甲骨文合集》00672 正　（22）

19. 贞翌癸卯帝其令风。二　　　　《甲骨文合集》00672 正　（23）

20. □于西南，帝、介卯。二　　　《甲骨文合集》00721 正　（22）

21. ……羽以□……□隹帝……□权……　　　《甲骨文合集》00862

22. 自今庚子〔至〕于甲辰帝令雨。《甲骨文合集》00900 正　（7）

23. 至甲辰帝不其令雨。一　　　　《甲骨文合集》00900 正　（8）

24. 贞不隹帝咎王。　　　　　　　《甲骨文合集》00902 反　（1）

25. 贞帝于心。　　　　　　　　　《甲骨文合集》00905 正　（18）

26. 〔勿〕帝〔于〕心。三　　　　《甲骨文合集》00905 正　（19）

27. 贞我帝…… 一 二〔三〕四　　《甲骨文合集》00940 正　（8）

28. 帝眔三牛。一　《甲骨文合集》00974 正（参考〈〈补编〉〉5124

　　　　　　　　　　掇合　《甲骨文合集》00974　（11）

29. 戊申卜，□，贞方帝，褒于土、□，雨。一

　　　　　　　　　　　　　《甲骨文合集》01140 正　（2）

30. 贞咸宁于帝。二　　　　　　　《甲骨文合集》01402 正　（2）

31. 贞咸不宁于帝。二　　　　　　《甲骨文合集》01402 正　（3）

32. 贞大〔甲〕宁于帝。二　　　　《甲骨文合集》01402 正　（8）

33. 贞大甲不宁于帝。二　　　　　《甲骨文合集》01402 正　（9）

34. 贞下乙〔宁〕于帝。二　　　　《甲骨文合集》01402 正　（10）

35. 贞下乙不宁于帝。二　　　　　《甲骨文合集》01402 正　（11）

36. 贞父乙帝…… 一 二告　　　　《甲骨文合集》02204

37. 贞帝〔弗〕……〔一〕〔二〕〔三〕〔四〕〔五〕六 七 八〔九〕十

　　　　　　　　　　　　　《甲骨文合集》02273 正反　（7）

38. 勿方帝。　　　　　　　　　　《甲骨文合集》02334　（1）

39. 方帝。　　　　　　　　　　　《甲骨文合集》02334　（2）

40. 贞帝。 《甲骨文合集》02334 (3)

41. 帝□。 《甲骨文合集》02580 (3)

42. 己卯卜，宁，贞隹帝取寻好。二 《甲骨文合集》02637

43. 癸丑卜，贞□才虍帝。二 《甲骨文合集》03311 (2)

44. 戊戌卜，帝于黄。一 二告 二 三 《甲骨文合集》03504 (1)

45. 戊戌〔卜〕，帝〔于〕黄奭二犬。一 《甲骨文合集》03506 (1)

46. 帝黄奭三犬。二 《甲骨文合集》03506 (2)

47. 贞帝…… 《甲骨文合集》03671 (2)

48. □□卜，宁，贞……〔帝〕弗…… 《甲骨文合集》03672

49. 辛卯卜，争，贞隹〔帝〕…… 《甲骨文合集》03721

50. □□卜，〔贞〕……异……帝…… 《甲骨文合集》04409

51. 丙寅卜，争，贞今十一月帝令雨。一 二告 二 三 〔四〕五 六
七 《甲骨文合集》05658 正 (10)

52. 贞今十一月帝不其令雨。一 二 三 四 二告 五 六 七 八

《甲骨文合集》05658 正 (11)

53. 帝东巫。 《甲骨文合集》05662

54. □□〔卜〕，□，贞舌方出，帝……

《甲骨文合集》06093 正 (1)

55. □□〔卜〕，□，贞舌方出，帝不隹……

《甲骨文合集》06093 正 (2)

56. 辛亥卜，□，贞伐舌方，帝受〔我□〕。

《甲骨文合集》06270 正 (1)

57. 贞帝〔不其受我□〕。一 《甲骨文合集》06270 正 (2)

58. 辛亥卜，□，贞伐舌方，帝受〔我□〕。四

《甲骨文合集》06271 (1)

59. 贞帝不其受〔我□〕。 《甲骨文合集》06271 (2)

60. 贞勿伐舌，帝不我其受□。 《甲骨文合集》06272 (3)

61. ……〔伐〕舌〔方〕，帝受〔我〕□。 《甲骨文合集》06273

62. 贞王□沚□比伐巴方，帝受我□。一 六

　　　　　　　　　　《甲骨文合集》06473　（3）

63. 王勿隹沚□比伐巴方，帝不我其受□。一 二 三 四 五 六 七

八 二告　　　　　　　　《甲骨文合集》06473　（4）

64. 贞王比□伐巴，帝受□。二　　《甲骨文合集》06474　（1）

65. □□〔卜〕，□，〔贞〕我其已宁，乍帝降若。

　　　　　　　　　　《甲骨文合集》06497　（3）

66. □□卜，□，〔贞〕我勿已宁，乍帝降不若。

　　　　　　　　　　《甲骨文合集》06497　（4）

67. □□卜，□，贞我其已宁，乍帝降若。

　　　　　　　　　　《甲骨文合集》06498　（3）

68. □□〔卜〕，□，贞我勿已宁，乍帝降不若。

　　　　　　　　　　《甲骨文合集》06498　（4）

69. □□〔卜〕，□，贞……伐□方，帝受我〔□〕。

　　　　　　　　　　《甲骨文合集》06542　（1）

70. □午卜，□，贞王伐□方，帝受我□。十〔三〕月。

　　　　　　　　　　《甲骨文合集》06543　（2）

71. ……王伐□，帝受〔我□〕。　　《甲骨文合集》06549

72. 甲辰卜，争，贞我伐马方，帝受我□。一月。一 二 三 四 二告

　　　　　　　　　　《甲骨文合集》06664 正　（8）

73. 贞帝弗其〔□王〕。　　《甲骨文合集》06734　（1）

74. 王□方，帝□王。　　《甲骨文合集》06734　（2）

75. ……□方，帝□〔王〕。　　《甲骨文合集》06735

76. ……今者王□方，帝〔受〕我□。　　《甲骨文合集》06736

77. □午卜，□，贞今者王□方，帝受〔我□〕。

　　　　　　　　　　《甲骨文合集》06737　（1）

78. 贞不隹帝令乍我囚。　　《甲骨文合集》06746　（4）

79. ……帝令……　　　　《甲骨文合集》06746　（5）

80. 帝令隹□。一 　　　　　　　　《甲骨文合集》06928 （1）

81. 帝令。 　　　　　　　　　　　《甲骨文合集》06928 （2）

82. 至于帝令。 　　　　　　　．　《甲骨文合集》07061 正 （3）

83. 王□曰：吉。帝若。 　　　　　《甲骨文合集》07075 反 （5）

84. 〔贞〕帝若。一 二 三〔四〕 五 六 七 二告〔八〕 九 十〔一〕二 　　　　　　　　　　　　　　　《甲骨文合集》07075 正 （3）

85. 〔帝不〕若。一 二〔三 四〕 五 六 七 八 九 十〔一〕 二 二告 　　　　　　　　　　　　　　　《甲骨文合集》07075 正 （4）

86. 贞□再册，王孽，帝若。〔一 二 三 四 五 六 七 八〕 九〔十一 二 三〕 四〔五 六 七 八〕 九〔十 一 二 三〕 四

　　　　　　　　　　　　《甲骨文合集》07407 正乙 （1）

87. 贞王勿比□，帝若。五〔六 七 八 九〕 十

　　　　　　　　　　　　《甲骨文合集》07407 正乙 （2）

88. 贞王孽□，帝若。〔一 二 三 四 五 六 七〕 八 九〔十 一 二〕二告 三 四〔五 六 七〕 八 九〔十 一 二〕 三 四

　　　　　　　　　　　　《甲骨文合集》07407 正甲 （1）

89. 丙辰卜，争，贞沚□启，王比，帝〔若〕，受我□。一 二 三 二告 四 五〔六 七 八 九〕 十 一 二〔三〕 四〔五 六〕 七〔八〕 九

　　　　　　　　　　　　《甲骨文合集》07440 正 （1）

90. 贞沚□启，王勿比，帝弗若，不我其受□。八月。一 二 三 四 五 六 七 二告 八 九 十 一 二 三 　　《甲骨文合集》07440 正 （2）

91. 王□曰：吉。帝其〔受〕余〔□〕。

　　　　　　　　　　　　《甲骨文合集》07440 反 （1）

92. ……帝……□…… 　　　　　《甲骨文合集》08097 （2）

93. 帝□。 　　　　　　　　　　　《甲骨文合集》08330 正 （2）

94. ……〔帝〕若□方。二告 　　　《甲骨文合集》08451

95. □□卜，亘，贞……帝〔孽〕……吉〔方〕……〔勿〕……

　　　　　　　　　　　　《甲骨文合集》08551

96. ……帝……   《甲骨文合集》08649 反

97. □□〔卜〕，□，〔贞〕……勿□，不雨，帝受我年。二月。一

　　　　　　　　　　　　　　　　　　《甲骨文合集》09731 正　　（1）

98. 癸巳卜，宁，帝□其既入邑□。一　二　三　二告　四

　　　　　　　　　　　　　　　　　　《甲骨文合集》09733 正

99. 贞帝不〔我〕……　　　　　　　　《甲骨文合集》09919 正

100. 贞勿帝。十二月。一　　　　　　《甲骨文合集》10001 正　　（2）

101. 王□曰：不佳帝〔□〕，佳由。　　《甲骨文合集》10124 反

102. 贞佳帝□我年。二月。一　二　三　四　五　六　七　八　九　十　一　二
三　四　五　六　七　八　九　十　　　《甲骨文合集》10124 正　　（1）

103. 贞不佳帝□我年。一　二　三　四　五　六　七　八　九〔十〕　一
〔二〕　三　四　五　六〔七八〕　九　二告　《甲骨文合集》10124 正　　（2）

104. 贞帝令雨弗其正年。　　　　　　《甲骨文合集》10139　　（2）

105. 帝令雨正年。　　　　　　　　　《甲骨文合集》10139　　（3）

106. 〔辛〕丑卜，贞□不雨，帝□佳□〔我〕。三

　　　　　　　　　　　　　　　　　　《甲骨文合集》10164　　（1）

107. 庚戌〔卜〕，争，贞雨，帝不我〔□〕。《甲骨文合集》10165 正

108. □□卜，争，〔贞〕上帝降□。　　　《甲骨文合集》10166

109. 贞帝不降大□。九月。二　　　　《甲骨文合集》10167　　（1）

110. 庚戌卜，贞帝其降□。一　　　　《甲骨文合集》10168　　（1）

111. ……曰：帝□□我。　　　　　　《甲骨文合集》10169　　（1）

112. 戊申卜，争，贞帝其降我□。一月。一　二　三　四　二告　五　六
七　八　九　十　一　二　三　四　五　六　七　八　《甲骨文合集》10171 正　　（7）

113. 戊申卜，争，贞帝不我降□。一　二　三　四　五　六　七〔八〕　九
十　一　二〔三〕　四　五　六　七　　《甲骨文合集》10171 正　　（8）

114. 辛卯卜，□，贞帝其□我。三月。六

　　　　　　　　　　　　　　　　　　《甲骨文合集》10172　　（1）

115. 戊戌……贞帝不我□。二　　　　《甲骨文合集》10173 正

116. 己酉卜，亘，贞帝不我□。一〔二〕 三 四 五 六

《甲骨文合集》10174 正 （1）

117. 贞〔帝〕其□我。〔一 二〕 不□龟 三 小告 四

《甲骨文合集》10174 正 （2）

118. 〔贞〕帝〔不〕我〔□〕。 《甲骨文合集》10175 正

119. 贞帝。 《甲骨文合集》10939 （1）

120. 贞帝。 《甲骨文合集》10939 （2）

121. 辛未卜，争，贞生八月帝令多雨。三

《甲骨文合集》10976 正 （7）

122. 贞生八月帝不其令多雨。一 二 三 四

《甲骨文合集》10976 正 （8）

123. 勿乎雀帝于西。一 二 三 四《甲骨文合集》10976 正 （15）

124. 囚于土□，方帝。一 二 《甲骨文合集》11018 正 （参考《补编》

5120 缀令 《甲骨文合集》05120 （3）

125. 帝方五十豕于□。 《甲骨文合集》11221

126. ……今二月〔帝〕…… 《甲骨文合集》11552 （1）

127. ……今二月帝臣…… 一〔二〕 三 四 五 六〔七 八 九〕 十

〔一〕 二〔三 四 五 六〕 七 《甲骨文合集》11553

128. 贞……帝……百…… 三 《甲骨文合集》11842 （2）

129. 庚戌〔卜〕，争，贞不其雨。〔帝〕异……

《甲骨文合集》11921 正

130. 〔壬〕子卜，争，〔贞〕自今至丙辰，帝□雨。〔王〕……

《甲骨文合集》12852 （5）

131. □午卜，方帝三豕□犬，卯于土□，桒雨。三月。一 二 三

《甲骨文合集》12855 （1）

132. ……桒于□□，帝……受年。 《甲骨文合集》13572

133. 己巳卜，争，贞乍，王〔受帝〕…… 《甲骨文合集》13758 正

134. 贞今一月帝令〔雨〕。 《甲骨文合集》14132 正

135. ……今一月帝……其…… 三　　　　　《甲骨文合集》14133

136. ……今二月帝〔不〕令雨。二告　　　《甲骨文合集》14134

137. 贞今二月帝不其令雨。一　二　三　四　五　小告〔六〕　七　八　九　二告　十　　　　　　　　《甲骨文合集》14135 正　　（1）

138. □□〔卜〕，□，贞今三月帝令多雨。四　《甲骨文合集》14136

139. ……〔三〕月帝……雨。　　　　《甲骨文合集》14137

140. 戊子卜，□，贞帝及四月令雨。一　二　三　四

　　　　　　　　　　《甲骨文合集》14138　　（1）

141. 贞帝弗其及今四月令雨。一　二　三　四

　　　　　　　　　　《甲骨文合集》14138　　（2）

142. □子卜，宁，〔贞〕帝其及……　　《甲骨文合集》14139 正

143. ……十一月……帝令多雨。　　《甲骨文合集》14140 正

144. ……帝令雨〔正年〕。　　《甲骨文合集》14141　　（1）

145. 己巳〔卜〕，□，〔贞〕帝令雨。　《甲骨文合集》14142　　（2）

146. □辰卜……帝令〔雨〕。　　《甲骨文合集》14143　　（1）

147. 〔贞〕帝不〔其令雨〕。二　　　　《甲骨文合集》14144

148. 丁卯卜，□，翌戊辰帝不令雨。戊辰允□。一

　　　　　　　　　　《甲骨文合集》14153 正乙　　（2）

149. 戊〔辰〕卜，□，〔翌〕己巳〔帝〕令〔雨〕。一

　　　　　　　　　　《甲骨文合集》14153 正乙　　（3）

150. 戊辰卜，□，翌己巳帝不令雨。一　二告

　　　　　　　　　　《甲骨文合集》14153 正乙　　（4）

151. 贞帝其及今十三月令雷。〔一　二〕　三　四　五　六　七　八　九　十

　　　　　　　　　　《甲骨文合集》14127 正　　（1）

152. 帝其于生一月令雷。〔一　二〕　三　四　五　六　七　八

　　　　　　　　　　《甲骨文合集》14127 正　　（2）

153. 癸未卜，争，贞生一月帝其□令雷。一　二　三　四〔五〕

　　　　　　　　　　《甲骨文合集》14128 正　　（1）

154. 贞生一月帝不其□令雷。〔一〕 二 三 四 五 六

　　　　　　　　　　　　　　　　《甲骨文合集》14128 正　　（2）

155. 贞□帝不其〔令雨〕。（朱书）　　《甲骨文合集》14129 反　　（1）

156. 王□曰：帝隹今二月令雷，其隹丙不〔令〕羽。隹庚其吉。吉。

　　　　　　　　　　　　　　　　《甲骨文合集》14129 反　　（5）

157. 壬申卜，□，贞帝令〔雨〕。一 二 三 四 五 六 七 八 九

　　　　　　　　　　　　　　　　《甲骨文合集》14129 正　　（1）

158. 〔贞〕帝其令〔雷〕。　　　《甲骨文合集》14130 正　　（1）

159. 帝令雨。　　　　　　　　　　　《甲骨文合集》14145 反

160. 庚寅帝不令雨。　　　　　　　　《甲骨文合集》14146

161. 王□曰：乙未帝其令雨。　　　　《甲骨文合集》14147 反

162. 来乙未帝其令雨。一 二　　　《甲骨文合集》14147 正　　（3）

163. 来乙〔未〕帝不令雨。一 二　　《甲骨文合集》14147 正　　（4）

164. □戌卜，争，贞自〔今〕至于庚寅帝令雨。

　　　　　　　　　　　　　　　　《甲骨文合集》14148　　（1）

165. 自今至于庚寅帝不其令雨。二 二告《甲骨文合集》14148　　（2）

166. 癸〔丑卜〕，□，贞翌甲寅帝其令雨。一 二 三

　　　　　　　　　　　　　　　　《甲骨文合集》14149 正　　（1）

167. 癸丑卜，□，贞翌甲寅帝〔不〕令雨。一 二

　　　　　　　　　　　　　　　　《甲骨文合集》14149 正　　（2）

168. 己巳帝允令雨至于庚。　　　《甲骨文合集》14153 反乙　（2）

169. 辛未卜，〔□〕，翌壬〔申〕帝其〔令〕雨。一

　　　　　　　　　　　　　　　　《甲骨文合集》14153 正乙　（7）

170. 辛未卜，〔□〕，翌壬〔申〕帝〔不令〕雨。壬〔申〕晕。一

　　　　　　　　　　　　　　　　《甲骨文合集》14153 正乙　（8）

171. 壬申〔卜，□〕，翌癸〔酉〕帝其令雨。一

　　　　　　　　　　　　　　　　《甲骨文合集》14153 正乙　（9）

172. 壬申卜，〔□〕，翌癸酉帝不令雨。一

　　　　　　　　　　　　《甲骨文合集》14153 正乙　　（10）

173. 甲戌卜，□，翌乙亥帝其令雨。一　二告

　　　　　　　　　　　　《甲骨文合集》14153 正乙　　（11）

174. 甲戌卜，□，翌乙亥帝不令雨。

　　　　　　　　　　　　《甲骨文合集》14153 正乙　　（12）

175. 乙亥卜，□，翌丙子帝其令雨。一

　　　　　　　　　　　　《甲骨文合集》14153 正乙　　（13）

176. 乙亥卜，□，翌丙子帝不令雨。一

　　　　　　　　　　　　《甲骨文合集》14153 正乙　　（14）

177. 丙子卜，□，翌丁丑帝其令雨。一

　　　　　　　　　　　　《甲骨文合集》14153 正乙　　（15）

178. ……帝佳癸……其雨。　　　　《甲骨文合集》14154　　（1）

179. 癸丑卜，□，贞今日帝不其〔令雨〕。　　《甲骨文合集》14155

180. 丁丑卜，争，贞不雹，帝佳其……　一　二　三　四　五　六　二告
七　八　　　　　　　　　　　　　《甲骨文合集》14156

181. 贞翌丁亥帝其令雨。　　　　　《甲骨文合集》14150

182. 自今至庚寅帝其令雨。　　　　《甲骨文合集》14151　　（1）

183. ……帝〔不〕其〔令雨〕。　　《甲骨文合集》14152

184. 丁卯卜，□，翌戊辰〔帝〕其令〔雨〕。戊……

　　　　　　　　　　　　《甲骨文合集》14153 正乙　　（1）

185. 丙寅卜，〔□，翌丁〕卯帝其令雨。

　　　　　　　　　　　　《甲骨文合集》14153 正甲　　（1）

186. 丙寅卜，〔□，翌丁〕卯帝不令雨。允……

　　　　　　　　　　　　《甲骨文合集》14153 正甲　　（2）

187. ……翌……帝〔其〕……　　《甲骨文合集》14153 正甲　　（3）

188. 丁丑卜，争，贞不雹，帝不佳……　一〔二　三　四　五〕　六　七
八　九　小告　一　二　二告〔三〕　小告〔四　五〕　六　七　小告　八　九　一　二

211

三 四 一 二 三 四 小告〔五〕 六〔七〕 八 九 一 二告 二 三〔四
五〕六〔七 八 九〕〔一〕二 《甲骨文合集》14156 （2）

189. 庚戌卜，贞□□□，隹帝令□。 《甲骨文合集》14157 （2）

190. □辰卜，宁，贞隹帝令□。 《甲骨文合集》14159

191. 庚子卜，贞帝令□。 《甲骨文合集》14160

192. 丙辰卜，□，贞帝令隹蝇。一 二 三 四 五

《甲骨文合集》14161 正 （5）

193. 贞帝弗令隹蝇。〔一 二〕三 四 五 六 七 八

《甲骨文合集》14161 正 （6）

194. 〔贞〕翌辛〔未〕帝其令□。一 《甲骨文合集》14162

195. 庚子卜，贞帝令□。 《甲骨文合集》14163 （1）

196. □□〔卜〕，□，贞帝令□。 《甲骨文合集》14164

197. 贞〔翌〕……令……王……帝…… 《甲骨文合集》14165

198. 翌……帝……令……王…… 《甲骨文合集》14166 （2）

199. ……帝……令龙…… 《甲骨文合集》14167

200. 〔贞〕帝不……令…… 《甲骨文合集》14168 正

201. ……帝〔令〕……至于〔庚〕…… 《甲骨文合集》14169

202. 贞帝……降邑…… 《甲骨文合集》14170

203. 贞□帝隹降□。 《甲骨文合集》14171 （1）

204. 贞帝不隹降□。一 《甲骨文合集》14171 （2）

205. 贞帝不降□。

《甲骨文合集》14172（重见 《甲骨文合集》40392 正臼） （2）

206. ……帝其降□……才□。〔一〕二 三 四 五 六〔七 八〕二告

《甲骨文合集》14173 正 （1）

207. 壬申〔卜〕，□，贞帝……□。二 《甲骨文合集》14174

208. ……帝其〔降〕我□。 《甲骨文合集》14175 （2）

209. □亥〔卜〕，□，〔贞〕□卯……□帝其降囚，其□。

《甲骨文合集》14176 （1）

210. 贞卯……帝弗其降囗。十月。 　　　《甲骨文合集》14176 　（2）

211. 贞囗帝令〔降〕囗。 　　　　　　　《甲骨文合集》14177

212. ……匕己……帝〔其〕降囗。 　　　《甲骨文合集》14178

213. 囗囗卜，贞……帝……降囗。 　　　《甲骨文合集》14179 　（1）

214. ……帝……降…… 　　　　　　　　《甲骨文合集》14180

215. ……帝……囗。二告　八　八 　　《甲骨文合集》14181 　（2）

216. ……帝其乍王囗。五　五　二告 　《甲骨文合集》14182 　（1）

217. 〔贞〕帝弗乍〔王囗〕。二　二告　三 　《甲骨文合集》14183

218. 贞帝其乍我孽。一 　　　　　　　　《甲骨文合集》14184

219. 己〔丑〕卜，囗，贞帝乍伐…… 　　《甲骨文合集》14185

220. 囗卯卜，帝其乍…… 　　　　　　　《甲骨文合集》14186

221. 贞帝弗其囗王。 　　　　　　　　　《甲骨文合集》14187

222. ……帝弗缶于王。二 　　　　　　　《甲骨文合集》14188

223. ……帝弗保…… 七 　　　　　　　《甲骨文合集》14189

224. 〔贞〕帝不我其受囗。 　　　　　　《甲骨文合集》14190 　（1）

225. 贞帝不我其受囗。 　　　　　　　　《甲骨文合集》14191

226. ……〔帝〕……囗囗。 　　　　　　《甲骨文合集》14192 　（1）

227. ……丁未……帝若。 　　　　　　　《甲骨文合集》14193 正

228. 丙子卜，争，贞帝弗〔若〕。 　　　《甲骨文合集》14194

229. ……帝弗若。七月。 　　　　　　　《甲骨文合集》14195

230. 己未〔卜〕，囗，贞旨千若于帝囗。〔一〕　二　三〔四　五〕　六

　　　　　　　　　　　《甲骨文合集》14199 正、反 　（7）

231. 贞〔旨〕千不〔允〕若于帝囗。〔一〕　二　三〔四　五〕　六

　　　　　　　　　　　《甲骨文合集》14199 正、反 　（8）

232. 己卯卜，争，贞王乍邑，帝若，我从之唐。一　二　三　二告　四

五　六〔七〕　八　九　十　一　二　三　二告　四　五　六〔七〕　八　九　十　一　二

　　　　　　　　　　　《甲骨文合集》14200 正 　（1）

233. ……邑，帝弗若。〔一　二〕　三　四　五　六　七〔八〕　九　二告　十

一 二 三 四 五 六〔七〕八 九 二告 十 一 二〔一〕二 三 四 五 一
二 三〔四〕五 六 一 二 三 二告 四 五 一 二 二告

《甲骨文合集》14200 正　（2）

234. 己未卜，争，贞我立史，帝……《甲骨文合集》14207 反　（2）

235. 己未卜，争，〔贞帝〕若。　　《甲骨文合集》14207 反　（3）

236. 癸丑卜，□，贞我□邑，帝弗左若。三月。一 二 三 四 五 二
告 六 七〔八〕九 十 一 二 三 二告 四 五 六 二告 七 八 九

《甲骨文合集》14207 正　（1）

237. 癸丑卜，□，贞勿□邑，〔帝〕若。一 二告 二 三 四 五 六
七〔八 九〕十 二告 一 二 三 四 五 六 二告 七 八 九 二告

《甲骨文合集》14207 正　（2）

238. 戊辰卜，争，贞帝□兹邑。〔一 二〕三〔四 五〕六 七 八
九 十 一 二 三 二告 四　　《甲骨文合集》14211 正　（1）

239. 贞帝弗□兹邑。〔一〕二 三〔四 五〕六 七 二告〔八〕九
十 一〔二〕三 四 五 六 七 二告 八 九 十 二

《甲骨文合集》14211 正　（2）

240. 辛卯卜，□，〔贞〕帝□兹邑。四　　《甲骨文合集》14212

241. 戊寅卜，宁，贞帝……　　　《甲骨文合集》14216　（1）

242. 贞帝弗□兹〔邑〕。　　　　《甲骨文合集》14216　（2）

243. ……其……帝弗□……　　《甲骨文合集》14217 正　（1）

244. 帝□。　　　　　　　　　《甲骨文合集》14218　（1）

245. ……〔王□〕曰：帝……兹〔邑〕。　《甲骨文合集》14219 正

246. 丁丑〔卜〕，〔贞〕……王其〔匄〕……危，帝〔畀〕……我
……子丙……（"危"字倒刻）　《甲骨文合集》14220　（1）

247. ……帝□王疾。三　　　　《甲骨文合集》14222 正乙

248. 贞帝弗□□。不□龟 五 六 七　《甲骨文合集》14237

249. 癸卯〔卜〕，争，贞帝弗□□。　《甲骨文合集》14238　（1）

250. 贞帝弗…… 八　　　　　　《甲骨文合集》14239

251. □丑卜，争，贞……今来岁帝……　　　《甲骨文合集》14240

252. 丁亥〔卜〕，□，贞……隹帝……　　　《甲骨文合集》14241

253. ……不隹帝曰…… 一　　　《甲骨文合集》14242

254. 帝乎□。二　　　《甲骨文合集》14243 　（1）

255. 帝乎□。二　　　《甲骨文合集》14243 　（2）

256. 贞〔来〕乙卯帝…… 一　　　《甲骨文合集》14244

257. □□〔卜〕，争，〔贞〕……帝……　　　《甲骨文合集》14245

258. 贞……壬……帝……　　　《甲骨文合集》14246

259. □帝…… 九　　　《甲骨文合集》14247

260. 贞……自……帝……　　　《甲骨文合集》14248 　（2）

261. □帝□宅。　　　《甲骨文合集》14249

262. 甲午卜，□，贞帝……　　　《甲骨文合集》14250 　（1）

263. ……于帝……　　　《甲骨文合集》14251 反

264. ……帝…… 二　　　《甲骨文合集》14252 　（1）

265. ……帝……余……　　　《甲骨文合集》14253 　（1）

266. ……立……帝……　　　《甲骨文合集》14254

267. ……帝臣□。　　　《甲骨文合集》14255

268. 贞帝……　　　《甲骨文合集》14256

269. 辛亥卜，内，贞今一月帝令雨。四日甲寅夕〔雨〕。一 二 三 四　　　《甲骨文合集》14295 　（1）

270. 辛亥卜，内，贞今一月〔帝〕不其令雨。一 二告 二 三 四　　　《甲骨文合集》14295 　（2）

271. ……帝弗若。四 二告 五 六 七 八 《甲骨文合集》14196 　（1）

272. ……帝弗若。四 二告 五　　　《甲骨文合集》14197 正 　（2）

273. 辛丑卜，□，贞帝若王。一 二 三 四 五 六 七 八　　　《甲骨文合集》14198 正 　（3）

274. 贞帝弗若王。一 二 二告 三不□〔四 五〕 六 七 八 二告　　　《甲骨文合集》14198 正 　（4）

275. 庚午卜，内，贞王乍邑，帝若。八月。一 二 二告 三 四

《甲骨文合集》14201　　（4）

276. 庚午卜，内，贞王勿乍　　　《甲骨文合集》14201　　（5）

277. 贞王乍邑，帝若。八月。一 二〔三〕 四

《甲骨文合集》14201　　（6）

278. 贞〔王〕勿乍邑，帝若。一 二 三〔四〕 五

《甲骨文合集》14201　　（7）

279. □戌卜，□，贞我□邑，〔帝若〕。　　《甲骨文合集》14202

280. □□〔卜〕，□，贞王□邑，帝若。　　《甲骨文合集》14203

281. ……王□邑，帝若。　　　《甲骨文合集》14204

282. □□卜，争，贞王□，邑帝〔若〕。　　《甲骨文合集》14205

283. 壬子卜，争，贞我其□邑，帝弗左若。三月。一 二 三〔二〕
告 四 五 六 七 八 九 十 一 二 三 二告 四 五〔六〕 七 八 九

《甲骨文合集》14206 正　　（1）

284. 癸丑卜，争，贞勿□邑，帝若。一 二 三 四 五 六 七 八 九
十 一 二告 二 三 四 五 六　　《甲骨文合集》14206 正　　（2）

285. 〔癸〕丑卜，争，贞我宅兹邑，大□宁，帝若。三月。〔一〕 二
三 二告 四 五 六 七 八 九 十 一 二 三《甲骨文合集》14206 正　　（3）

286. 癸丑卜，争，贞帝弗若。〔一 二 三 四〕 五 六〔七 八〕 九
十〔一 二〕 三 四　　　《甲骨文合集》14206 正　　（4）

287. 贞帝□唐邑。一 二告 二 三 四 五 六 七 八 九 十

《甲骨文合集》14208 正　　（3）

288. 贞帝弗□〔唐〕邑。〔一 二〕 三 四〔五〕 六〔七〕 八〔九〕
一 二 一 二 二告 三 四 一 二 三　　《甲骨文合集》14208 正　　（4）

289. 丙辰卜，□，贞帝隹其冬兹邑。二

《甲骨文合集》14209 正　　（1）

290. 贞帝弗冬兹邑。二　　《甲骨文合集》14209 正　　（2）

291. 贞帝隹其冬兹邑。二　　《甲骨文合集》14209 正　　（3）

292. 贞帝弗冬兹邑。二　　　　　　　　《甲骨文合集》14209 正　　（4）

293. 辛亥卜，内，贞帝于北方曰伏，风曰□，莽〔年〕。一 二 三 二
告 四　　　　　　　　　　　　　　　《甲骨文合集》14295　　（7）

294. 辛亥卜，内，贞帝于南方曰□，风尸，莽年。一 二 三 四
　　　　　　　　　　　　　　　　　《甲骨文合集》14295　　（8）

295. 贞帝于东方曰析，风曰劦，莽年。一 二 三 四
　　　　　　　　　　　　　　　　　《甲骨文合集》14295　　（9）

296. 贞帝于西方曰□，风曰丰，莽年。一 二 三 四
　　　　　　　　　　　　　　　　《甲骨文合集》14295　　（10）

297. ……帝……东……西。二　　　　《甲骨文合集》14312

298. 贞帝于东，□□豕，袁三□，卯黄牛。《甲骨文合集》14313 正

299. ……帝于北，二犬，卯……　　　《甲骨文合集》14332

300. 贞于西母□帝。　　　　　　　　《甲骨文合集》14345　　（1）

301. 丙辰卜，□，贞帝佳其冬兹邑。四
　　　　　　　　　　　　　　《甲骨文合集》14210 正　　（1）

302. 贞帝弗冬兹邑。四　　　　　　《甲骨文合集》14210 正　　（2）

303. 贞帝佳其冬兹邑。四　　　　　《甲骨文合集》14210 正　　（3）

304. 贞帝弗冬兹邑。四　　　　　　《甲骨文合集》14210 正　　（4）

305. 贞佳帝□王疾。二告 二〔三〕 四　《甲骨文合集》14222 正丙

306. 佳帝臣令。　　　　　　　　　《甲骨文合集》14223　　（3）

307. ……佳帝……□西……　　　　　《甲骨文合集》14224

308. ……于帝史风二犬。　　　　　　《甲骨文合集》14225

309. 帝史风一牛。□告　　　　　　《甲骨文合集》14226　　（1）

310. 贞袁于帝云。　　　　　　　　《甲骨文合集》14227　　（1）

311. 贞帝官。一 二告 二 不□黾 三 四 不□黾 五 六 小告 七 八
　　　　　　　　　　　　　　《甲骨文合集》14228 正　　（1）

312. 帝不官。一 二 三 四 不□黾 五 二告 六 不□黾 七 八
　　　　　　　　　　　　　　《甲骨文合集》14228 正　　（2）

313.□辰卜，宁，贞帝昔……〔一〕 二 三 《甲骨文合集》14229 正

314.贞帝其…… 《甲骨文合集》14230 正

315.……帝其…… 《甲骨文合集》14231 （1）

316.……帝〔其〕…… 《甲骨文合集》14232

317.……帝〔亡〕…… 《甲骨文合集》14233

318.贞帝不…… 《甲骨文合集》14234

319.丙辰帝不…… 《甲骨文合集》14235

320.〔贞〕帝不…… 《甲骨文合集》14236

321.贞……帝……方…… 一 《甲骨文合集》14296 （2）

322.□申……帝方。 《甲骨文合集》14297

323.□□卜，争，〔贞〕翌乙亥方帝十犬。 《甲骨文合集》14298

324.……今丁酉夕改十犬方帝。 《甲骨文合集》14299

325.贞方帝卯一牛□南。一 《甲骨文合集》14300

326.己亥卜，贞方帝一豕、一犬、二羊。二月。

《甲骨文合集》14301 （1）

327.贞方帝。 《甲骨文合集》14302 （2）

328.贞〔勿〕方〔帝〕。 《甲骨文合集》14302 （3）

329.方帝。 《甲骨文合集》14303 （1）

330.贞方帝。 《甲骨文合集》14303 （2）

331.壬午卜，〔贞〕方帝。 《甲骨文合集》14304

332.□□〔卜〕，亘，贞褒土、方帝。 《甲骨文合集》14305 （1）

333.……〔彝〕于土、方帝。 《甲骨文合集》14306

334.贞方帝。 《甲骨文合集》14307 （1）

335.勿方帝。 《甲骨文合集》14307 （2）

336.〔贞〕方帝。 《甲骨文合集》14308 （1）

337.勿方帝。一 《甲骨文合集》14308 （2）

338.勿方帝。 《甲骨文合集》14309

339.贞方帝。三 《甲骨文合集》14310

340. 贞帝于令。 《甲骨文合集》14320 　(2)

341. 帝于南犬。四 《甲骨文合集》14323

342. 帝于西。三 四 《甲骨文合集》14325

343. 〔贞〕帝〔于〕西，□□。 《甲骨文合集》14326 　(1)

344. 勿帝。 《甲骨文合集》14326 　(2)

345. 帝〔于〕西。 《甲骨文合集》14327

346. 己巳卜，宁，贞帝于西。 《甲骨文合集》14328 正 　(1)

347. 贞勿帝于西。三 《甲骨文合集》14328 正 　(2)

348. 贞帝鸟三羊、三豕、三犬。 《甲骨文合集》14360 　(2)

349. 丁巳卜，贞帝鸟。 《甲骨文合集》14360 　(3)

350. 〔庚〕戌卜，虎，勿帝于□，雨。二 三

《甲骨文合集》14363 　(1)

351. 〔壬〕申卜，贞方帝□□。九月。《甲骨文合集》14370 丙 　(2)

352. 贞勿方帝。 《甲骨文合集》14370 甲 　(3)

353. ……〔帝〕…… 《甲骨文合集》14432 　(2)

354. 贞方帝乃□岳。 《甲骨文合集》14470 正 　(2)

355. 勿方帝。 《甲骨文合集》14470 正 　(3)

356. ……帝于河。四 五 《甲骨文合集》14531

357. 帝受我□。 《甲骨文合集》14671 　(2)

358. 帝于□。 《甲骨文合集》14686 反 　(1)

359. 勿帝。 《甲骨文合集》14686 反 　(2)

360. 〔贞〕帝于王亥…… 《甲骨文合集》14748

361. 贞帝□于□于土。 《甲骨文合集》14773 　(2)

362. 贞翌丁酉勿□帝。 《甲骨文合集》15703

363. ……帝界……

《甲骨文合集》15937 正（重见《甲骨文合集》14221 正）

364. 贞涉，帝于东。一 二 《甲骨文合集》15950

365. ……帝…… 三 《甲骨文合集》15951

366. □□卜，□，〔贞〕帝…… 二　　　　　　《甲骨文合集》15952

367. ……□……帝……　　　　　　　　　　《甲骨文合集》15953　（1）

368. ……帝夐…… 一　　　　　　　　　　《甲骨文合集》15954 正

369. □子卜，〔贞〕……帝……

　　　　《甲骨文合集》15955（与　《甲骨文合集》15965 重）　（1）

370. □□〔卜〕，□，贞帝……　　　　　　《甲骨文合集》15956

371. □□卜，贞……帝。九月。　　　　　　《甲骨文合集》15957

372. ……帝……　　　　　　　　　　　　《甲骨文合集》15958

373. 壬辰卜，王，余帝兹亡祀。六月。一　《甲骨文合集》15959 正

374. 丙寅卜，□，贞帝。　　　　《甲骨文合集》15960 反　（2）

375. 贞勿帝。　　　　　　　　　《甲骨文合集》15960 反　（3）

376. ……帝……　　　　　　　　　　　　《甲骨文合集》15961

377. 贞〔方〕帝。　　　　　　　　　　　《甲骨文合集》15962

378. ……帝。一　　　　　　　　《甲骨文合集》15963　（1）

379. ……帝。一　　　　　　　　《甲骨文合集》15963　（2）

380. ……帝。　　　　　　　　　《甲骨文合集》15964　（1）

381. □子卜，〔贞〕……帝……

　　　　《甲骨文合集》15965（与《甲骨文合集》15955 重）　（1）

382. ……□梦，帝……　　　　　　　　　《甲骨文合集》15966

383. 勿帝。二　　　　　　　　　　　　　《甲骨文合集》15978

384. 贞勿帝。　　　　　　　　　《甲骨文合集》15979　（1）

385. ……勿帝于……　　　　　　　　　　《甲骨文合集》15980

386. 贞帝□羊。三　　　　　　　《甲骨文合集》15981　（1）

387. 丙〔戌〕卜，□，贞□……豕帝。一　《甲骨文合集》15982

388. 丙戌卜，贞□犬□豕帝。　　《甲骨文合集》15983　（1）

389. 甲戌〔卜〕，〔贞〕勿帝犬 三　《甲骨文合集》15984　（1）

390. ……王帝…… 二　　　　　　　　　　《甲骨文合集》15985

391. □酉卜，□，〔贞〕……帝既……于……豕、三羊……〔牛〕。一

                                             《甲骨文合集》15967

392. ……帝……□…… 四　　　　　　　　《甲骨文合集》15968

393. 贞帝〔囗〕…… 三 五 六　　　　　　《甲骨文合集》15969

394. ……〔旬〕□一〔日〕……帝于……　　《甲骨文合集》15970

395. □戌卜，我……于帝……　　　　　　《甲骨文合集》15971

396. ……〔勿〕帝于……　　　　　　《甲骨文合集》15972 正

397. 癸卯卜，帝自入。十一月。　　　　《甲骨文合集》15973

398. ……帝……其…… 二　　　　　　　《甲骨文合集》15974

399. ……勿帝。二 三 二　　　　　《甲骨文合集》15975 　（2）

400. 贞勿帝。　　　　　　　　　《甲骨文合集》15976 　（2）

401. 贞勿帝。　　　　　　　　　《甲骨文合集》15977 　（1）

402. 上帝。（习刻）　　　　　　《甲骨文合集》16703 　（3）

403. 壬□卜，宁，贞帝。　　　　《甲骨文合集》17252 　（1）

404. 〔贞〕帝，王□弗……（"帝"字有缺刻）

                                    《甲骨文合集》17718 正

405. ……帝……奭……　　　　　　《甲骨文合集》17991

406. ……翌辛亥……其帝乎……　　《甲骨文合集》19157 　（2）

407. 贞于……友〔帝〕……　　　　《甲骨文合集》19243

408. 贞〔勿〕帝。一　　　　　　《甲骨文合集》19710 　（1）

409. ……乍示邑帝……　　　　　《甲骨文合集》21027 　（2）

410. 庚午卜，□斧禹，乎帝□食，受□。《甲骨文合集》21073 　（4）

411. 巫帝一犬。　　　　　　　　《甲骨文合集》21074

412. 壬午卜，壴土，征巫帝乎。二　　《甲骨文合集》21075

413. 于乙丑帝。三　　　　　　　《甲骨文合集》21079 　（2）

414. 帝。三　　　　　　　　　　《甲骨文合集》21079 　（3）

415. 帝风九豕。　　　　　　　　《甲骨文合集》21080 　（1）

416. 戊〔戌卜〕，王，贞生十一月帝雨。二旬□六日……

《甲骨文合集》21081

417. 甲辰卜，自，帝于东。九月。 《甲骨文合集》21084

418. ……王，帝东羊一，咙一犬。三月。 《甲骨文合集》21087

419. 帝东犬。 《甲骨文合集》21088

420. 戊寅卜，九犬帝于西。二月。一 《甲骨文合集》21089

421. 庚……巫帝二犬。 《甲骨文合集》21076

422. ……帝三犬。 《甲骨文合集》21077

423. 壬午卜，巫帝。二 《甲骨文合集》21078 （2）

424. 巫帝一犬、一豕。二 《甲骨文合集》21078 （3）

425. □午，贞不帝□。 《甲骨文合集》21174 （2）

426. □午……帝□……其…… 《甲骨文合集》21174 （3）

427. □子卜，□，帝…… 《甲骨文合集》21175

428. 丁丑卜，王，勿帝虎。十月。二 《甲骨文合集》21387 （3）

429. 丁丑卜，王，贞□豕，羊用，帝虎。十月。二

《甲骨文合集》21387 （4）

430. 甲寅，帝□。 《甲骨文合集》21946

431. ……寅帝豕。 《甲骨文合集》21990 （1）

432. ……帝…… 《甲骨文合集》22035（习刻） （3）

433. 辛亥卜，帝往一□羊。 《甲骨文合集》22044 （14）

434. 己丑卜，□于帝廿少牢。己丑，余至□、羊。一 二

《甲骨文合集》22073 （6）

435. 辛亥卜，□岁于帝牢。 《甲骨文合集》22075 （5）

436. 癸未卜，帝下乙。一 二 三 《甲骨文合集》22088

437. 帝乇亥门。二 《甲骨文合集》22246 （11）

438. 帝乇亥门。一 二 三 《甲骨文合集》22246 （12）

439. 帝。一 《甲骨文合集》22247 （10）

440. ……乎帝人……□□…… 《甲骨文合集》22450 （2）

441. 己丑……占……帝……　　　　　　　《甲骨文合集》22495

442. 庚申〔卜〕，□，贞日……异……雨。帝……□不……

　　　　　　　　　　　　　　　《甲骨文合集》24900　　（2）

443. 贞隹王帝人□不若。一　　　　　　　《甲骨文合集》24978

444. □□〔卜〕，出，〔贞〕……上帝……祝……《甲骨文合集》24979

445. □□王卜，曰兹下若，兹□王帝……见。

　　　　　　　　　　　　　　　《甲骨文合集》24980　　（3）

446. ……甲辰帝……于乙巳……　　　　　《甲骨文合集》24981　　（2）

447. 甲戌卜，王曰，贞勿告于帝丁，不□。

　　　　　　　　　　　　《甲骨文合集》24982　　（2）

448. ……隹王帝人，不若。

　　　　　　　《甲骨文合集》26090（重见《甲骨文合集》24978）

449. 乙卯卜，其□岁于帝丁一牢。　　　　《甲骨文合集》27372

450. 贞其自帝甲□逆。　　　　　　　　　《甲骨文合集》27437　　（2）

451. □酉卜，□，〔贞〕帝甲、丁其□。　　《甲骨文合集》27438

452. 己卯卜，□，贞帝甲□□其众祖丁……之……

　　　　　　　　　　　　　　　《甲骨文合集》27439　　（1）

453. 于□帝乎□羌方，于之□。　　　　　《甲骨文合集》27972　　（4）

454. 丁丑卜，其祝，王入……帝，于……

　　　　　　　　　　　　　　　《甲骨文合集》30296　　（3）

455. 于帝臣，□雨。　　　　　　　　　　《甲骨文合集》30298　　（1）

456. 癸亥卜，翌日辛帝降，其入于□大□，才□。

　　　　　　　　　　　　　　　《甲骨文合集》30386　　（1）

457. □卯卜，帝其陟……　　　　　　　　《甲骨文合集》30387

458. ……□五鼓……上帝若，王〔受〕□□。　《甲骨文合集》30388

459. ……禹王，帝今日……　　　　　　　《甲骨文合集》30389

460. 弜乎□帝子□史，王其每。　　　　　《甲骨文合集》30390　　（1）

461. 王□岁于帝五臣，正，隹亡雨。　　　《甲骨文合集》30391　　（2）

462. ……莘，□于帝五臣，□大雨。　　　《甲骨文合集》30391　（3）

463. ……帝□囚。　　　　　　　　　　　《甲骨文合集》30590

464. 癸〔酉卜〕，□，〔贞〕……帝……　《甲骨文合集》30591　（1）

465. 癸酉〔卜〕，□，贞帝……王其……　《甲骨文合集》30592

466. ……帝五臣……　　　　　　　　　　《甲骨文合集》31061　（2）

467. 壬□〔卜〕，其……小帝……　　　　《甲骨文合集》32012　（1）

468. 癸巳卜，其帝于巫。　　　　　　　　《甲骨文合集》32012　（3）

469. 乙酉卜，帝伐自上甲。用 三　　　　《甲骨文合集》32063　（1）

470. 甲寅卜，其帝方一□、一牛、九犬。《甲骨文合集》32112　（1）

471. 弜帝。　　　　　　　　　　　　　　《甲骨文合集》32190　（1）

472. 庚子卜，咸……于帝。　　　　　　　《甲骨文合集》32443

473. ……其帝于…… 三　　　　　　《甲骨文合集》32874 正　（2）

474. ……于帝乃。一　　　　　　　　　　《甲骨文合集》32946　（1）

475. 甲〔子〕……巫帝……　　　　　　　《甲骨文合集》33159　（1）

476. 壬子，贞屰米帝□。　　　　　　　　《甲骨文合集》33230　（3）

477. 弜屰米帝□。　　　　　　　　　　　《甲骨文合集》33230　（4）

478. 壬□，贞□米〔帝〕□。　　　　　　《甲骨文合集》33231　（1）

479. 弜屰帝□〔□〕。　　　　　　　　　《甲骨文合集》33231　（2）

480. 辛卯，贞于夕令方帝。　　　　　　　《甲骨文合集》33281　（1）

481. 庚戌卜，巫帝一羊、一犬。二　　　　《甲骨文合集》33291　（7）

482. 丙辰卜，方帝。二　　　　　　　　　《甲骨文合集》33309　（7）

483. □亥卜，帝伐自上甲。用。　　　　　《甲骨文合集》34050　（1）

484. 丁酉卜，巫帝。　　　　　　　　　　《甲骨文合集》34074　（2）

485. 丁酉卜，□帝南。　　　　　　　　　《甲骨文合集》34074　（3）

486. 癸丑卜，帝〔南〕。　　　　　　　　《甲骨文合集》34145　（1）

487. 癸丑卜，帝东。　　　　　　　　　　《甲骨文合集》34145　（2）

488. 庚〔辰〕，贞□降〔鬼〕，允隹帝令。二

　　　　　　　　　　　　　　　《甲骨文合集》34146　（1）

489. ……于帝……　　　　　　　　　　《甲骨文合集》34147

490. 庚午，贞□大□，于帝五玉、臣，血□。才祖乙宗卜。兹用

　　　　　　　　　　　　　　　　《甲骨文合集》34148　　（1）

491. 癸酉，贞帝五玉、〔臣〕，其三〔小□〕。

　　　　　　　　　　　　　　　　《甲骨文合集》34149　　（1）

492. 辛未卜，帝风。不用，亦雨。　《甲骨文合集》34150　　（3）

493. 癸亥卜，帝北。一　　　　　　《甲骨文合集》34153　　（9）

494. 庚辰卜，帝。　　　　　　　　《甲骨文合集》34153　　（6）

495. 庚辰卜，弜帝。一　　　　　　《甲骨文合集》34153　　（7）

496. 癸〔亥卜〕，帝南。一　　　　《甲骨文合集》34153　　（8）

497. 癸亥卜，帝东。　　　　　　　《甲骨文合集》34154　　（6）

498. 癸亥卜，帝西。　　　　　　　《甲骨文合集》34154　　（7）

499. 癸亥卜，帝南。三　　　　　　《甲骨文合集》34154　　（8）

500. 癸亥卜，帝北。三　　　　　　《甲骨文合集》34154　　（9）

501. 癸亥，贞今日小帝于巫□一、犬一。《甲骨文合集》34155　（2）

502. 丙申其帝。　　　　　　　　　《甲骨文合集》34156　　（2）

503. 丙申卜，□祖乙……北帝。　　《甲骨文合集》34156　　（4）

504. 辛亥卜，帝、小工□我，□□小牢。三

　　　　　　　　　　　　　　　　《甲骨文合集》34157　　（1）

505. 辛亥卜，小帝、北巫。　　　　《甲骨文合集》34157　　（2）

506. 方帝。一　　　　　　　　　　《甲骨文合集》34159　　（3）

507. 乙酉卜，巫帝一犬。一　　　　《甲骨文合集》34160　　（1）

508. 其帝若。　　　　　　　　　　《甲骨文合集》34353　　（2）

509. ……方帝。　　　　　　　　　《甲骨文合集》34615　　（5）

510. 方帝。二　　　　　　　　　　《甲骨文合集》34991　　（8）

511. 乙丑卜，贞王其□□于文武帝升，其以□，其五人正，王受

□□。一　　　　　　　　　　　　《甲骨文合集》35356　　（1）

512. □子卜，贞王，王其□□于文武帝升，其各日□省，于来丁丑□

羞□，王弗每。一 　　　　　　　　　《甲骨文合集》35356　（2）

513. 帝。一 　　　　　　　　　　　　《甲骨文合集》35720　（2）

514. 乙巳卜，贞王□帝史，亡尤。　　《甲骨文合集》35931　（33）

515. 丙戌卜，贞翌日丁亥王其□□于文武帝正，王受□□。一

　　　　　　　　　　　　　　　　　《甲骨文合集》36168　（1）

516.〔丙〕□卜，贞翌日〔丁〕□王其□□〔于〕文武帝升正，王受□□。　　　　　　　　　　　　　《甲骨文合集》36169　（1）

517. 丙戌卜，贞〔翌日〕丁亥王其〔□□〕于文武〔帝升〕〔正〕，王受〔□□〕。一　　　　　　　　　《甲骨文合集》36170　（1）

518. □□〔卜〕，贞翌日〔丁〕□〔王其〕□□〔于文武〕帝正，〔王受〕□□。　　　　　　　　　　　《甲骨文合集》36171　（2）

519. 庚……〔王其□〕□于文〔武帝〕升正，〔王受□□〕。

　　　　　　　　　　　　　　　　　《甲骨文合集》36172

520. 乙丑卜，〔贞王〕其□□〔于文〕武帝〔升〕三牢正，〔王受〕□□。一　　　　　　　　　　　　《甲骨文合集》36173

521. □□卜，贞王□〔□于文武帝〕升其五……才四〔月〕。

　　　　　　　　　　　　　　　　　《甲骨文合集》36174

522. □□卜，贞丁卯……文武帝……□□…… 　《甲骨文合集》36175

523. ……□，其……〔文〕武帝，乎□□于癸宗，若，王弗每。

　　　　　　　　　　　　　　　　　《甲骨文合集》36176　（2）

524. 乙卯卜……王旬〔亡□〕。□于……〔文〕武帝……

　　　　　　　　　　　　　　　　　《甲骨文合集》36177　（1）

525. 乙卯……〔文〕武帝……兹用 　　　《甲骨文合集》36178

526. ……翌〔日王其□〕□〔于文武〕帝〔升〕〔正〕，〔王受〕□□。

　　　　　　　　　　　　　　　　　《甲骨文合集》36421　（3）

527. ……帝宗，正，王受□□。　　　　《甲骨文合集》38230

528. 帝。 　　　　　　　　　　　　　《甲骨文合集》39429

529. 帝于西十牛。　　　　　　　　《甲骨文合集》39560 反　（1）

530. 贞隹帝兹。一　　　　　　　　　　《甲骨文合集》39782　　（2）

531. 壬寅〔卜〕，□，贞〔帝〕其〔左〕王。一 二 三 四

　　　　　　　　　　　　　　　　　《甲骨文合集》39849　　（3）

532. 壬寅卜，□，贞帝弗左〔王〕。　　《甲骨文合集》39849　　（4）

533. 贞方弋征，隹帝令乍我国。三月。　《甲骨文合集》39912　　（2）

534. 戊寅〔卜〕，亘，贞帝其熯我。　　《甲骨文合集》40006　　（1）

535. 贞帝不我其畀土方□。　　　　　　《甲骨文合集》40033

536. 戊戌卜，其奉年巫帝。　　　　　　《甲骨文合集》40114

537. 帝令……　　　　　　　　　　　　《甲骨文合集》40311　　（2）

538. □帝异……降兹邑国。　　　　　　《甲骨文合集》40395　　（1）

539. ……帝……兹邑〔国〕。　　　　　《甲骨文合集》40396

540. 贞我乍〔邑〕，帝……　　　　　　《甲骨文合集》40397

541. □翌乙卯帝其令雨。　　　　　　　《甲骨文合集》40391

542. 贞帝不降□。三（"□"字有缺笔）

　　　　　　　　　　　　　　　《甲骨文合集》40392 正　　（4）

543. 乙卯卜，〔贞〕帝隹〔令〕雨。　　《甲骨文合集》40393

544. ……帝不……降〔□〕。　　　　　《甲骨文合集》40394

545. 贞帝不我王受□。不□黾 四 二告　《甲骨文合集》40398

546. 乙酉卜，巫帝犬。一

　　　　《甲骨文合集》40399（重见　《甲骨文合集》34160）　　（2）

547. 贞帝于令。　　　　　　　　　　　《甲骨文合集》40447　　（3）

548. 贞帝于令。　　　　　　　　　　　《甲骨文合集》40447　　（2）

549. □卯……帝……豕。　　　　　　　《甲骨文合集》40486

550. 贞方帝。　　　　　　　　　　　　《甲骨文合集》40487

551. 庚子卜，〔贞〕□我帝于……　　　《甲骨文合集》40488　　（1）

552. 〔帝〕于东。　　　　　　　　　　《甲骨文合集》40488　　（2）

553. 王□曰：吉。其帝。　　　　　　　《甲骨文合集》40489

554. 贞帝示，若。今我奉祀。三月。　　《甲骨文合集》40528 正

555. 贞其帝甲告其□二牛。二 三　　　　　　《甲骨文合集》41214

556. 于□帝乎□□方，于之□。　　　　《甲骨文合集》41341　　(5)

557. ……帝不降永。　　　　　　　　《小屯南地甲骨》00723　　(5)

558. ……来戊帝其降永。才祖乙宗，十月卜。

　　　　　　　　　　　　　　　　《小屯南地甲骨》00723　　(6)

559. 弜小帝。一　　　　　　　　　《小屯南地甲骨》00804　　(2)

560. 〔癸〕……小帝。　　　　　　《小屯南地甲骨》00804　　(4)

561. 贞其□□，于帝五玉臣，于日告。《小屯南地甲骨》00930　　(1)

562. 丁卯卜：其□于帝……　　　　《小屯南地甲骨》01147　　(1)

563. ……赛□帝勿□。兹用　　　　《小屯南地甲骨》01147　　(2)

564. 辛未卜，帝风。不用，雨。　　《小屯南地甲骨》02161　　(6)

565. 庚辰……帝于……九……　　　《小屯南地甲骨》03664　　(1)

566. □戊卜……帝。　　　　　　　《小屯南地甲骨》04524　　(2)

567. 癸酉巫帝才汉。一　　　　　　《小屯南地甲骨》04566　　(9)

568. 王□曰：吉，其帝。　　　　《英国所藏甲骨集》00012

569. 帝于西十牛。　　　　　《英国所藏甲骨集》00086 反　　(1)

570. ……〔夕帝〕令雨。　　　《英国所藏甲骨集》00125 反　　(1)

571. ……帝〔不〕……戊辰……　　《英国所藏甲骨集》00354 反

572. 贞隹帝〔降〕兹□□。一　　《英国所藏甲骨集》00374　　(2)

573. 戊寅〔卜〕，亘，贞〔帝〕其□我。

　　　　　　　　　　　　《英国所藏甲骨集》00723 正　　(1)

574. 贞我乍〔邑〕，帝……　　　《英国所藏甲骨集》01108

575. ……方戈，征。隹帝令乍我囚。三月。

　　　　　　　　　　　　《英国所藏甲骨集》01133 正　　(2)

576. 贞帝不我其受□。二　　《英国所藏甲骨集》01134　　(3)

577. 贞帝不我其受□。不□黾 四 二告　《英国所藏甲骨集》01135

578. 壬寅〔卜〕，□，贞〔帝〕其〔左〕王。一 二 三 四

　　　　　　　　　　　　《英国所藏甲骨集》01136　　(3)

579. 壬寅卜，□，贞帝弗左〔王〕。《英国所藏甲骨集》01136　　(4)

580. ……贞……帝……我……　　　　《英国所藏甲骨集》01137

581. 乙卯卜，〔贞〕帝隹〔令〕雨。　　《英国所藏甲骨集》01138

582. □翌乙卯帝其令雨。　　　　　　《英国所藏甲骨集》01139

583. ……帝令……　　　　　　　　　《英国所藏甲骨集》01140

584. □帝异……降兹邑□。　　　《英国所藏甲骨集》01141　　(1)

585. ……帝不……降〔□〕。　　　　《英国所藏甲骨集》01142

586. ……帝……〔邑〕……土…… 一 二　《英国所藏甲骨集》01143

587. ……帝……　　　　　　　　《英国所藏甲骨集》01223　　(2)

588. □卯……帝……豕。　　　　　《英国所藏甲骨集》01224

589. 贞方帝。七月。　　　　　　　《英国所藏甲骨集》01225

590. 贞帝鸟一羊，□〔豕〕，一犬。《英国所藏甲骨集》01225　　(2)

591. 贞方帝。　　　　　　　　　　《英国所藏甲骨集》01226

592. 庚子卜，〔贞〕□我帝于……　《英国所藏甲骨集》01227　　(1)

593. 〔帝〕于东。　　　　　　　　《英国所藏甲骨集》01227　　(2)

594. 乙亥卜，争，帝于西。一 二 二告　《英国所藏甲骨集》01228

595. 贞帝于令。　　　　　　　　　《英国所藏甲骨集》01239　　(2)

596. 贞帝于令。　　　　　　　　　《英国所藏甲骨集》01239　　(3)

597. ……〔贞帝〕示若，今我牵祀。四月。《英国所藏甲骨集》01286

598. ……帝……　　　　　　　　　《英国所藏甲骨集》01751

599. 帝令……　　　　　　　　《英国所藏甲骨集》02086　　(2)

600. 戊戌卜，其牵年巫〔帝〕。　　《英国所藏甲骨集》02286

601. ……子卜贞：……异……可……帝……

　　　　　《东京大学东洋文化研究所藏甲骨文字》00014

602. 贞：勿帝。

　　　《东京大学东洋文化研究所藏甲骨文字》00015 正　　(1)

603. ……帝……

　　《东京大学东洋文化研究所藏甲骨文字》00016（《补编》缺）

229

604.……酉卜……帝既……于……豕三羊……牛……

《东京大学东洋文化研究所藏甲骨文字》00989 正

605. 丙辰卜□贞：帝于岳。

《东京大学东洋文化研究所藏甲骨文字》01143

606.……于帝史风，二犬。

《东京大学东洋文化研究所藏甲骨文字》01144

607. 贞：……帝……风……　　《天理大学附属参考馆甲骨文字》00001

608.□寅卜，……帝……兹……

《天理大学附属参考馆甲骨文字》00002

609.〔庚〕午卜，方帝三豕，□犬，卯于土□，萃雨。一　二　三　四

《天理大学附属参考馆甲骨文字》00015　（1）

610. 方帝一牛。　　《苏、德、美、日所藏甲骨》00189 正　（2）

611. 勿帝于……　　《苏、德、美、日所藏甲骨》00190 （《补编》缺）

612. 甲子卜内……帝……　　《怀特氏收藏甲骨文集》00080　（1）

613.……帝缶……　　《怀特氏收藏甲骨文集》00081 （《补编》缺）

614. 庚……争……帝……

《怀特氏收藏甲骨文集》00082 （《补编》缺）

615.……帝……兹邑……　　《怀特氏收藏甲骨文集》00083

616. 贞：……帝……四　　《怀特氏收藏甲骨文集》00084　（1）

617.……寅……帝弗□年。　　《怀特氏收藏甲骨文集》00085

618. 贞：……帝……　　《怀特氏收藏甲骨文集》00104　（1）

619. 贞：……帝……　　《怀特氏收藏甲骨文集》00104　（2）

620. 隹帝臣令。　　《怀特氏收藏甲骨文集》00897 正　（4）

621. 丙申卜其帝。　　《怀特氏收藏甲骨文集》01565　（2）

622. 弜帝。　　《怀特氏收藏甲骨文集》01565　（3）

623. 丙申卜于北帝。　　《怀特氏收藏甲骨文集》01565　（4）

624. 癸亥〔卜〕……帝南。　　《怀特氏收藏甲骨文集》01574　（4）

625. 癸亥卜帝北。　　《怀特氏收藏甲骨文集》01574　（5）

626. 癸……帝〔东〕　　　　《怀特氏收藏甲骨文集》01574　　（6）

627. 癸亥卜帝西。　　　　　《怀特氏收藏甲骨文集》01574　　（7）

628. ……□□……王其祝……帝丁至……今日壬……王翌……

　　　　　　　　　　　　　《怀特氏收藏甲骨文集》01708　　（2）

629. 贞其先帝，甲告其引二牛。二　三　　《英国所藏甲骨集》02347

630. □□卜，贞□丁帝十牢。　　　《甲骨文合集》00008　　（2）

后 记

本书的内容是本人在香港大学中文学院攻读哲学硕士学位的毕业论文。整个学业的过程，是充实而有趣的。

宗教和哲学，千古以来，散发着迷人的光芒，是浪漫和理性的碰撞和交汇，是人类思维的最高体现，是区别民族的核心特征之一。从很小的时候，父母便给我买来漫画的哲学书本，于是我就开始有了抽象思考的锻炼，并逐渐从中寻得了无穷的乐趣。人类生存在宇宙这颗美丽的蓝色星球上，除了科学上的物理属性，是"思维"让我们区别于其他物种。宗教和哲学，让人类找到了解释自身与外界万物、自我与他者的合理答案，让我们得以安心地生活在天地之间。也是"思维"的能力和方式，让我们民族与民族之间互相区别，成就了不同的文化和文明。能够做到各异而共融，多彩而和谐，则是人类文明程度的体现。

学术研究，在我眼中，是八个字：仰望星空、脚踏实地。

仰望星空，极目千里，才会胸怀天下，人站立于方寸之土，斗转星移，瞬息就能跨越千万里，目光有多广远，心就会有多大，尔后梦想才会有多大。脚踏实地，因为千里之行，始于足下，因为不积跬步，无以至千里，无论多灿烂的梦想，没有踏实的微步积累，没有永不放弃的坚持，是无法抵达的，终究只能是一种空想。我以为，对我辈年轻的学人而言，磨砺自己的意志、锻炼自己的能力，是夯实基础的必须。同时，保有永恒的好奇心，激发学术灵感，才能创造，才有未来。

232

　　学术研究，是艰苦和枯燥的，是需要有崇高的理想、远大的目标作为长久的动力。在我读本科时，一次课上，一位老教授苍劲有力地写下了四句话，并激情昂扬地带着我们高声朗读了几遍，让我们牢牢记住。彼时，只是懵懂的心灵启蒙。到读研之后，我开始学着自己选题和做研究，在埋首故纸和奋笔疾书的日日夜夜中，我慢慢参透它们的意义，寻找到它们对我的意义，积累起它们在我心中的分量。这是张载的"横渠四句"：

　　"为天地立心。为生民立命。为往圣继绝学。为万世开太平。"

　　如今，这成了我的座右铭，也成了我对自己的鞭策和要求。为何而学，如何而学，都能够从中找到坚定不改的答案。

　　自然科学无国界之分，人文科学则有民族之别。也正是因这民族与民族之间的不同，才孕育出绚烂的多文化世界。人文科学者，应该有博大的胸怀。这生活着几十亿人口的地球，存在众多的民族，他们各有不同的文化和文明，而他们都与我们对中华文明天生的热爱和忠诚一样，对自己的文化和文明有着与生俱来的浓情和钟爱。我们首先应该全面而透彻地了解自己的文化和文明，作为一个中国人，传承中华文明的优良部分，是义不容辞的责任和勇敢的担当。其次，我们应该学会彼此尊重、理解、包容其他文化和文明。始终抱有虚怀若谷的心态，方可学习更多的知识和学问，成为"大才"。而有"大才"的同时，也要着意培养与之匹配的"大德"，既学儒，自当雅，人文学者，应有"诗书满腹气自华"的风采，这更是作为大国人文学者应有的姿态。历数前贤大家，风骨与学问皆厚，是我辈仰学之楷模。

　　我在哲学硕士学业期间，一直得到恩师陈远止博士悉心的指导和耐心的帮助，在此谨致谢忱。恩师敦良温厚的性情和一丝不苟的学术精神，言传身教，将会让我终身受益。另外，我特别感谢时任香港大学中文学院院长施仲谋博士，在我就读的两年间，给予了很大的成长空间，很多工作和学习的机会。是次出版，两位师长百忙之中抽出宝贵的时间，为本书作序，于我是非常大的鼓励。师恩难忘，唯有继续不懈努力，方能报答万一。同时，我非常感谢香港文学中文学院对本书出版的资助，学院现任院

233

长吴存存博士及学院的大力支持，对我是极大的鼓舞和激励。

笔者尽管为了本题的研究和本书的写作倾注了大量时间和精力，但限于学力，肯定会存在很多疏漏和错误之处，恳请方家批评指正。

书山有路勤为径，学海无涯苦作舟。以此作为本次研究之终，而为后继工作之始吧。

金梦瑶

2015 年秋于香港大学中文学院